高职高专经济管理类"十二五"规划教材

会计基础认知

主　编　杨鑫慧　王　梦
副主编　张　利　陆　阳　田　甜
参　编　金　鑫　闫丹丹
主　审　张振和

上海财经大学出版社

图书在版编目(CIP)数据

会计基础认知/杨鑫慧,王梦主编.—上海:上海财经大学出版社,2012.9
(高职高专经济管理类"十二五"规划教材)
ISBN 978-7-5642-1412-8/F·1412

Ⅰ.①会… Ⅱ.①杨…②王… Ⅲ.①会计学-高等职业教育-教材 Ⅳ.①F230

中国版本图书馆 CIP 数据核字(2012)第 162749 号

□ 责任编辑　吴晓群
□ 封面设计　张克瑶
□ 责任校对　卓　妍　胡　芸

KUAIJI JICHU RENZHI
会 计 基 础 认 知

主　编　杨鑫慧　王　梦
副主编　张　利　陆　阳　田　甜

上海财经大学出版社出版发行
(上海市武东路 321 号乙　邮编 200434)
网　　址:http://www.sufep.com
电子邮箱:webmaster @ sufep.com
全国新华书店经销
上海华教印务有限公司印刷装订
2012 年 9 月第 1 版　2012 年 9 月第 1 次印刷

787mm×960mm　1/16　16.75 印张　370 千字
印数:0 001—4 000　定价:33.00 元

前　言

为了适应现代高等职业教育会计学基础的教学改革的需要,我们作为深入教学一线多年的教师,在认真总结了会计学基础的教学经验和企业实践的基础上,充分考虑了高等职业教育的特点,注重理论与实际操作的紧密结合,从企业的会计工作的实际应用出发,以丰富的案例和大量的会计业务较详尽地论述了会计学基础的基本原理及操作技能。

《会计基础认知》的主要内容包括总论、会计要素、会计科目和账户,复式记账原理,会计凭证,复式记账与会计凭证的应用,会计账簿,财产清查,财务会计报告,账务处理程序,会计工作组织与职业规范,共十章。

《会计基础认知》由杨鑫慧、王梦任主编,张利、陆阳、田甜任副主编,金鑫、闫丹丹参编。具体分工如下:模块四、六、九由杨鑫慧编写;模块五、八由王梦编写;模块一由田甜编写;模块二由金鑫编写;模块三由张利编写;模块七由闫丹丹编写;模块十由陆阳编写。

本教材是各相关高职院校倾力合作与集体智慧的结晶。本次编写虽然我们做了很大的努力,但不足之处仍在所难免,恳请各位同仁继续关注,并将您的意见及时反馈给我们,以便及时修订完善。

编者
2012 年 8 月

目 录

前言/1

模块一 总论/1
情景一 会计的含义/1
情景二 会计核算的基本前提和会计信息质量要求/4
情景三 会计方法/7
情景四 会计学及其体系/9
练习题/11

模块二 会计要素、会计科目和账户/13
情景一 会计对象/13
情景二 会计要素和会计等式/15
情景三 会计科目和账户/23
练习题/29

模块三 复式记账原理/32
情景一 复式记账的理论基础和基本内容/32
情景二 借贷记账法/34
练习题/42

模块四 会计凭证/48
情景一 会计凭证的种类及其填制与审核的意义/48
情景二 原始凭证的填制和审核/55
情景三 记账凭证的填制和审核/60
情景四 会计凭证的传递和保管/63
练习题/65

模块五　复式记账与会计凭证的应用/68
情景一　制造业企业的主要经济业务/68
情景二　资金筹集业务的核算/69
情景三　供应过程业务的核算/75
情景四　生产过程业务的核算/82
情景五　销售过程业务的核算/97
情景六　财务成果业务的核算/112
练习题/127

模块六　会计账簿/134
情景一　会计账簿概述/134
情景二　设账和记账/140
情景三　对账和结账/155
情景四　账簿的更换与保管/157
练习题/160

模块七　财产清查/163
情景一　财产清查的意义和种类/163
情景二　财产清查的方法/166
情景三　财产清查结果的处理/170
练习题/173

模块八　财务会计报告/176
情景一　财务会计报告概述/176
情景二　资产负债表/180
情景三　利润表/186
情景四　现金流量表/190
练习题/194

模块九　账务处理程序/201
情景一　账务处理程序的意义和要求/201
情景二　记账凭证账务处理程序/203
情景三　科目汇总表账务处理程序/230
情景四　汇总记账凭证账务处理程序/235
练习题/238

模块十 会计工作组织与职业规范/243

情景一 会计工作组织的意义和要求/243

情景二 会计机构/245

情景三 会计人员/248

情景四 会计档案/251

情景五 会计法规/253

练习题/255

模块一 总论

【模块要点】

本章是对会计的总括说明,是学习会计的起点。通过本章的学习,应了解会计的产生及其发展,正确理解会计的含义、会计的基本职能、会计核算基本前提,了解会计核算的方法、会计学及其体系。

情景一 会计的含义

一、会计的性质和目标

要想知道什么是会计,必须先了解会计的由来及其属性、目标等。

(一)会计的产生及其发展

会计产生于经济管理的需要,并随着经济管理的发展不断地发展和完善。人类要生存,社会要发展,就必须进行物质资料的生产。生产活动一方面创造社会产品,另一方面发生劳动耗费。人们进行生产活动时,总是力求在尽量少的劳动时间里创造出尽可能多的物质财富。为了达到节约劳动耗费、提高经济效益的目的,需要对劳动耗费和劳动成果进行记录和计算,并将耗费与成果加以比较和分析,以便掌握生产活动的过程和结果。因此,会计是随着社会生产和经济管理的需要而产生并不断发展和完善的。无论在中国还是在外国,会计都有着悠久的历史。会计的产生和发展大致经历了以下三个阶段:

第一阶段——古代会计阶段。从时间上看,一般是从会计的产生到复式簿记的应用这样一段过程,在我国大约从旧石器时代的中、晚期到封建社会末期。早期的结绳记事、刻石记数是原始社会时期的会计行为;单式簿记(也称单式记账法,即对经济活动过程的收入和支出只作单方面记录的简单会计方法)是同小生产方式下自然经济占主导地位的简单商品生产发展阶段相适应的,会计多数以实物、少量以货币作为计量单位,计量单位尚未完全固定为货币;需要会计的单位以官厅会计为主;会计是生产职能的附带部分;会计方法主要是单式记账法,核算方法比较简单。

第二阶段——近代会计阶段。从时间上看,可以从1494年意大利数学家卢卡·帕乔利(Loca Pacioli)的著作《算术、几何、比及比例概要》的出版开始,至20世纪40年代末。这一时期,资本主义生产方式已初露端倪,商品经济有了相当发展,社会经济活动变得日益复杂而频繁,以往简单的记账方法已经适应不了经济发展的需要,于是,同复杂的商品生产过程相适应的科学的会计核算方式——复式记账法便应运而生,大多数会计单位开始以货币作为主要计量单位,会计作为独立的管理职能从生产职能中分离出来,需要会计的单位逐渐以企业会计为主,会计核算方法大多数采用复式记账,开始形成一套完整的财务会计核算方法。

第三阶段——现代会计阶段。20世纪50年代以后,商品经济获得了充分发展,企业规模日益扩大,所有权与经营权的分离逐渐成为企业经营的主要产权制度方式,为满足内部管理者对会计信息的要求,管理会计逐渐与传统会计相分离,并形成一个与财务会计相对独立的领域。现代管理会计的出现是近代会计发展成为现代会计的重要标志。会计成为一门应用性科学,形成财务会计和管理会计两大分支,会计标准和会计规范逐渐形成及完善,并向国际化发展,会计作为一种商业语言,其重要性为世人瞩目,这充分说明经济愈发展,会计愈重要。

(二)会计的性质

会计的性质即会计的本质属性,亦即其所归属的范畴。

会计与社会生产经营的发展有着不可分割的联系,它计量经济过程中占用的财产物资及劳动耗费,通过价值量的变化来描述经济过程,评价经济上的得失,并且发展成为一种对生产经营活动进行核算与监督的、以价值管理为主要特征的经济管理活动。可以看出,会计本质上是一种经济管理活动。

(三)会计的目标

会计的目标即通过会计核算后所达到的结果。会计作为经济管理的组成部分,其目的就是要为管理部门提供真实可靠的信息,促使人们比较得失、权衡利弊、讲求经济效益。因此,提高经济效益既是管理的目标,也是会计的目标。

在终极目标的前提下,还需要研究会计核算的目标。在国外会计准则中,会计目标一般被定位于"满足会计信息使用者的需要"。在我国的会计准则中,会计目标被解释为:向财务会计报告使用者提供与企业财务状况、经营成果和现金流量等有关的会计信息,反映企业管理层受托责任履行情况,有助于财务会计报告使用者做出经济决策。

(四)会计信息的使用者

1. 会计信息的外部使用者

包括投资者、债权人、供应商、国家税务和工商部门以及其他相关部门、证券监管部门、社会公众。

2. 会计信息的内部使用者

即企业经营者。

二、会计的职能

(一)会计职能的概念

会计职能是指会计在经济管理中所具有的功能或能够发挥的作用,即人们在经济管理中用会计干什么。它集中体现着会计的本质。

会计的职能按其发展变化,可分为基本职能和扩展职能。

(二)会计的基本职能

会计的基本职能是指会计本身所具有的最基本的功能和作用。《中华人民共和国会计法》确定的会计的基本职能是核算和监督。

1. 会计核算职能

会计核算职能也称会计反映职能,是指会计以货币为主要计量单位,通过确认、计量、记录、计算、报告等环节,对会计对象的经济活动进行记账、算账、报账,给有关方面提供会计信息的功能。统称会计核算为记账、算账和报账。会计核算职能是会计的最基本职能,具有如下特点:

(1)主要是利用货币计量,综合反映各单位的经济活动情况,为经济管理提供可靠的会计信息。

(2)不仅记录已发生的经济业务,还应面向未来为各单位的经营决策和管理控制提供依据。

(3)具有完整性、连续性、综合性和系统性。

(4)会随着物质条件的改善而进一步演化,逐步改变其表现方式。

2. 会计监督职能

会计监督职能也称控制职能,是指会计具有按照一定的目的和要求,利用会计核算所提供的经济信息,对企业和行政事业单位的经济活动进行控制,使之达到预期目标的功能。会计监督职能的特点是:

(1)会计监督主要是利用核算职能提供的各种价值指标进行的货币监督。

(2)会计监督是在会计反映各项经济活动的同时进行的,包括事前、事中和事后的监督。

会计的核算职能和监督职能是密切结合、相辅相成的。核算职能是最基本的,是监督的基础,没有核算,监督就没有客观的依据;监督是在核算过程中进行的,就是按照法规、政策的要求来控制经济活动的过程,没有监督,核算就失去了意义。

3. 会计职能的扩展

随着经济的不断发展、经济关系的复杂化和管理水平的不断提高,会计职能的内涵也不断地得到充实,并开拓了新的领域。会计的职能除了会计核算、会计监督这两大基本职能外,还包括会计预测、会计决策、会计控制和会计分析。这些职能从不同侧面进一步强化了会计在管理中的职能作用。

三、会计的含义

通过上述对会计的产生和发展、会计的本质及会计的特点等的分析,我们可以形成以下初步的认识:会计是社会发展到一定阶段后,人们为了加强经济管理的需要而产生的;会计产生和发展的全过程都与提供经济信息和追求好的经济效益相关;会计以货币为主要计量单位并有其独特的方法和程序。

据此,我们可以给出会计的定义:

会计是以货币为主要计量单位,采用专门的方法和程序,对会计主体的经济活动过程进行连续、系统、综合和全面的核算和监督,旨在提供经济信息和提高经济效益的一项管理活动,是经济管理的重要组成部分。

在中外会计界,由于人们对会计的本质有不同的认识,因而对会计的定义也就不尽相同,如"信息系统论"、"管理活动论"、"管理工具论",以及"既是管理活动又是信息系统"等诸多提法。但无论会计如何定义,它都会随着社会经济的发展而不断变化。这一点是不容置疑的。

情景二 会计核算的基本前提和会计信息质量要求

一、会计核算的基本前提

会计核算的基本前提条件是指对某些未被确认的会计现象,如会计核算和监督的范围究竟有多大、会计为谁记账等,根据客观的正常情况或者发展趋势所作的合乎事理的推断和假定,又称会计假设。它是日常会计处理应当具备的前提条件,其最终目的是为了保证会计资料的有用性、可靠性和合理性。会计概念、原则和程序方法都是以会计假设为出发点。

我国《企业会计准则——基本准则》提出的会计核算的基本前提有四项:会计主体、持续经营、会计分期和货币计量。

(一)会计主体

明确会计主体是组织会计核算工作的首要前提。这是因为会计处理数据和提供的信息必须有一定空间界限,而会计主体假设正是明确了会计活动的空间范围和会计人员的责权范围,将会计工作的空间界定为有自主经营所必需的财产,并产生相应的债务和所有者权益,有独立的收入和费用,并据之确定盈亏、评价业绩。所谓会计主体,是指会计所服务的特定单位,又称会计实体。会计主体应该是一个独立经营、自负盈亏、责权利结合的经济单位。典型的会计主体是企业。

会计主体不一定是法律主体,但所有的法律主体应当是会计主体。

(二)持续经营

持续经营是指在正常情况下,会计主体的生产经营活动按既定的经营方针和预定的经营目标会无限期地进行下去，在可预见的未来不会停产倒闭。

这一假设把会计核算建立在正常状态下，也就是会计主体所持有的资产将按取得时的目的在正常的经济活动中被耗用，会计主体所承担的负债也将在正常的经济活动中按原来承诺的条件予以清偿。由此，会计主体才可能采用历史成本来确认、计量其资产等要素，使会计核算与报告系统处于稳定状态。如果没有持续经营假设，即企业将要破产清算，则资产和负债只能按当时的清算价值估价，而不是按取得时的实际成本确定。

持续经营假设可以与上一条假设结合为：会计要为特定的会计主体在不会面临破产清算的情况下进行会计核算。

(三) 会计分期

企业经营活动是持续进行的，在时间上具有不间断性，为满足企业内外会计信息使用者经营管理和投资决策的需要，企业需要把持续不断的生产经营过程划分为若干相等的会计期间，定期进行汇总和编制财务报表，从而及时提供有关企业财务状况和经营成果的会计信息，这就产生了会计分期假设。

会计分期假设是对会计工作时间范围的具体划分，主要是确定会计年度。我国以日历年度作为会计年度，即从每年的1月1日至12月31日为一个会计年度。会计年度确定后，一般按日历确定会计半年度、会计季度和会计月度。

会计分期假设可以与前两条假设结合为：会计要为特定的会计主体在不会面临破产清算的情况下分期进行会计核算。

(四) 货币计量

货币计量是指会计主体在会计核算过程中采用货币作为主要计量单位，进行计量、记录和报告会计主体的生产经营活动。货币计量假设是对会计计量手段和方法的规定。

企业的经济活动是多种多样、错综复杂的。为了实现会计的目的，企业必须综合地反映其各种经济活动，这就要求有一个统一的计量尺度。在商品经济条件下，货币作为一种特殊的商品，最适合充当这种统一的计量尺度。当然，这一假设也包括币值稳定这一层含义。

我国会计准则规定，会计核算以人民币为记账本位币。业务收支以外币为主的企业，也可以选定某种外币作为记账本位币，但编制的会计报表应当折算为人民币来反映。我国在境外设立的企业，通常用当地币种进行日常会计核算，但向国内编报会计报表时，应当折算为人民币。

货币计量假设可以与前三条假设结合为：会计以货币为主要计量单位，为特定的会计主体，在不会面临破产清算的情况下，分期进行会计核算。

二、会计信息质量要求

会计工作的基本任务就是为包括所有者在内的各方面提供经济决策所需要的信息。会计信息质量的高低是评价会计工作成败的标准，为了规范企业会计确认、计量和报告行为，保证会计信息质量，我国最新颁布的《企业会计准则——基本准则》对会计信息的质量要求有以下八项：

(一)可靠性原则

又称真实性原则,是指会计核算提供的信息应当以实际发生的经济业务(交易或者事项)及表明这些交易或者事项发生的合法凭证为依据,如实反映财务状况和经营成果,保证会计信息真实可靠,内容完整。这是对会计信息最重要的质量要求。

(二)相关性原则

即企业提供的会计信息应当与财务会计报告使用者的经济决策需要相关,有助于财务会计报告使用者对企业过去、现在或者未来的情况做出评价或者预测。

(三)可理解性原则

又称清晰性原则,是指企业提供的会计信息应当清晰明了,便于财务会计报告使用者理解和使用。提供会计信息的目的在于使用,要使用就必须了解会计信息的内涵,明确会计信息的内容,如果无法做到这一点,就谈不上对决策有用。

(四)可比性原则

企业提供的会计信息应当具有可比性,包括两个方面:

(1)纵向可比,即同一企业不同时期发生的相同或者相似的交易或者事项,应当采用一致的会计政策,不得随意变更。确需变更的,应当在附注中说明。

(2)横向可比,即不同企业发生的相同或者相似的交易或者事项,应当采用规定的会计政策,以确保会计信息口径一致、相互可比。

(五)实质重于形式原则

企业应当按照交易或者事项的经济实质进行会计确认、计量和报告,不应仅以交易或者事项的法律形式为依据。这是因为,有时候交易或事项的法律形式并不能真实反映其实质内容,因此,为了真实反映企业的财务状况和经营成果,就必须根据它们的实质和经济现实,而不是仅仅根据它们的法律形式进行核算和反映。例如,企业以融资租赁方式租入的固定资产,从法律形式来看,其所有权尚不属于承租企业,但从经济实质来看,该资产受承租企业实际控制,应当将其作为承租企业的资产进行核算,否则就不能真实反映该项业务对企业的影响。

(六)重要性原则

企业提供的会计信息应当反映与企业财务状况、经营成果和现金流量等有关的所有重要交易或者事项。在全面反映企业财务状况、经营成果的同时,可以根据会计信息对于使用者决策的影响程度来决定会计核算的精确程度及会计报表内容的详略程度,进而决定核算的工作量。强调会计信息的重要性,主要是出于对会计信息的效用与加工会计信息的成本这两个方面的考虑。

(七)谨慎性原则

企业对交易或者事项进行会计确认、计量和报告应当保持应有的谨慎,不应高估资产或者收益、低估负债或者费用。谨慎性原则又称稳健性原则、审慎性原则,也就是凡是可以遇见的可能发生的损失和费用都应予以合理地估计、确认并记录,而没有确定把握的收入则不能予以确认和入账,既不抬高资产和收益也不压低负债和费用,以此有效地规避不确定因素带来的风险。假如某一经济业务有多种处理方法可供选择,应采取不导致夸大资产、虚增利润的方法。

（八）及时性原则

企业对于已经发生的交易或者事项,应当及时进行会计确认、计量和报告,不得提前或者延后。

三、会计核算基础

会计核算基础,又称会计记账基础,是指确定一个会计期间的收入与费用,从而确定损益的标准。会计核算基础有权责发生制和收付实现制两种。

（一）权责发生制

权责发生制,又称应收应付制,是按照权利和义务是否发生来确定收益和费用的归属期。在权责发生制下,凡是本期实现的收益和发生的费用,不论款项是否收付,都应作为本期的收益和费用入账；凡不属本期的收益和费用,即使款项已在本期收付,也不应作为本期的收益和费用处理。权责发生制强调经营成果的计算。

（二）收付实现制

收付实现制,又称现收现付制,是按照款项实际收到或付出的日期来确定收益和费用的归属期。采用这一原则,凡是本期实际收到款项的收入和付出款项的费用,不论其是否属于本期[①],都作为本期的收入和费用处理；凡是本期没有实际收到款项的收入和付出款项的费用,均不作为本期的收入和费用处理。收付实现制强调财务状况的切实性。

《企业会计准则——基本准则》规定企业应当以权责发生制为基础进行会计确认、计量和报告。

情景三　会计方法

会计方法是发挥会计职能、实现会计目标的技术手段,它是从会计实践中总结出来的。随着会计核算和监督的内容日趋复杂以及经营管理对会计不断提出新的要求,会计方法也在不断地改进和发展。

会计是由会计核算、会计分析和会计检查三部分组成的,因此,会计方法也分成了会计核算方法、会计分析方法和会计检查方法。这里主要介绍会计核算方法。

会计核算方法主要有以下几种:设置账户、复式记账、填制和审核凭证、登记账簿、成本计算、财产清查和编制会计报表。下面只简要说明各种方法的特点及其相互联系(以后各章将陆续说明各种方法的运用)。

[①] 根据最新会计准则的解释,权责发生制中关于"本期"的含义有所变化。在账务处理上一个会计年度中发生的经济业务都可以作为本期处理,如支付第三季度报刊费,发生时即可计入费用,而无需按月分摊,因此无需再设待摊费用账户。

一、设置账户

设置账户是对会计核算和监督的具体内容进行科学分类,记录不同会计信息资料的一种专门方法。会计所核算和监督的内容往往是包罗万象的。例如,财产物资就有各种存在形态——厂房及建筑物、机器设备、各种材料、半成品等。它们在生产中的作用不同,管理的要求也不同。又如,取得这些财产物资所需要的经营资金可能来自不同的渠道,有的来自银行贷款,有的来自投资者投入,等等。为了对各自不同的内容分别进行反映和记录,会计上必须分别设置账户,以便取得经营管理所需要的各种不同性质的核算指标。

二、复式记账

复式记账是对每项经济业务,都要以相等的金额在两个或两个以上的相关联的账户中进行记录的一种专门方法。在企业的资金运动过程中,任何一项经济业务都会引起资金的双重变化。例如,以银行存款购买材料,一方面会引起银行存款的减少,另一方面又会引起库存材料的增加。为了全面反映每一项经济业务所引起的这种双重变化,就必须在两个或两个以上账户中同时加以记录。采用这种复式记账方法,可以如实、完整地记录资金运动的来龙去脉,全面反映和监督企业的经济活动过程。

三、填制和审核凭证

记账必须有根有据,这种根据就是凭证。例如,职工报销差旅费,就必须填制报销单,并附有车、船票等单据,证明经济业务已经完成。报销单和所附的车、船票等单据就是会计凭证。报销单还必须经过有关人员审核批准,并与所附的车、船票等单据核对无误。报销手续完毕后,这张报销单就成为记账的依据。所以,填制和审核凭证是会计核算工作的第一步。只有填制并审核无误的凭证,才能使记账有真实可靠的依据。通过审核凭证,还可以监督和检查各项财经纪律的执行情况。

四、登记账簿

登记账簿,是将记账凭证中所反映的经济业务分别记入有关账户并在账簿上进行全面、连续、系统记录的方法。登记账簿要以记账凭证为依据,按照规定的会计科目开设账户,并将记账凭证中所反映的经济业务分别记入有关账户。登记账簿是会计核算的主要方法。

五、成本计算

成本计算是一种会计计量活动,旨在解决会计核算对象的货币计价问题,即对应记入一定对象上的全部费用进行归集、计算,并确定各该对象的总成本和单位成本的会计方法。通过成本计算可以正确地对会计核算对象进行计价,可以考核经济活动过程中物化劳动和活劳动的耗费程度,为在经营管理中正确计算盈亏提供数据资料。

六、财产清查

财产清查是通过实物盘点、往来款项的核对来检查财产和资金实有数额的方法。在财产清查中发现财产、资金账面数额与实存数额不符时,应及时调整账簿记录,使账存数与实存数保持一致,并查明账实不符的原因,明确责任;发现积压或残损物资以及往来账款中的呆账、坏账时,要积极清理和加强财产管理。财产清查可保证会计核算资料真实、正确。

七、编制会计报表

编制会计报表,是在账簿记录基础上对会计核算资料的进一步加工整理,即在日常账簿记录的数据资料基础上,采用一定的表格形式,概括、综合地反映各单位在一定时期内经济活动的过程和结果。财务报表提供的资料是进行会计分析、会计检查的重要依据。

会计信息使用者的需要归纳起来主要有两个方面:一是在某一特定时期内企业的经营成果和盈利能力;二是在某一特定日期企业的财务状况。为此,企业的会计人员对大量的经济业务进行确认、计量、记录、报告等,向会计信息使用者提供利润表和资产负债表来满足会计信息使用者的需要。

从填制会计凭证到登记账簿,再根据账簿记录编制会计报表,一个会计期间的会计核算工作即告结束,然后按照上述程序进入新的会计期间,如此循环往复,直至企业停业清算。

会计记录的上述七种方法相互配合、互为依存的条件,构成了相互联系、相互配合、缺一不可但又各具特色的方法体系。在上述七种方法中,主要是填制和审核会计凭证、登记账簿、编制会计报表。这三项活动周而复始、循环往复,构成了我们一般所说的会计循环。

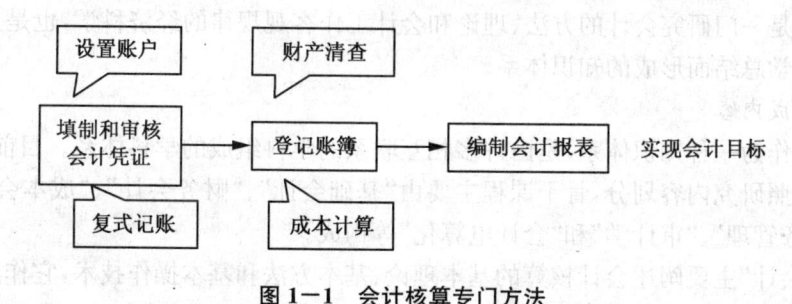

图 1-1 会计核算专门方法

情景四 会计学及其体系

一、会计的分类

(一)按会计信息的使用者分类

1. 财务会计——对外报告会计信息

财务会计是当代企业会计的一个重要组成部分。它是运用簿记系统的专门方法,以通用的会计原则为指导,对企业的生产经营过程进行反映和控制,旨在为所有者、债权人及其他利益相关者提供会计信息(财务状况、经营成果)的对外报告会计。

2. 管理会计——对内报告会计信息

管理会计的主要任务是向企业管理者提供内部经营管理和经营决策的会计信息。也有人称其为内部会计。它通过对财务会计信息的深加工和再利用,实现对经营过程的预测、决策、规划、控制和对经营者责任的考评。

(二)按会计所服务的领域分类

1. 企业会计(营利组织会计)

即服务于企业单位的会计,也称经营会计,主要反映企业的财务状况和经营者的经营业绩。它有其特定的会计对象和专门的会计方法,包括财务会计和成本会计等。

2. 非营利组织会计

即服务于非营利组织(包括社会团体、基金会等)的会计,一般是指民间非营利组织,如各种志愿者协会等,但不包括公立非营利组织。

3. 政府会计

政府会计是将会计学的基本原理应用于政府公共部门的一门专业会计。主要用来反映政府公共部门的财务状况和财务活动成果,以及政府公共管理部门的成本费用。如政府办公机构等的活动资金主要来自于国家的财政预算。

二、会计学及其分支

(一)基本概念

会计学是一门研究会计的方法、理论和会计工作客观规律的经济科学,也是人们对会计实践进行科学总结而形成的知识体系。

(二)组成内容

会计学作为一种知识体系,是由许多相互联系的学科组成的学科体系。目前,我国会计学科体系按照研究内容划分,骨干课程主要由"基础会计"、"财务会计"、"成本会计"、"管理会计"、"财务管理"、"审计学"和"会计电算化"等构成。

"基础会计"主要阐述会计核算的基本理论、基本方法和基本操作技术,它作为会计学的入门学科,是学习其他会计学科的基础。

"财务会计"阐述企业如何按照会计核算的一般原则和账务处理程序,对经济业务进行确认、计量、记录和编制会计报表,对外传递会计信息。

"成本会计"阐述成本预测、成本决策、成本计划、成本核算、成本控制及成本分析的理论与方法。

"管理会计"包括侧重于内部管理的执行性会计和以会计预测、决策为内容的决策会计两部分。

"财务管理"阐述企业如何"理财",即如何筹集资金、运用资金、正确分配企业净收益。

"审计学"主要阐述经济活动的合理、合法及效益性的监督检查的基本理论和方法。

"会计电算化"是会计学体系中一个新的重要分支,是会计技术与电子计算机技术相结合的产物。它是研究会计在电子计算机环境下的理论、方法、技术以及运行规律的学科。

由于人们对会计学的认识不同,因而,对怎样建立科学完善的会计学体系,目前尚有很大的分歧。同样,会计学科体系也并不是一成不变的,随着科学技术的发展、社会的进步、自然科学与社会科学互相渗透、边缘科学与交叉学科的出现,以及人类社会生产实践和会计实践活动的不断丰富,传统的会计理论将会被新的会计理论所代替,现行的会计学科体系将被改造,新的、适应经济发展需要的会计理论和学科体系将会出现,并展现出强大的生命力。

信息搜索

1. 如何理解会计的含义?
2. 怎样理解会计的基本职能?
3. 会计核算的方法有哪些?
4. 会计核算的基本前提有哪些?
5. 会计信息质量要求包括哪些内容?
6. 如何理解权责发生制?

【练习题】

一、单项选择题

1. 强调会计核算方法必须前后各期保持一致、不得随意变更的会计原则是(　　)。
   A. 可比性原则　　　B. 一惯性原则　　　C. 配比原则　　　D. 谨慎性原则

2. (　　)要求不同会计主体会计核算按照规定的会计处理方法进行,会计指标应当口径一致、相互可比。
   A. 可比性原则　　　　　　　　　　　B. 一惯性原则
   C. 明晰性原则　　　　　　　　　　　D. 谨慎性原则

3. 我国在(　　)时期就有了专门管理王朝财赋的官员"大宰"和掌握王朝记政的官员"司会"。
   A. 战国　　　　　B. 西周　　　　　C. 宋朝　　　　　D. 唐朝

4. 借贷复式记账法是在(　　)产生的。
   A. 美国　　　　　B. 英国　　　　　C. 意大利　　　　D. 西班牙

5. 用来规定会计核算的空间范围与界限的会计核算的基本前提是(　　)。
   A. 会计主体　　　B. 持续经营　　　C. 会计分期　　　D. 货币计量

6. 为解决资产的计价和收益确认的问题提供理论基础的会计核算的基本前提是(　　)。
   A. 会计主体　　　B. 持续经营　　　C. 会计分期　　　D. 货币计量

7. 下列各项支出不属于收益性支出的是(　　)。
   A. 支付的水电费　　　　　　　　　　B. 支付的工人工资
   C. 购买固定资产的支出　　　　　　　D. 支付的办公费

8. 现代会计的两大分支是财务会计和(　　)。
   A. 成本会计　　　B. 预算会计　　　C. 管理会计　　　D. 财务管理

9. 明朝初期,会计方法上出现了用于平账和编制会计报表的方法,即( )。
A. 借贷复式记账法　　　　　　　　B. 收付记账法
C. 龙门账法　　　　　　　　　　　D. 四柱清册法
10. 我国《企业会计准则》规定,"会计核算以( )为记账本位币"。
A. 货币　　　B. 美元　　　C. 人民币　　　D. 以上均可

二、多项选择题

1. 会计核算的基本前提包括( )。
A. 会计主体　　B. 持续经营　　C. 会计分期　　D. 货币计量
E. 会计机构
2. 反映企业财务状况的会计要素有( )。
A. 资产　　　B. 负债　　　C. 所有者权益　　　D. 收入
E. 利润
3. 会计方法由( )组成。
A. 会计核算方法　B. 会计分析方法　C. 复式记账方法　D. 会计检查方法
E. 单式记账方法
4. 以下方法中属于会计核算方法的有( )。
A. 复式记账　　B. 登记账簿　　C. 成本计算　　D. 财产清查
E. 编制会计报表
5. 我国《企业会计准则》规定,会计期间分为( )。
A. 年度　　　B. 季度　　　C. 月份　　　D. 半月
D. 半年
6. 会计的基本职能是( )。
A. 会计核算　　B. 会计分析　　C. 会计监督　　D. 会计检查
D. 会计决策

三、判断题

1. 谨慎性原则要求企业在会计核算时不得高估资产或收益,也不能低估和少计负债或损失。( )
2. 会计主体与法律主体的关系是:法律主体必定是会计主体,会计主体也必定是法律主体。( )
3. 企业会计制度规定,我国境内企业会计核算必须以人民币作为记账本位币。( )
4. 经济业务的重要性只是相对的。同一项业务,在本期可能是重要的,以后期间不一定重要;对本企业是重要的,对其他企业不一定重要。( )
5. 划分收益性支出与资本性支出的原则要求:属于收益性支出项目的,应列于资产负债表中,作为资产反映。( )
6. 凡是单位发生的经济业务,都是该单位会计核算和监督的内容。( )
7. 配比性原则要求会计核算方法必须前后一期保持一致,不得随意变更。( )
8. 会计期间假设为解决资产的计价和收益确认的问题提供了理论基础。( )
9. 货币计量假设要求会计核算都必须以货币作为唯一计量单位,不能使用实物和其他计量单位。( )
10. 会计是一种管理活动,目的是提高经济效益。( )

模块二

会计要素、会计科目和账户

【模块要点】

通过本章的学习,应明确会计对象的具体含义,正确理解会计恒等式,掌握会计要素、会计科目、账户及其结构,了解会计科目和账户的关系。

情景一 会计对象

会计对象是会计核算和监督的内容,有一般对象和具体对象之分。会计的一般对象是再生产过程中的资金运动。所谓资金,就是指再生产过程中财产物资的货币表现。再生产过程是由生产、分配、交换和消费四个环节所构成的多种多样的经济活动过程,会计只能核算和监督其中能用货币表现的经济活动。由于各企业和行政、事业单位资金运动的具体内容和形式不同,会计的具体对象也不同。

一、制造业会计核算和监督的内容

(一)制造业及其任务

制造业是工业产品的生产经营企业(我们习惯称之为工业企业),其基本任务是扩大生产、增加盈利。所以制造业必须以效益为中心,做好各方面工作,增强自我改造和自我发展能力。

(二)制造业的资金运动

制造业的资金运动表现为三种类型,即资金进入企业、资金在企业内部循环周转、资金退出企业,见图2—1。

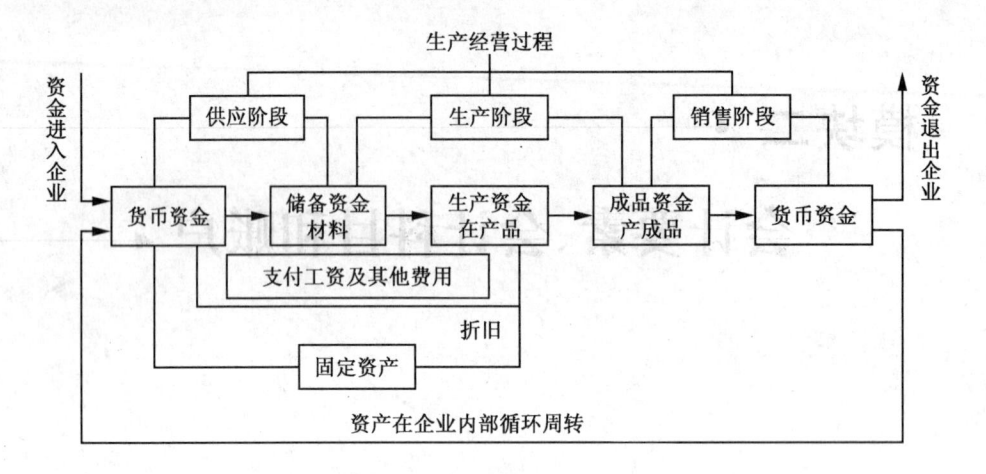

图 2—1 制造业的资金运动

1. **资金进入企业**

制造业要进行生产经营活动,就必须拥有一定数量的资金,即必须拥有一定数量的财产物资(包括厂房、机器设备、工具等劳动资料,原材料、在产品、产成品等劳动对象)和一定数量的货币资金。这些资金的来源渠道主要是企业所有者投资和向银行等金融机构筹借的款项。当企业取得货币资金或财产物资时,资金就进入了企业。

2. **资金在企业内部循环周转**

制造业的生产经营过程分为供应、生产和销售三个阶段。(1)供应阶段是生产准备阶段,企业用货币资金采购各种材料物资并储存待用,企业的资金由货币形态转化为储备资金。(2)生产阶段是工人运用劳动资料对劳动对象进行加工,生产出产品的阶段。生产阶段既是产品制造阶段,又是物化劳动和活劳动的耗费阶段。生产阶段是制造业最主要的阶段。在生产过程中要发生各种耗费,包括材料耗费、支付工资、固定资产耗费和支付其他费用等。企业的资金先由储备资金形态转化为生产资金,进而转化为成品资金。(3)销售阶段是产品价值的实现阶段。企业要出售产品,收回货币。这时企业的资金又由成品资金转化为货币资金。

制造业的资金由货币资金开始,依次转化为储备资金、生产资金、成品资金,最后又回到货币资金的过程,称为资金循环。由于再生产过程不断重复进行而引起的资金不断循环称为资金周转。在企业经营资金的周转过程中,作为资金循环起点与终点的货币资金是不相等的,其差额形成利润或亏损。

3. **资金退出企业**

当企业偿还借款、上缴税金、分配利润、抽减资本金后,资金将不再参加周转,而是退出了企业。

(三)制造业会计的具体对象

制造业会计的具体对象是:由于经营资金的取得、运用和退出企业等经济活动所引起的各种资金占用和资金来源的增减变化情况,生产经营过程中各项费用支出和产品成本形成的过程,以及企业销售收入的取得和企业纯收入的实现、分配情况。

二、商品流通企业会计核算和监督的内容

商品流通企业的主要职能是组织商品流通,与制造业相比,其资金运动较为简单,其经营过程仅有采购和销售两个阶段。在采购阶段,货币资金转化为商品资金;在销售阶段,商品资金又转化为货币资金。这样周而复始地循环下去,就形成了商品流通企业的资金周转。商品流通企业会计的具体对象是:经营资金取得、周转和退出企业所组成的资金运动。商品流通企业的资金运动见图2-2。

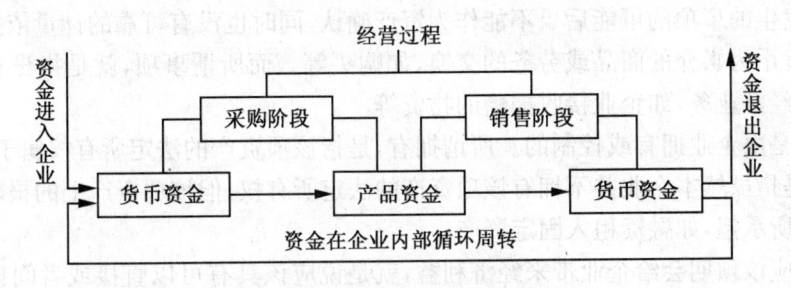

图2-2 商品流通企业的资金运动

三、行政、事业单位会计核算和监督的内容

行政、事业单位并不从事商品的生产和流通,是非营利性组织,其职责是完成国家赋予的各项任务。行政、事业单位的资金主要是由财政拨款,并按预先批准的预算来支用,所以称为预算资金。行政、事业单位会计的具体对象是预算资金的收入和支出。

情景二 会计要素和会计等式

一、会计要素

会计要素,是会计对象的具体构成因素,是对会计对象所作的最基本的分类,是构成会计报表的基本因素。根据《企业会计准则——基本准则》的规定,会计要素包括资产、负债、所有者权益、收入、费用和利润,共六项。

由于企业财务报表的内容主要分为反映财务状况和反映经营成果两个方面,因此,企业会计要素也相应地分为反映财务状况的会计要素和反映财务成果的会计要素。前者包括资产、负债、所有者权益,后者包括收入、费用和利润。

(一)反映财务状况的要素

资产、负债和所有者权益这三项要素是资金运动的静态表现,是资产负债表的构成要

素。

1. 资产

资产是指企业过去的交易或者事项形成的，由企业拥有或者控制的、预期会给企业带来经济利益的资源。

(1) 资产的特征

必须同时满足以下四条标准才能构成资产：

①资产从本质上来说是一种经济资源，即可以作为要素投入到生产经营中去，如人力资源、专利权、存货和固定资产等。

②资产是由过去的交易或者事项所形成的。资产的成因是资产确认和计量的基础，将来的、尚未发生的事项的可能后果不能作为资产确认，同时也没有可靠的计量依据。所谓交易，是指以货币为媒介的商品或劳务的交换，如购买等。而所谓事项，就是指没有实际发生货币交换的经济业务，如企业接收捐赠的物资等。

③资产是由企业拥有或控制的。所谓拥有，是指该项资产的法定所有权属于本企业；而所谓控制，是指虽然本企业并不拥有该项资产的法定所有权，但该项资产上的报酬和风险均已由本企业所承担，如融资租入固定资产。

④资产应该预期会给企业带来经济利益，就是说应该具有可以直接或者间接导致现金和现金等价物流入企业的潜力。企业的一些已经不能带来未来经济利益的流入项目，如陈旧毁损的实物资产、已经无望收回的债权等都不能再作为资产来核算和呈报。

(2) 资产的分类

企业的资产按其流动性分为流动资产和非流动资产（或长期资产）。

①流动资产，是指可以在1年内或者超过1年的一个营业周期内变现或耗用的资产，主要包括库存现金、银行存款、交易性金融资产、应收及预付款项、应收票据、存货等。

所谓变现，就是转化为现金（货币资金），如收回应收账款及预付款项、销售商品收回货款等；所谓耗用，指的是在生产经营过程中的消耗使用，如原材料被生产领用，固定资产在生产经营中消耗、磨损等。

②非流动资产，是指企业持有期限在1年或者超过1年的一个营业周期以上才能变现或耗用的资产，如长期股权投资、固定资产、无形资产和长期待摊费用等。

固定资产，是指企业为生产产品、提供劳务、出售或经营管理而持有且使用期限超过1个会计年度的房屋、建筑物、机器设备、运输工具，以及其他与生产、经营有关的设备、器具、工具等，还包括企业购置计算机硬件所附带的、未单独计价的软件。

无形资产，是指企业持有的、没有实物形态的非货币性长期资产，包括专利权、非专利技术、商标权、著作权、土地使用权等。

长期待摊费用，是指企业已经发生但应由本期和以后各期负担的分摊期限在1年以上的各项费用，如以经营租赁方式租入的固定资产发生的改良支出等。

2. 负债

负债是指企业过去的交易或者事项形成的，预期会导致经济利益流出企业的现实义务。

(1)负债的特征

①负债是一项经济责任,或者说是一项义务,它需要企业偿还。

②清偿负债会导致企业未来经济利益流出企业。

③未来流出的经济利益的金额能够可靠地计量。

(2)负债的分类

企业的负债按其流动性分为流动负债和长期负债。

①流动负债,是指将在1年(含1年)或者超过1年的一个营业周期内偿还的债务,包括短期借款、应付票据、应付账款、预收账款、应付职工薪酬、应付股利、应交税费、其他应付款项等。

②长期负债,是指偿还期在1年或者超过1年的一个营业周期以上的债务,包括长期借款、应付债券、长期应付款等。

3. 所有者权益

所有者权益是指企业资产扣除负债后由所有者享有的剩余权益。所有者权益包括实收资本(或者股本)、资本公积、盈余公积和未分配利润。

(1)所有者权益与负债的区别

所有者权益和负债都是对企业的要求权,但又存在着明显的区别。

①对象不同。负债是对债权人负担的经济责任,所有者权益是对投资人负担的经济责任。

②性质不同。负债是在经营或其他事项中发生的债务,是债权对其债务的权利;所有者权益是对投入的资本及其投入资本的运用所产生的盈余(或亏损)的权利。

③偿还期限不同。负债必须于一定时期(特定日期或确定的时期)偿还;所有者权益一般只有在企业解散清算时(除按法律程序减资外),其破产财产在偿付了破产费用、债权人的债务等以后,如有剩余财产,才可能还给投资者。在企业持续经营的情况下,一般不能收回投资。

④享受的权利不同。债权人只享有收回债务本金和利息的权利,而无权参与企业收益分配;所有者权益在某些情况下,除了可以获得利益外,还可参与经营管理。

从会计核算角度看,不同组织形式的企业,在对资产、负债、收入、费用和利润的会计核算中一般并无区别,但在所有者权益的核算上却差别很大,尤其是公司制企业中的股份有限公司对其所有者权益的核算,由于涉及每个股东、债权人以及其他利益相关人的利益,往往在法律上规定得比较详细,如我国公司法对公司制企业的股票发行、转让、利润的分配、减资等均作了比较详细的规定。

(2)所有者权益的分类

①投入资本,是投资者以现金、实物、无形资产以及其他方式实际投入企业经营活动的各种财产物资。具体可分为国家资本金、法人资本金、个人资本金和外商资本金,在会计上又称实收资本。

②资本公积,是企业由投入资本本身所引起的各种增值,如资本溢价、法定财产重估增

值等。由于它与企业生产经营活动本身无关,因此,只能用它转增资本,而不能用于弥补亏损。

③盈余公积,是指企业按照规定从净利润中提取的各种积累资金。盈余公积可分为法定盈余公积与任意盈余公积,盈余公积既可以用于弥补亏损也可以用于转增资本,但不得用于向出资人分配利润。

④未分配利润,是指税后利润经提取公积金、向所有者分配利润后的余额,可以留待以后年度进行分配。

(二)反映经营成果的要素

收入、费用和利润这三项要素,是资金运动的动态表现,是利润表的构成要素。

1. 收入

收入是指企业在日常活动中形成的、会导致所有者权益增加的、与所有者投入资本无关的经济利益的总流入,包括主营业务收入和其他业务收入。

主营业务收入是指企业从事基本营业活动所取得的收入,如工业企业销售产品所取得的收入。其他业务收入是指企业除主营业务收入以外的其他业务活动所取得的收入,如工业企业销售材料和出租固定资产等取得的收入。

2. 费用

费用是指企业在日常活动中发生的、会导致所有者权益减少或者负债增加、与向所有者分配利润无关的经济利益的总流出。费用的特征是未取得收入而付出的代价,因此费用一定要与收入配比才能确定,不是为取得收入而形成的各类资产的减少或负债的增加,不属于费用的范围。费用按是否计入成本可分为计入成本的费用和计入损益的费用。计入成本的费用按计入方式可分为直接费用和间接费用。

(1)直接费用,是指直接为生产产品或提供劳务而发生的费用,包括直接材料、直接人工和其他直接费用。直接费用直接计入生产成本。

(2)间接费用,是指企业各生产单位(分厂、车间)为组织和管理生产所发生的共同费用,如生产车间为组织和管理生产发生的各项费用,包括车间管理人员的工资、车间固定资产的折旧费等。间接费用分配计入生产成本。

(3)期间费用,是指不计入生产成本,而在发生的会计期间直接计入当期损益的费用,包括销售费用、管理费用和财务费用。

3. 利润

利润是指企业在一定会计期间的经营成果。利润分为营业利润、利润总额和净利润。三者的计算公式为:

营业利润=营业收入-营业成本-营业税金及附加-销售费用-管理费用-财务费用
　　　　-资产减值损失+公允价值变动收益+投资收益

利润总额=营业利润+营业外收入-营业外支出

净利润=利润总额-所得税费用

会计要素的分类如图2—3所示。

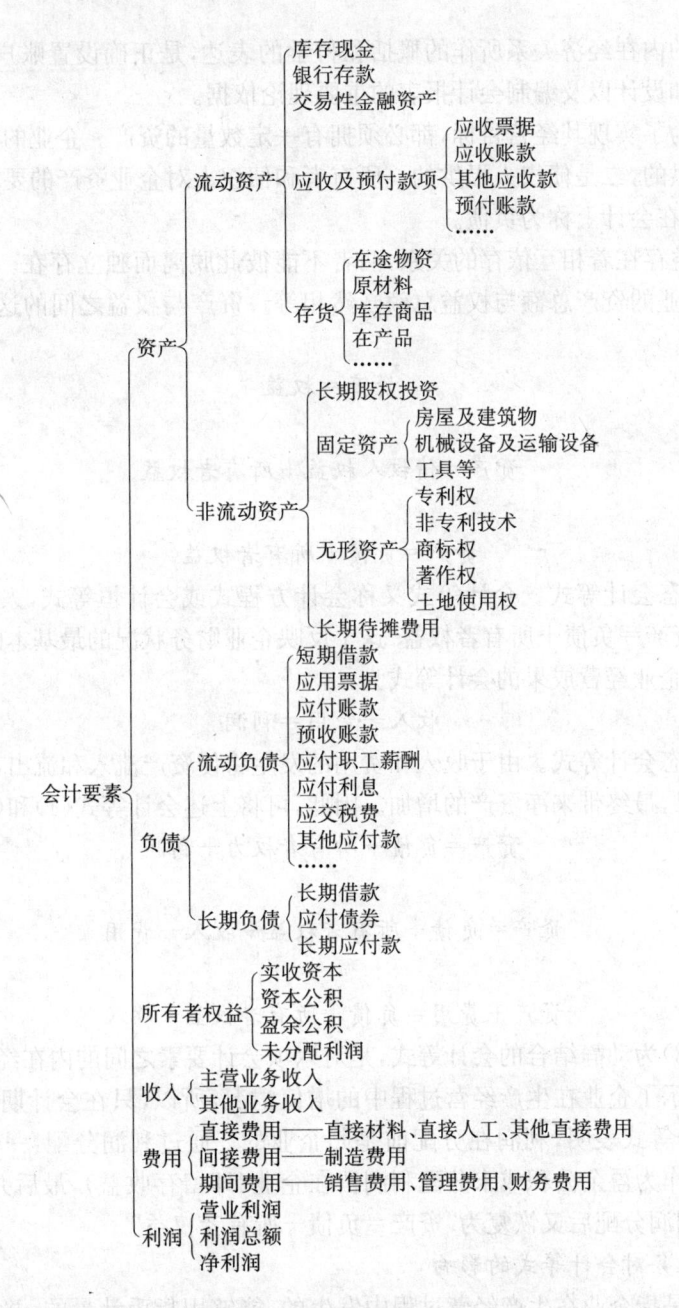

```
                                        ┌ 库存现金
                                        │ 银行存款
                                        │ 交易性金融资产
                                        │              ┌ 应收票据
                            ┌ 流动资产 ┤ 应收及预付款项 ┤ 应收账款
                            │           │              │ 其他应收款
                            │           │              │ 预付账款
                            │           │              └ ……
                            │           │      ┌ 在途物资
                            │           │      │ 原材料
                            │           └ 存货 ┤ 库存商品
                            │                  │ 在产品
                  ┌ 资产 ──┤                  └ ……
                  │         │            ┌ 长期股权投资
                  │         │            │              ┌ 房屋及建筑物
                  │         │            │ 固定资产 ───┤ 机械设备及运输设备
                  │         │            │              └ 工具等
                  │         └ 非流动资产 ┤              ┌ 专利权
                  │                      │              │ 非专利技术
                  │                      │ 无形资产 ───┤ 商标权
                  │                      │              │ 著作权
                  │                      │              └ 土地使用权
                  │                      └ 长期待摊费用
                  │                    ┌ 短期借款
                  │                    │ 应用票据
                  │                    │ 应付账款
                  │                    │ 预收账款
                  │         ┌ 流动负债 ┤ 应付职工薪酬
                  │         │          │ 应付利息
      会计要素 ──┤ 负债 ──┤          │ 应交税费
                  │         │          │ 其他应付款
                  │         │          └ ……
                  │         │          ┌ 长期借款
                  │         └ 长期负债 ┤ 应付债券
                  │                    └ 长期应付款
                  │                ┌ 实收资本
                  │ 所有者权益 ──┤ 资本公积
                  │                │ 盈余公积
                  │                └ 未分配利润
                  │       ┌ 主营业务收入
                  │ 收入 ┤
                  │       └ 其他业务收入
                  │       ┌ 直接费用──直接材料、直接人工、其他直接费用
                  │ 费用 ┤ 间接费用──制造费用
                  │       └ 期间费用──销售费用、管理费用、财务费用
                  │       ┌ 营业利润
                  └ 利润 ┤ 利润总额
                          └ 净利润
```

图 2—3 会计要素的分类

二、会计等式

(一)会计等式的内容

会计等式,是指会计要素之间的基本数量关系的表达式。会计等式是对会计要素的性

质及相互之间的内在经济关系所作的概括和科学的表达,是正确设置账户、运用复式记账、进行试算平衡和设计以及编制会计报表的重要理论依据。

任何企业为了实现其经营目标,都必须拥有一定数量的资产。企业的资产有两个来源:一是所有者提供的,二是债权人提供的。所有者和债权人对企业资产的要求权称为权益,其中,债权人权益在会计上称为负债。

资产和权益存在着相互依存的关系,两者不能彼此脱离而独立存在。从任何一个时点来观察,一个企业的资产总额与权益总额必然相等。资产与权益之间的这种平衡关系可用公式表示为:

$$资产=权益$$

或

$$资产=债权人权益+所有者权益$$

或

$$资产=负债+所有者权益 \quad (1)$$

式(1)为静态会计等式。会计等式又称会计方程式或会计恒等式,人们提到会计等式时,一般仅指"资产=负债+所有者权益"这个反映企业财务状况的最基本的会计等式。

此外,反映企业经营成果的会计等式为:

$$收入-费用=利润 \quad (2)$$

式(2)为动态会计等式。由于收入和费用的发生将使资产流入和流出,利润则是资产流入和流出的结果,最终带来净资产的增加。因此,可将上述会计等式(1)和(2)综合表示为:

$$资产=负债+所有者权力+利润$$

或

$$资产=负债+所有者权益+收入-费用$$

即

$$资产+费用=负债+所有者权益+收入 \quad (3)$$

会计等式(3)为动静结合的会计等式,是对六项会计要素之间的内在经济关系所作的全面综合表述,表示了企业在生产经营过程中的增值情况,所以,只在会计期间内而不在会计期末存在。这个等式表明,利润在分配前是归企业的。通过利润分配,一部分向投资者分配,另一部分则作为盈余公积或未分配利润留在企业(即留存收益),最后并入所有者权益。该会计等式在利润分配后又恢复为"资产=负债+所有者权益"。

(二)经济业务对会计等式的影响

会计事项,是指企业在生产经营过程中发生的,能够用货币计量的,并能引起和影响会计要素发生增减变动的经济业务。会计事项是会计处理的具体对象。因此,不是会计事项的经济业务,不必进行会计处理,例如,企业编制财务成本计划、与外单位签订供销合同等。而属于会计事项的经济业务就必须进行会计处理。但是,一般所说的经济业务习惯上指的就是会计事项。

任何一项经济业务的发生,必然会引起"资产=负债+所有者权益"等式中各项会计要

素的增减变动,归纳起来,共有四种类型、九种业务:

1. 资产和权益同增,增加的金额相等
   (1)一项资产和一项负债同增;
   (2)一项资产和一项所有者权益同增。
2. 资产和权益同减,减少的金额相等
   (1)一项资产和一项负债同减;
   (2)一项资产和一项所有者权益同减。
3. 资产内部有增有减,增减的金额相等
4. 权益内部有增有减,增减的金额相等
   (1)一项负债减少,另一项负债增加;
   (2)一项所有者权益减少,另一项所有者权益增加;
   (3)一项负债减少,一项所有者权益增加;
   (4)一项所有者权益减少,一项负债增加。

以上各项业务类型表明,经济业务的发生不会破坏会计等式的平衡关系。举例说明如下:

☞ **任务 2-1**

东方公司 2011 年 1 月末的资产负债表如表 2-1 所示。

表 2-1　　　　　　　　　　　　资产负债表(简式)
2011 年 1 月 31 日　　　　　　　　　　　　　　单位:元

资　产	金　额	负债及所有者权益	金　额
固定资产	70 000	实收资本	80 000
原材料	10 000	应付票据	1 950
库存现金	450	短期借款	7 000
银行存款	12 000	应付账款	7 500
应收账款	4 000		
合　计	96 450	合　计	96 450

【业务 1】　资产和权益同增

2 月 8 日,上述东方公司接受外单位投资机器设备一台,价值 7 550 元。

该项经济业务是企业的资产项目——固定资产增加 7 550 元,同时也使所有者权益项目——实收资本增加 7 550 元。等式两边的合计数由原来的 96 450 元增加到 104 000 元,平衡关系仍然保持。具体如表 2-2 所示。

表2—2　　　　　　　　　　　　　资产负债表(简式)
2011年2月8日　　　　　　　　　　　　　　　单位:元

资　产	金　额	负债及所有者权益	金　额
固定资产＋7 550	77 550	实收资本＋7 550	87 550
原材料	10 000	应付票据	1 950
库存现金	450	短期借款	7 000
银行存款	12 000	应付账款	7 500
应收账款	4 000		
合　计	104 000	合　计	104 000

【业务2】　资产和权益同减

2月12日,东方公司以银行存款2 000元偿还应付账款。

该项经济业务使企业的资产项目——银行存款减少了2 000元,同时也使负债——应付账款减少2 000元。等式两边同时由原来的104 000元减少到102 000元,平衡关系仍然保持。具体如表2—3所示。

表2—3　　　　　　　　　　　　　资产负债表(简式)
2011年2月12日　　　　　　　　　　　　　　单位:元

资　产	金　额	负债及所有者权益	金　额
固定资产	77 550	实收资本	87 550
原材料	10 000	应付票据	1 950
库存现金	450	短期借款	7 000
银行存款－2 000	10 000	应付账款－2 000	5 500
应收账款	4 000		
合　计	102 000	合　计	102 000

【业务3】　资产内部有增有减

2月16日,前进工厂收到外单位前欠货款1 000元,存入银行。

该项经济业务使企业的资产项目——银行存款增加1 000元,同时又使资产项目——应收账款减少1 000元,负债及所有者权益未发生变化。等式两边的合计数仍分别为102 000元,平衡关系仍然保持。具体如表2—4所示。

表 2—4　　　　　　　　　　　资产负债表(简表)
2011 年 2 月 16 日　　　　　　　　　　　　　　　单位:元

资　产	金　额	负债及所有者权益	金　额
固定资产	77 550	实收资本	87 550
原材料	10 000	应付票据	1 950
库存现金	450	短期借款	7 000
银行存款+1 000	11 000	应付账款	5 500
应收账款-1 000	3 000		
合　计	102 000	合　计	102 000

【业务 4】　权益内部有增有减

2 月 25 日,前进工厂取得短期借款 1 000 元,直接支付到期的应付票据。

该项经济业务使企业的负债项目——短期借款增加 1 000 元,同时又使负债项目——应付票据减少 1 000 元,资产项目未发生变化,等式两边的合计数仍分别为 102 000 元,平衡关系仍然保持。具体如表 2—5 所示。

表 2—5　　　　　　　　　　　资产负债表(简表)
2011 年 2 月 25 日　　　　　　　　　　　　　　　单位:元

资　产	金　额	负债及所有者权益	金　额
固定资产	77 550	实收资本	87 550
原材料	10 000	应付票据-1 000	950
库存现金	450	短期借款+1 000	8 000
银行存款	11 000	应付账款	5 500
应收账款	3 000		
合　计	102 000	合　计	102 000

情境三　会计科目和账户

一、会计科目的设置

(一)设置会计科目的意义

会计科目,是对会计对象的具体内容(即会计要素)进行分类核算所规定的项目。企业在生产经营过程中,经常发生各种各样的会计事项。会计事项的发生,必然引起会计要素的增减变动。但是,由于同一会计要素内部的项目不同,其性质和内容也往往不同。例如,同属资产的"固定资产"和"原材料",其经济内容、在生产中的作用和价值转移方式都不相同;

同属负债的"应付账款"、"短期借款"、"长期借款",其形成原因、债权人、偿还期限等也不相同。为了全面、系统、分类地核算和监督各项会计要素的增减变化,在实际工作中是通过设置会计科目的方法进行的。设置会计科目,是正确填制会计凭证、运用复式记账、登记账簿和编制会计报表的基础。

(二)设置会计科目的原则

1. 会计科目的设置,必须结合会计要素的特点

设置会计科目,必须对会计要素的具体内容进行科学的分类,以便分门别类地反映和监督各项经济业务。各单位应结合本单位会计要素的特点来确定应设置的会计科目。例如,制造业应设置"生产成本"、"制造费用"会计科目,用以核算和监督制造业产品的生产过程,商品流通企业则不设置这样的科目。

2. 会计科目的设置,必须符合会计目标的要求

财务会计的目标是提供有用的会计信息,满足与企业有经济利益关系的各方了解企业财务状况和经营成果的需要,满足企业内部加强经营管理的需要。例如,企业的盈亏情况是会计信息使用者非常关心的,为此,必须设置"主营业务收入"、"主营业务成本"、"管理费用"、"财务费用"、"本年利润"等科目,用于反映盈亏的形成。为了反映企业实有资本,就需要设置"实收资本"科目。

3. 会计科目的设置,必须将统一性与灵活性相结合

目前,会计科目由财政部统一制定颁布,但企业可根据自身规模的大小以及业务的繁简程度等自行增设、减少或合并某些会计科目。例如,制造业可增设"备用金"、"在途材料"等会计科目,可以不单设"预收账款"、"预付账款"科目。

4. 会计科目的设置应保持相对稳定,会计科目的名称要简明、易懂

为了便于不同时期会计资料的分析对比,会计科目的设置应保持相对稳定。此外,每个会计科目都有特定的核算内容,名称要含义明确、通俗易懂、便于开设和运用账户,不能将不同特征的资料记入同一科目。

(三)会计科目表

国家财政部2006年10月颁布的《企业会计准则——应用指南》,对企业应用的会计科目及其核算内容作出了规定。企业应按规定设置和使用会计科目,以满足基础会计教学需要。这里只提供部分与制造业生产经营活动有关的科目名称,其他更多的将在后续的专业会计课程中予以介绍。

企业会计科目表见表2—6。

为了便于编制会计凭证、登记账簿、查阅账目和实行会计电算化,会计科目表统一规定了会计科目的编号。总分类科目采取"四位数制"编号:千位数码代表会计科目按会计要素区分的类别,百位数码代表每大类会计科目下较为详细的类别,十位和个位数码一般代表会计科目的顺序号。为了便于增加和建立某些会计科目,科目编号留有空号,企业不应随意打乱重编。企业在填制会计凭证、登记账簿时,应当填列会计科目的名称,或者同时填列会计科目的名称和编号,不应只填科目编号、不填科目名称。

表2-6　　　　　　　企业会计科目表(简表)

编号	会计科目名称	编号	会计科目名称
	一、资产类	2211	应付职工薪酬
1001	库存现金	2221	应交税费
1002	银行存款	2231	应付利息
1012	其他货币资金	2232	应付股利
1101	交易性金融资产	2241	其他应付款
1121	应收票据	2501	长期借款
1122	应收账款	2502	应付债券
1123	预付账款	2701	长期应付款
1131	应收股利	2801	预计负债
1132	应收利息	2901	递延所得税负债
1221	其他应收款		三、共同类
1231	坏账准备	3101	衍生工具
1402	在途物资	3201	套期工具
1403	原材料		四、所有者权益类
1404	材料成本差异	4001	实收资本
1405	库存商品	4002	资本公积
1511	长期股权投资	4101	盈余公积
1512	长期股权投资减值准备	4103	本年利润
1531	长期应收款	4104	利润分配
1601	固定资产		五、成本类
1602	累计折旧	5001	生产成本
1603	固定资产减值准备	5101	制造费用
1604	在建工程		六、损益类
1605	工程物资	6001	主营业务收入
1606	固定资产清理	6051	其他业务收入
1701	无形资产	6101	公允价值变动损益
1702	累计摊销	6111	投资收益
1703	无形资产减值准备	6301	营业外收入
1711	商誉	6401	主营业务成本
1801	长期待摊费用	6402	其他业务成本
1811	递延所得税资产	6403	营业税金及附加
1901	待处理财产损溢	6601	销售费用
	二、负债类	6602	管理费用
2001	短期借款	6603	财务费用
2101	交易性金融负债	6701	资产减值损失
2201	应付票据	6711	营业外支出
2202	应付账款	6801	所得税费用
2203	预收账款	6901	以前年度损益调整

二、会计科目的分类

会计科目是对会计要素按其经济内容所作的进一步分类。每一个会计科目都明确反映特定的经济内容,但各个会计科目并非彼此孤立,而是相互联系、互相补充地组成一个完整的会计科目体系。为了正确地掌握和运用会计科目,可对会计科目进行适当的分类。

(一)按经济内容分类

会计科目按经济内容的分类是主要的、基本的分类。工业企业的会计科目按其所反映的经济内容,可以划分为六大类,即资产类、负债类、共同类、所有者权益类、成本类和损益类,具体划分可参见会计科目表(见表2—6)(考虑到基础会计的业务实例不涉及共同类科目,故此处可由授课教师自行处理)。

(二)按提供核算指标的详细程度分类

会计科目按提供核算指标的详细程度,可以分为总分类科目和明细分类科目。

总分类科目,也称总账科目或一级科目,是对会计要素具体内容进行总括分类的科目,它提供总括核算指标。总分类科目由国家财政部统一制定颁布。明细分类科目,也称明细科目、细目,是对总分类科目进一步分类的科目,它提供明细核算指标。明细科目的设置,除制度已有规定外,各单位可根据实际情况和经营管理的需要自行设置。在实际工作中,除"库存现金"、"累积折旧"等少数总分类科目不必设置明细分类科目外,大多数都要设置明细分类科目,例如,在"原材料"总分类科目下,按材料的品种、规格开设明细科目。

如果某一总分类科目下面设置的明细分类科目较多,可增设二级科目,也称子目。二级科目是介于总分类科目与明细分类科目之间的科目,它提供的核算指标要比总分类科目详细,但又比明细分类科目概括。例如,在"原材料"总分类科目下,可按材料的类别设置二级科目,如表2—7所示。

表2—7

总分类科目 (一级科目)	明细分类科目	
	二级科目(子目)	三级科目(细目)
原材料	原料及主要材料	圆钢 生铁 紫铜
	辅助材料	润滑油 防锈剂
	燃料 ……	汽油 原煤 ……

三、账户及其基本结构

账户,是指按照会计科目开设的,具有一定格式和结构,用来连续、系统、分类记录和反映会计要素增减变动情况的一种专门工具。设置账户是会计核算的一种专门方法。账户的基本格式如表2-8所示。

表2-8 　　　　　　　　　　　　　　　　总　账

会计科目:

年		凭证号	摘要	借方	贷方	核对号	借或贷	余额
月	日			十亿千百十万千百十元角分	十亿千百十万千百十元角分			十亿千百十万千百十元角分

由于经济业务所引起的各项会计要素的变动,从数量上看只有增加和减少两种情况,因此,用来分类记录经济业务的账户,在结构上也相应地分为两个基本部分,用以分类记录各项会计要素具体内容的增加和减少的数额。所谓账户的结构,是指在账户中如何记录经济业务所引起的各项会计要素的增减变动情况及结果,即增加记何方、减少记何方、余额在何方(增减各记何方的内容将在下章讲述)。账户不但要有明确的核算内容,而且要有一定的结构。

在实际工作中,账户的具体结构可以根据不同的需要设计出多种多样的格式,但其基本内容包括以下四项:(1)账户名称;(2)日期和摘要;(3)凭证号数;(4)增加额、减少额及余额。其中,反映各个会计要素的增加额、减少额及余额的这三个部分就形成了账户的基本结构。为了便于说明,通常将账户的基本结构简化为T形账户,其格式如图2-4所示。

借方　　　　　账户名称　　　　　贷方

图2-4　账户的简化格式

在借贷记账法下,由于账户的左方固定为借方,右方固定为贷方,所以,T形账户不必标出"借方"和"贷方",也能明确表示出借贷方。其格式如图2-5所示。

```
            库存现金
┌─────────────┴─────────────┐
```

图 2-5 借贷记账法下的 T 形账户

账户中记录四种核算指标，即期初余额、本期增加发生额、本期减少发生额和期末余额。其关系式如下：

期末余额＝期初余额＋本期增加发生额－本期减少发生额

余额的关系式如下：

上期期末余额＝本期期初余额

账户的结构及登记方法，只有在使用中才能了解和掌握，学生可在教师的指导下做一些最基本的简单练习。

四、会计科目和账户的关系

会计科目与账户之间既有共同点，又有区别。其共同点是：会计科目和账户都是按照相同经济内容来设置的，账户是根据会计科目开设的。会计科目的名称就是账户的名称。会计科目规定的核算内容就是账户应记录反映的经济内容，在实际工作中，会计人员往往把会计科目和账户不加区别地互相通用。

会计科目和账户的区别是：会计科目是按经济内容对会计要素所作的分类；账户则是在会计科目所作的分类基础上，对经济业务内容进行全面、连续、系统地记录的工具。因此，会计科目只是个名称，只能表明某项经济内容，不存在结构问题。而账户必须具备一定的结构，以便记录或反映某项经济内容的增减变动及其结果。

会计对象、会计要素和会计科目三者密切相连、互为依存、连续划分、越分越细，从而满足了会计进行分类核算，提供详略不同的各种会计信息的需要。其层次关系如图 2-6 所示。

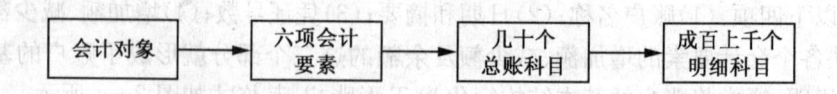

| 会计对象 | → | 六项会计要素 | → | 几十个总账科目 | → | 成百上千个明细科目 |

图 2-6 会计对象、会计要素和会计科目的层次关系

信息搜索

1. 什么是会计对象？会计的一般对象和具体对象是什么？
2. 什么是会计要素？它包括哪些内容？
3. 什么是会计等式？试述会计等式的基本原理。
4. 经济业务的发生对各项会计要素会产生哪些影响？为什么说经济业务的发生不会影响会计等式的

平衡关系?
5. 什么是会计科目?设置会计科目应遵循哪些原则?
6. 什么是总分类科目和明细分类科目?二者之间有什么关系?
7. 什么是账户?会计科目与账户有什么关系?
8. 账户的基本结构包括哪些内容?
9. 会计对象、会计要素和会计科目三者之间有什么关系?

【练习题】

一、单项选择题

1. 下列项目中属于流动资产的是( )。
   A. 预付账款　　　　B. 应付账款　　　　C. 制造费用　　　　D. 短期借款
2. 下列项目中属于资产的是( )。
   A. 长期借款　　　　B. 长期投资　　　　C. 实收资本　　　　D. 资本公积
3. 下列项目中属于流动负债的是( )。
   A. 应收账款　　　　B. 预收账款　　　　C. 制造费用　　　　D. 预付账款
4. 下列项目中属于长期负债的是( )。
   A. 应付职工薪酬　　B. 应付账款　　　　C. 应付债券　　　　D. 应付利润
5. 所有者权益是企业投资人对企业净资产的所有权,在数量上等于( )。
   A. 全部资产扣除流动负债　　　　　　B. 全部资产扣除长期负债
   C. 全部资产加上全部负债　　　　　　D. 全部资产扣除全部负债
6. 与企业正常经营活动没有直接联系的各项业务所产生的收入称为( )。
   A. 额外收入　　　　B. 无关收入　　　　C. 营业外收入　　　　D. 营业内收入
7. 资产和权益在数量上( )。
   A. 必然相等　　　　　　　　　　　　B. 不一等相等
   C. 符合一定条件时相等　　　　　　　D. 不相等
8. 引起资产内部一个项目增加且另一个项目减少,而资金总额不变的经济业务是( )。
   A. 用银行存款偿还短期借款　　　　　B. 收到投资者投入的机器一台
   C. 收到外单位前欠货款　　　　　　　D. 收到国家拨入的特准储备物资
9. 下列经济业务中,会引起负债减少,同时使所有者权益增加的是( )。
   A. 以银行存款偿还欠款　　　　　　　B. 所有者投入资本偿还借款
   C. 以赊购方式购入原材料　　　　　　D. 向银行借款存入银行
10. 下列经济业务引起负债和资产同减变化的是( )。
    A. 从银行取得借款　　　　　　　　　B. 以银行存款归还借款
    C. 将现金存入银行　　　　　　　　　D. 用借款直接偿还欠款

二、多项选择题

1. 我国《企业会计准则》将企业会计要素划分为( )。
   A. 资产、负债　　　　　　　　　　　B. 所有者权益
   C. 收入、费用　　　　　　　　　　　D. 利润
   E. 资金占用、资金来源

2. 企业的资产可以分为( )。
   A. 流动资产　　　　　B. 长期投资　　　　　C. 固定资产　　　　　D. 无形资产
   E. 递延资产
3. 下列各项中属于流动负债的有( )。
   A. 预付账款　　　　　B. 预收账款　　　　　C. 应付账款　　　　　D. 应收账款
   E. 应交税金
4. 长期负债包括( )。
   A. 偿还期为一年的债务　　　　　　　　B. 偿还期在一年以上的债务
   C. 偿还期在一个营业周期内的债务　　　D. 偿还期在一个营业周期以上的债务
   E. 偿还期超过一年的一个营业周期以上的债务
5. 所有者权益包括的内容有( )。
   A. 投入资本　　　　　B. 资本公积　　　　　C. 盈余公积　　　　　D. 未分配利润
   E. 应付利润
6. 营业收入包括( )。
   A. 基本业务收入　　　　　　　　　　　B. 其他业务收入
   C. 投资收益　　　　　　　　　　　　　D. 营业外收入
   E. 出售固定资产收入
7. 下列属于制造成本的费用有( )。
   A. 直接材料费用　　　　　　　　　　　B. 直接人工费用
   C. 财务费用　　　　　　　　　　　　　D. 销售费用
   E. 管理费用
8. 利润是企业在一定期间内的经营成果,按其构成的不同层次可分为( )。
   A. 营业利润　　　　　B. 利润总额　　　　　C. 净利润　　　　　D. 所得税
   E. 营业外收入
9. 下列等式中属于基本会计等式的有( )。
   A. 资产＝负债　　　　　　　　　　　　B. 资产＝债权人＋所有者权益
   C. 资产＝负债＋所有者权益　　　　　　D. 资产＝负债＋所有者权益＋利润
   E. 资产＝负债＋所有者权益＋收入－费用
10. 企业资金运动所引起的会计要素之间的变化类型有( )。
    A. 负债与所有者权益此增彼减　　　　　B. 负债之间此增彼减
    C. 资产与负债同增或同减　　　　　　　D. 所有者权益之间此增彼减
    E. 资产与所有者权益同增或同减

三、业务题

习题一

(一)目的:熟悉资产、负债、所有者权益的组成内容,掌握会计平衡原理。

(二)资料:大同工厂2012年1月31日的资产、负债和所有者权益状况如下:

1. 厂房两栋,计价300 000元;办公用房一栋,计价50 000元;职工宿舍三栋,计价80 000元。
2. 各种设备价值500 000元。
3. 国家投资500 000元。

4. 法人投资 530 000 元。
5. 外商投资 403 000 元。
6. 各种钢材价值 250 000 元。
7. 其他各种材料价值 100 000 元。
8. 产成品价值 90 000 元,在产品价值 60 000 元。
9. 银行存款 48 000 元,现金 1 000 元。
10. 向银行借款 50 000 元。
11. 应收销货款 7 000 元,应付货款 3 000 元。

(三)要求:根据上述资料,划分资产、负债和所有者权益。

习题二

(一)目的:掌握资产、负债、所有者权益的平衡关系。

(二)资料:大同工厂 2012 年 2 月 1 日的资产、负债和所有者权益项目的期初余额见习题一的作业结果。

该企业 2 月份发生下列经济业务:

1. 以银行存款支付购入材料 10 000 元。
2. 以银行存款偿还前欠货款 3 000 元。
3. 收回应收账款 5 000 元,存入银行。
4. 生产车间生产产品领用材料 5 000 元。
5. 向银行借款 10 000 元,存入银行。
6. 从银行提取现金 500 元。
7. 李铁生出差预借差旅费 500 元。
8. 国家又投入资金 10 000 元。
9. 以银行存款归还借款 20 000 元。
10. 购入材料,价款 40 000 元,货款尚未支付。

(三)要求:根据上述资料,编制资产、负债和所有者权益增减变化表。

模块三 复式记账原理

【模块要点】

复式记账是现代会计记录的重要方法。通过本章的学习,应理解复式记账的基本原理,重点掌握借贷复式记账法的基本内容和主要特点,会编制会计分录。

情境一 复式记账的理论基础和基本内容

一、理论基础

记账是会计核算的基本工作,记账方法是会计核算方法的一个重要组成部分。所谓记账方法,是指在账户中登记经济业务的方法。从历史上看,记账方法有单式记账法和复式记账法之分,复式记账法是由单式记账法发展而来的。

单式记账法是最早出现的一种记账方法。它是指对发生的每一项经济业务,一般只用一个账户做出单方面的记录,而对与此相联系的另一方面不予反映的一种记账方法。采用这种方法,除了对有关人欠、欠人的现金收付业务要在两个或两个以上有关账户中登记外,对于其他经济业务,只在一个账户中登记或不予登记。由于单式记账法的账户设置不完整,没有形成完整的账户体系,也不便于检查账户是否正确,这种方法目前已经很少使用。在现代会计中,只在备查账簿的登记中采用单式记账法。

复式记账法的主要特点是:对每一项会计事项,都要以相等的金额,在相互联系的两个或两个以上的账户中进行全面登记。一项业务必须在两个或两个以上账户中登记,这种复式记账的要求是与资金运动规律密切相关的。每一项经济业务的发生都是资金运动的一个具体过程,这个过程有起点和终点两个方面,只有将这两个方面所表现的资金从何处来又到何处去进行双重记录,才能完整地反映每一具体的资金运动过程的来龙去脉。

复式记账法以会计等式"资产=负债+所有者权益"为理论依据,每一项经济业务的发生都会引起会计要素各有关项目的增减变化,由于双重记录所登记的是同一资金的两个方面,其金额必然相等。会计平衡等式是复式记账的基础,复式记账是会计平衡等式不断实现新的平衡的保证。

二、基本内容

复式记账法一般由记账符号、账户设置、记账规则和试算平衡四个相互联系的基本内容所组成。各种复式记账法之间的区别,主要表现在这四个方面有所不同。

(一)记账符号

采用复式记账法,对所设立的账户都要规定记账方向。表示记账方向的记号,就是记账符号。记账符号是区分各种复式记账法的最重要的标志,如以"借"、"贷"作为记账符号的复式记账法称为借贷记账法,以"增"、"减"作为记账符号的复式记账法称为增减记账法,以"收"、"付"作为记账符号的复式记账法称为收付记账法。

(二)账户设置

要进行复式记账,首先必须设置会计科目,然后根据会计科目开立账户,以便把每一项发生的经济业务登记到相关账户中去。然而,不同的复式记账法对账户设置的要求也不相同。

(三)记账规则

任何一种记账方法,都必须规定适用于登记各种类型经济业务的、科学的记账规则。严格按照记账规则记账,才能保证记账内容的一致。不同的复式记账法有不同的记账规则,如借贷记账法的记账规则是:"有借必有贷,借贷必相等。"

(四)试算平衡

采用复式记账法,要求每笔经济业务都要以相等的金额在两个或两个以上相互联系的账户中进行登记,这样就保证了会计记录的平衡关系。如果发生不平衡现象,就表明记账出现了差错。试算平衡可以用公式表示,通过公式对会计记录的结果进行试算,以检查会计记录的正确性。不同的复式记账法,所采用的试算平衡公式也不一样。例如,借贷记账法采用"本期发生额平衡法"和"余额平衡法"进行试算。

在西方国家,历史上只有一种复式记账法,所以一般不特别强调"借贷记账法"。在我国,20世纪六七十年代曾先后出现过"增减记账法"和"收付记账法"。记账方法的分类如图3—1所示。

```
           ┌ 单式记账法
           │           ┌ 借贷记账法
记账方法 ┤           │ 增减记账法
           └ 复式记账法┤           ┌ 现金收付记账法
                       │ 收付记账法┤ 资金收付记账法
                       └           └ 钱物收付记账法
```

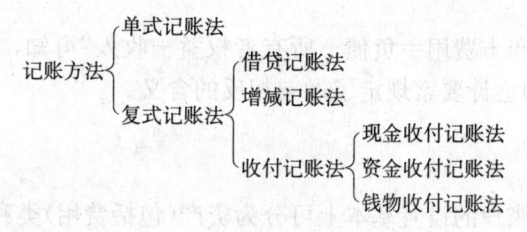

图3—1 记账方法的分类

情境二　借贷记账法

借贷记账法起源于13世纪的意大利,在清朝末期的光绪年间从日本传入中国。在各种复式记账法中,借贷记账法是产生最早并在当今世界各国应用最广泛、最科学的记账方法。目前,我国的企业、事业单位会计记账都采用借贷记账法。

借贷记账法是以"借"和"贷"作为记账符号,在两个或两个以上相互联系的账户中,对每一项经济业务以相等的金额全面进行记录的一种复式记账方法。

一、记账符号

记账符号反映的是各种经济业务数量的增加和减少。

(一)"借"和"贷"是抽象的记账符号

借贷记账法是以"借"和"贷"作为记账符号,用以指明记账的增减方向、账户之间的对应关系和账户余额的性质等。而与这两个文字的字义及在会计史上的最初含义无关,不可望文生义。"借"和"贷"是会计的专门术语,并已经成为通用的国际商业语言。

(二)"借"和"贷"所表示的增减含义

"借"和"贷"作为记账符号,都具有增加和减少的双重含义。"借"和"贷"何时为增加、何时为减少,必须结合账户的具体性质才能准确说明(见表3—1)。

表3—1　　　　　　　　　　"借"和"贷"所表示的增减含义

借　方	账户类别	贷　方
＋	资产	－
＋	费用	－
－	负债	＋
－	所有者权益	＋
－	收入	＋

根据会计等式"资产＋费用＝负债＋所有者权益＋收入"可知,"借"和"贷"这两个记账符号对会计等式两方的会计要素规定了增减相反的含义。

二、账户设置

在借贷记账法下,账户的设置基本上可分为资产(包括费用)类和负债及所有者权益(包括收入)类两大类别。

（一）资产类账户的结构（如表3-2所示）

表3-2　　　　　　　　　　　资产类账户

借　方	贷　方
期初余额 本期增加额……	本期减少额……
本期借方发生额合计	本期贷方发生额合计
期末余额	

资产类账户的借方登记增加额，贷方登记减少额，一般为借方余额（账户余额一般在增加方，下同）。

资产类账户的期末余额公式为：

期末借方余额＝期初借方余额＋本期借方发生额－本期贷方发生额

（二）负债及所有者权益类账户的结构（如表3-3所示）

表3-3　　　　　　　　　负债及所有者权益类账户

借　方	贷　方
	期初余额
本期减少额……	本期增加额……
本期借方发生额合计	本期贷方发生额合计
	期末余额

负债及所有者权益类账户的贷方登记增加额，借方登记减少额，一般为贷方余额。负债及所有者权益类账户的期末余额公式为：

期末贷方余额＝期初贷方余额＋本期贷方发生额－本期借方发生额

（三）收入类和费用类账户的结构（如表3-4、表3-5所示）

表3-4　　　　　　　　　　　收入类账户

借　方	贷　方
本期结转额……	本期增加额……
本期借方发生额合计	本期贷方发生额合计

表3-5　　　　　　　　　　　费用类账户

借　方	贷　方
本期增加额……	本期结转额……
本期借方发生额合计	本期贷方发生额合计

(四)双重性质账户的结构

由于"借"、"贷"记账符号对会计等式两方的会计要素规定了增减相反的含义,因此,可以设置既有资产性质的账户,又有负债性质的具有双重性质的账户。比如,"应收账款"和"预收账款"可以合并为一个账户,"应付账款"和"预付账款"也可以合并为一个账户。

双重性质账户的性质不是固定的,应根据账户余额的方向来判断。如果余额在借方就是资产类账户,如果余额在贷方就可确认为权益类账户。具有双重性质的账户只是少数,绝大多数账户的性质仍是固定的。

借　方	贷　方
资产、费用 ＋	资产、费用 －
负债、所有者权益、收入、利润 －	负债、所有者权益、收入、利润 ＋
资产余额	负债及所有者权益余额

图 3－2　账户模式总图

三、记账规则

记账规则,是指运用记账方法正确记录会计事项时必须遵守的规律。记账规则是记账的依据,也是对账的依据。

(一)记账规则的形成

虽然会计事项错综复杂、千差万别,但从与会计等式的关系来归纳,只有四种类型、九种业务(前已述及)。如果将其中的增减变动用"借"、"贷"符号表示,就可以找出资金运动数量变化的规律,如表 3－6 所示。

表 3－6

经济业务	增减变动 会计等式 借贷方向	资产		=	负债		＋	所有者权益	
		借	贷		借	贷		借	贷
第一种类型	(1)	增加				增加			
	(2)	增加							增加
第二种类型	(3)		减少		减少				
	(4)		减少					减少	
第三种类型	(5)	增加	减少						
第四种类型	(6)				减少	增加			
	(7)							减少	增加
	(8)				减少				增加
	(9)					增加		减少	

由表3—6可知，对每一会计事项都要以相等的金额，在两个或两个以上相互关联的账户中进行登记，而且，必须同时涉及有关账户的借方和贷方，其借方的金额与贷方的金额一定相等。

（二）记账规则的内容

借贷记账法的记账规则是："有借必有贷，借贷必相等。"

（三）记账规则的应用

记账规则也称借贷平衡原理，可以检验会计分录、过账、结账等一系列会计处理的正确性。下面以编制会计分录为例说明记账规则的应用。

1. 会计分录的格式

简化的记账程序如图3—3所示。

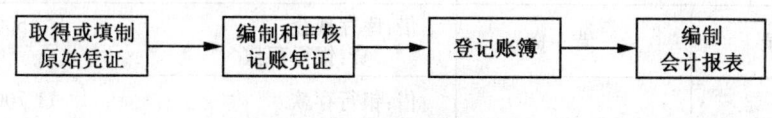

取得或填制原始凭证 → 编制和审核记账凭证 → 登记账簿 → 编制会计报表

图3—3 简化的记账程序

以上程序中的记账凭证，是指会计人员根据原始凭证编制的记账凭证。作为记账依据的会计凭证一般格式如表3—7所示。

表3—7　　　　　　　　　　　记账凭证　　　　　　出纳编号_____
　　　　　　　　　　　　　　　年　月　日　　　　　凭证编号_____

摘　要	会计科目		金　额		记账符号
	科目	明细科目	借　方	贷　方	
	合　计				

会计主管　　　　　　　记账　　　　　　　审核　　　　　　　填制

记账凭证中最主要的内容是会计分录。所谓的会计分录，就是指对某项经济业务应记入账户的名称、借贷方向和增减金额多少的记录（会计分录构成的三要素）。会计分录是记账凭证的简化形式，有时也称记账公式。

会计分录的一般格式是：

37

借:××(账户名) ××(金额)
　　贷:××(账户名) ××(金额)

例如:
借:库存现金 5 000
　　贷:银行存款 5 000

2. 会计分录的分类

会计分录按所涉及账户的多少,可分为简单分录和复合分录两种。其划分方法如表3—8所示。

表3—8

类别	特点	举例
简单分录	一借一贷	借:库存现金　　　　500 　　贷:银行存款　　　　500
复合分录	一借多贷	借:银行存款　　　　11 700 　　贷:主营业务收入　10 000 　　　　应交税费　　　1 700
	多借一贷	借:制造费用　　　　200 　　管理费用　　　　300 　　贷:银行存款　　　　500
	多借多贷	(略)

采用借贷记账法,根据记账规则登记每项经济业务时,在有关账户之间就发生了应借应贷的相互关系,账户之间的这种相互关系即账户的对应关系。发生对应关系的账户,被称为对应账户。

简单分录只涉及两个账户,复合分录涉及两个以上的账户。实际上,复合分录是由若干个简单分录合并组成的。比如:

借:制造费用 200
　　贷:库存现金 200
借:管理费用 300
　　贷:库存现金 300

经合并就组成了表3—8中的多借一贷的复合分录。编制复合分录,既可以集中反映某项经济业务的全面情况,又可以简化记账手续。

但是,由于多借多贷的会计分录不能清晰地了解经济业务的内容和账户的对应关系,所以,在会计核算工作中,一般不编制或少编制多借多贷的会计分录。

3. 会计分录的编制

为了简化账务处理的举例,通常对记账程序的各步骤进行适当处理:(1)用文字介绍经济业务代替原始凭证;(2)用会计分录代替记账凭证;(3)用简化的账页格式(如T形账户等)代替真实账页;(4)用简化的报表代替真实报表。

四、试算平衡

试算平衡就是指在某一时日(如会计期末),为了保证本期会计处理的正确性,依据会计等式或复式记账原理,对本期各账户的全部记录进行汇总、测算,以检验其正确性的一种专门方法。通过试算平衡,可以检查会计记录的正确性,并可查明出现不正确会计记录的原因,进行调整,从而为会计报表的编制提供准确的资料。

在借贷记账法下,根据借贷复式记账的基本原理,试算平衡的方法主要有两种:本期发生额平衡法和余额平衡法。

(一)本期发生额平衡法

本期发生额平衡法,是指将全部账户的本期借方发生额和本期贷方发生额分别加总后,利用"有借必有贷,借贷必相等"的记账规则来检验本期发生额账务处理正确性的一种试算平衡方法。其试算平衡公式如下:

全部账户本期借方发生额合计＝全部账户本期贷方发生额合计

这种试算平衡方法的基本原理是:在平时编制会计分录时,都是"有借必有贷,借贷必相等",将其记入有关账户经汇总后,也必然是"借贷必相等"。本期发生额平衡法主要是用来检查本期发生的经济业务在进行各种账务处理时的正确性。

(二)余额平衡法

余额平衡法是指在会计期末账户余额在借方的全部数额和在贷方的全部数额分别加总后,利用"资产＝负债＋所有者权益"的平衡原理来检验会计处理正确性的一种试算平衡方法。其试算平衡公式如下:

全部账户的借方期末余额合计＝全部账户的贷方期末余额合计

余额平衡法的基本原理是:在借贷记账法下,资产账户的期末余额在借方,负债和所有者权益账户的期末余额在贷方,由于存在"资产＝负债＋所有者权益"的平衡关系,所以全部账户的借方期末余额合计数应当等于全部账户的贷方期末余额合计数。余额平衡法主要是通过各种账户余额来检查、推断账务处理正确性。

如果试算不平衡,那就说明账户的记录肯定有错;如果试算平衡,那就说明账户的记录基本正确,但不一定完全正确。这是因为有些错误并不影响借贷双方的平衡,譬如发生某项经济业务在有关账户中被重记、漏记或记错了账户等错误,并不能通过试算平衡来发现。但试算平衡仍是检查账户记录是否正确的一种有效的方法。

五、借贷记账法的优点

(1)科学地运用了"借"和"贷"的记账符号,充分地体现出资金运动的来龙去脉这一对立统一关系,记账方法体系科学严密。

(2)"有借必有贷,借贷必相等"的记账规则应用起来十分方便。在编制每笔会计分录时,都能清晰地看出账户之间的对应关系,便于及时检查会计记录的正确性,从而为进一步的会计处理奠定了良好的基础。

(3)由于每笔会计分录中借贷自求平衡,为日常的会计处理自检和期末的试算平衡提供了方便。试算平衡方法方便简单、便于操作。

对于初学者来说,学习借贷记账法的难点是,"借"和"贷"不能单一地表示账户内容的增加和减少。其实,这个难点并不难克服,只要能熟记"借"和"贷"所表示的增减含义,再进行适量的有针对性的练习,就完全可以掌握。我们应该明确,在借贷记账法下,将"借"和"贷"这两个记账符号全都赋予了增加和减少的双重含义,才使得借贷记账法具有上述优点,从而成为最科学的复式记账方法。

任务 3—1

假设红旗工厂6月初全部账户余额如下:

库存现金	1 000	短期借款	70 000
银行存款	60 000	应付账款	41 000
固定资产	400 000	实收资本	350 000
资产类账户合计	461 000	负债及所有者权益类账户合计	461 000

6月份发生的全部经济业务如下:

(1)3日,企业购入一台设备,用银行存款10 000元支付价款。
(2)15日,企业向银行借款40 000元存入银行。
(3)22日,企业以银行存款20 000元偿还前欠货款。
(4)26日,企业接受投资转入一台设备,价值100 000元。
(5)28日,企业从银行提取现金2 000元补充库存。
(6)29日,企业所欠黄河工厂的货款20 000元转作对本企业的投入资本。

根据以上资料编制会计分录:

(1)借:固定资产　　　　　　　　　　　　　　　　10 000
　　　贷:银行存款　　　　　　　　　　　　　　　　　　10 000
(2)借:银行存款　　　　　　　　　　　　　　　　40 000
　　　贷:短期借款　　　　　　　　　　　　　　　　　　40 000
(3)借:应付账款　　　　　　　　　　　　　　　　20 000
　　　贷:银行存款　　　　　　　　　　　　　　　　　　20 000
(4)借:固定资产　　　　　　　　　　　　　　　　100 000
　　　贷:实收资本　　　　　　　　　　　　　　　　　　100 000
(5)借:库存现金　　　　　　　　　　　　　　　　2 000
　　　贷:银行存款　　　　　　　　　　　　　　　　　　2 000
(6)借:应付账款　　　　　　　　　　　　　　　　20 000
　　　贷:实收资本　　　　　　　　　　　　　　　　　　20 000

根据以上会计分录过入账户,如表3—9所示。

表3—9

库存现金

期初余额	1 000		
	(5) 2 000		
本期借方发生额合计	2 000		
期末余额	3 000		

银行存款

期初余额	60 000	(1)	10 000
(2)	40 000	(3)	20 000
		(5)	2 000
本期借方发生额合计	40 000	本期贷方发生额合计	32 000
期末余额	68 000		

固定资产

期初余额	400 000		
(1)	10 000		
(4)	100 000		
本期借方发生额合计	110 000		
期末余额	510 000		

短期借款

		期初余额	70 000
		(2)	40 000
		本期贷方发生额合计	40 000
		期末余额	110 000

应付账款

(3)	20 000	期初余额	41 000
(6)	20 000		
本期借方发生额合计	40 000		
		期末余额	1 000

实收资本

		期初余额	350 000
		(4)	100 000
		(6)	20 000
		本期贷方发生额合计	120 000
		期末余额	470 000

任务 3-2

下面以本节所举的六笔业务为例,编制试算平衡表来说明,如表 3—10 所示。

表 3—10　　　　　　　本期发生额及余额试算平衡表

2012 年 6 月 30 日　　　　　　　　　　　　　　　单位:元

会计科目	期初余额 借方	期初余额 贷方	本期发生额 借方	本期发生额 贷方	期末余额 借方	期末余额 贷方
库存现金	1 000		2 000		3 000	
银行存款	60 000		40 000	32 000	68 000	
固定资产	400 000		110 000		510 000	
短期借款		70 000		40 000		110 000
应付账款		41 000	40 000			1 000
实收资本		350 000		120 000		470 000
合　计	461 000	461 000	192 000	192 000	581 000	581 000

信息搜索

1. 什么是复式记账法?为什么说复式记账法是一种科学的记账方法?
2. 复式记账法包括哪些内容?
3. 什么是借贷记账法?借贷记账法的主要特点有哪些?
4. 在借贷记账法下,"借""贷"两字对各项会计要素规定了怎样的含义?
5. 为什么在借贷记账法下可以设置双重性质的账户?怎样判断双重性质账户的实际性质?
6. 为什么借贷记账法会形成"有借必有贷,借贷必相等"的记账规则?
7. 借贷记账法包括哪几方面的试算平衡关系?
8. 什么是会计分录?会计分录三要素是指哪些内容?
9. 什么是简单分录和复合分录?二者之间有什么关系?
10. 什么是账户的对应关系?什么是对应账户?

【练习题】

一、单项选择题

1.(　　)不是设置会计科目的原则。

A. 要符合会计制度规定

B. 便于反映会计要素的总括情况

C. 会计科目要保持相对稳定

D. 企业可根据自身实际情况对会计科目进行编号

2.下列关于会计科目的说法中,不正确的是( )。
A. 会计科目是对会计对象的具体内容进行分类核算的项目
B. 会计科目是会计账户的名称
C. 会计科目全面、连续记录会计要素的增减变动
D. 会计科目有总分类科目与明细科目之分

3.企业仓库中存放的生产用材料价值200 000元,应采用( )科目登记。
A. 原材料   B. 生产用材料   C. 存货   D. 所有者权益

4.下列账户中属于总分类账户的是( )。
A. 固定资产   B. 钢材类   C. 圆钢   D. 资产

5.下列账户中,与负债账户结构相同的是( )账户。
A. 资产   B. 成本   C. 所有者权益   D. 费用

6.存在着对应关系的账户称为( )。
A. 联系账户   B. 平衡账户   C. 恒等账户   D. 对应账户

7.假如某企业本期增加发生额为1 200元,减少发生额为1 500元,期末余额为1 300元,则该企业本期期初余额为( )元。
A. 4 000   B. 1 600   C. 1 200   D. 1 000

8.在借贷记账法中,账户的哪一方登记增加数,哪一方登记减少数,是由( )决定的。
A. 记账规则   B. 账户性质   C. 性质   D. 账户结构

9."原材料"账户期初余额150 000元,借方发生额本期合计280 000元,贷方发生额本期合计230 000元,那么期末余额为( )。
A. 200 000元,在借方   B. 100 000元,在借方
C. 100 000元,在贷方   D. 200 000元,在贷方

10.银行存款账户本期期末余额表示( )。
A. 上月末企业在银行的存款余额   B. 本月企业存入银行的款项
C. 本月企业通过银行支付的款项   D. 本月末企业在银行的存款余额

11.借贷记账法下,借方表示( )
A. 资产增加,权益减少   B. 资产增加,权益增加
C. 资产减少,权益增加   D. 资产减少,权益减少

12.以下会计分录体现经济业务内容的是( )。
借:银行存款   20 000
　　贷:短期借款   20 000
A. 以银行存款20 000元偿还短期借款   B. 收到某企业前欠货款20 000元
C. 向银行取得短期借款20 000元   D. 收到某企业投入货币资金20 000元

13.账户发生额试算平衡法是依据( )确定的。
A. 借贷记账法的记账规则
B. 经济业务的内容
C."资产=负债+所有者权益"的恒等关系
D. 经济业务的类型

14. 编制不同的试算平衡表,可以达到不同的检查目的。若为检查期末记账结果是否有误,我们只需编制( )。

A. 本期发生额试算平衡表　　　　　B. 期末余额试算平衡表
C. 期初余额试算平衡表　　　　　　D. 资产类账户试算平衡表

15. 如果某总分类账户的期末余额为零,则( )。

A. 所属的各明细分类账户一定全部为零
B. 所属的各明细分类账户不一定全部为零
C. 所属的各明细分类账户一定没有增加发生额
D. 所属的各明细分类账户一定没有减少发生额

16. 企业应付账款的正常余额在( )。

A. 借方　　　　　　　　　　　　　B. 贷方
C. 借方或贷方　　　　　　　　　　D 借方与贷方同时存在

17. 企业应付账款的借方余额反映的是( )。

A. 应付给供货单位的款项　　　　　B. 预收购货单位的款项
C. 预付给供货单位的款项　　　　　D. 应收购货单位的款项

18. 在复式记账法下,记录每项经济业务是通过( )。

A. 一个账户　　　　　　　　　　　B. 两个账户
C. 至少两个账户　　　　　　　　　D 一个或一个以上账户

19. 全部账户借方期末余额合计等于( )。

A. 全部账户本期借方发生额合计　　B. 全部账户本期贷方发生额合计
C. 全部账户贷方期初余额合计　　　D. 全部账户贷方期末余额合计

二、多项选择题

1. 会计科目按经济内容可以划分为( )。

A. 资产、负债、所有者权益　　　　B. 收入、费用、利润
C. 成本、损益　　　　　　　　　　D. 总账、明细账
E. 一级科目、明细科目

2. 影响负债类账户期末余额的因素通常有( )。

A. 期初借方余额　　　　　　　　　B. 期初贷方余额
C. 本期借方发生额　　　　　　　　D. 本期贷方发生额
E. 期末贷方余额

3. 账户借方登记( )。

A. 资产增加　　　　　　　　　　　B. 所有者权益增加
C. 负债增加　　　　　　　　　　　D. 负债减少
E. 所有者权益减少

4. 账户的基本结构包括会计要素的( )。

A. 借方数　　　B. 增加数　　　C. 贷方数　　　D. 减少数
E. 结存数

5. 会计分录的三个要素是( )。

A. 确定会计主体　　　　　　　　　B. 确定记账方向

C. 确定应记金额　　　　　　　　　D. 确定记账单位(元)
E. 确定会计科目

6. 在借贷记账法下,一般复合会计分录的具体表现形式有(　　)。
A. 一借一贷　　　B. 一借多贷　　　C. 多借一贷　　　D. 多借多贷
E. 以上都有

7. 尽管存在三种不同的复式记账法,但它们都具有的基本内容是(　　)。
A. 记账符号　　　B. 记账依据　　　C. 记账规则　　　D. 账户设置
E. 试算平衡

8. 通过试算平衡能够检查出记账过程中的某些错误,但并不是全部,如(　　)不一定影响借贷平衡。
A. 账户使用错误　　　　　　　　　B. 记账方向错误
C. 重复记录某项经济业务　　　　　D. 漏记某项经济业务
E. 错记金额

9. 总分类账户与明细分类账户平行登记的要点可以概括为(　　)。
A. 依据相同　　　B. 方向相同　　　C. 方向相反　　　D. 期间相同
E. 金额相等

10. 借贷记账法的试算平衡可按公式(　　)进行。
A. 全部账户借方本期发生额＝全部账户贷方本期发生额
B. 全部账户增加额＝全部账户减少额
C. 全部账户期末借方余额＝全部账户期末贷方余额
D. 资产账户发生额＝负债和所有者权益账户发生额
E. 所有账户期初借方余额＝所有账户期末借方余额

三、判断题

1. "借"和"贷"二字在借贷记账法中有其独特的含义,而不仅是记账符号。(　　)
2. 通过试算平衡检查账簿后,若左右平衡,就可断定记账没有错误。(　　)
3. 不应将反映不同类型的经济业务,合并编制多借多贷的会计分录。(　　)

四、业务题

习题一
根据资料编制本月业务的会计分录并编制发生额试算平衡表。
1. 开出现金支票58 000元提取现金直接发放工资。
2. 用银行存款3 000元支付本月车间房租。
3. 仓库发出材料,产品耗用12 000元,车间一般耗用4 200元,厂部一般耗用1 500元。
4. 开出现金支票750元,购买厂部办公用品。
5. 用现金支付保险费400元。
6. 预提应由本月负担的车间设备修理费600元。
7. 计提本月固定资产折旧,其中车间折旧额1 100元,厂部500元。
8. 月末分配工资费用,其中:生产工人工资34 000元,车间人员工资16 000元,厂部管理人员工资8 000元。
9. 按各自工资额的14%提取福利费。
10. 将本月发生的制造费用转入"生产成本"账户。

11. 本月生产的产品 40 台全部完工,验收入库,结转成本(假设没有期初期末在产品)。
12. 用银行存款支付业务招待费 4 800 元。
13. 用银行存款支付报纸杂志费 500 元。
14. 从银行取得期限为 6 个月、年利率为 9% 的借款 500 000 元存入银行。
15. 收回其他单位欠款 52 800 元存入银行。

习题二

已知 A 企业某年 10 月初各总分类账户余额如下:

会计科目	月初余额	会计科目	月初余额
库存现金	7 100	固定资产	700 000
银行存款	185 540	累计折旧	181 310
短期投资	120 000	应付票据	119 000
应收票据	81 000	短期借款	150 000
应收账款	64 000	应付账款	46 130
其他应收款	900	实收资本	690 000
原材料	120 000	资本公积	200 000
库存商品	110 000	预提费用	2 100

该企业 10 月份发生以下经济业务:
1. 国家投入一台设备价值 120 000 元。
2. 采购员张某向财务室借差旅费 800 元,以现金支付。
3. 用银行存款 50 000 元偿还短期借款。
4. 预提借款利息费用 1 100 元。
5. 收到某外商向企业捐款 20 000 元,存入银行。
6. 向银行提取现金 900 元,补足库存限额。
7. 向银行申请取得 3 个月的临时周转借款 100 000 元。
8. 生产车间领用原材料价值 20 000 元。
9. 收到希望工厂前欠货款 64 000 元,已存入银行。
10. 用银行存款支付车间机器修理费 4 000 元。

要求:
(1)根据上述资料编制 A 企业开设和登记有关的总分类账户(T 形账户结构)。
(2)根据 10 月份经济业务资料编制会计分录。
(3)根据以上账户记录编制总分类账户本期发生额试算平衡表(六栏式)。

习题三

已知 B 公司某年 7 月"原材料"与"应付账款"总分类账户及所属明细分类账户的期初余额如下:

单位:元

账户名称	材料名称	数量	单价	金额	账户名称	供应单位	金额
原材料	A	6 000 千克	10	60 000	应付账款	红星工厂	40 000
	B	400 吨	50	20 000		红光工厂	20 000
合　计				80 000	合　计		60 000

本月发生下列各项经济业务：

(1)2 日,向红星工厂购入 A 材料 4 000 千克,每千克 10 元;B 材料 500 吨,每吨 50 元,材料均已验收入库,货款尚未支付。

(2)8 日,生产车间领用 A 材料 7 000 千克,每千克 10 元,用于产品生产。

(3)13 日,以银行存款偿还上月购材料所欠红星工厂货款 30 000 元。

(4)16 日,向启明公司购入 B 材料 400 吨,进价每吨 50 元,材料已验收,货款暂欠。

(5)22 日,生产车间领用 B 材料 900 吨,进价每吨 50 元,用于产品生产。

(6)28 日,以银行存款偿还上月购材料及本月购材料所欠启明公司货款,共计 40 000 元。

要求：

(1)根据资料(2)编制会计分录。

(2)根据资料开设"原材料"和"应付账款"总分类账户,按材料名称开设原材料明细分类账户,按供应单位名称开设应付账款明细分类账户,并分别填入期初余额。根据所编会计分录登记"原材料"和"应付账款"总分类账户及明细分类账户,结出各账户的本期发生额和期末余额。编制原材料和应付账款明细账户的本期发生额及余额表,并与总分类账户的本期发生额及期末余额进行核对。

模块四 会计凭证

【模块要点】

填制审核会计凭证是整个会计核算的起点,是保证会计核算结果真实、可靠、合法的基础。通过本章的学习,应正确理解会计凭证的作用和种类,重点掌握原始凭证、记账凭证的填制和审核,了解会计凭证的传递和保管,同时注意填制会计凭证的技术方法。

企业的经营过程伴随着大量的经济业务或会计事项,财务会计必须对企业经营活动过程中发生的各项经济业务或会计事项进行账务处理,以便提供以财务报表反映的会计信息。为了保证会计信息的真实性和可靠性,对记入账户的每项经济业务都必须有可靠的真凭实据(书面文件),以证明经济业务的发生和完成情况,这些书面文件就是会计凭证。填制和审核会计凭证是登记账簿的前提和依据,是会计核算工作的初始阶段和基本环节,也是实行会计核算和会计监督的一种专门方法。

情境一 会计凭证的种类及其填制与审核的意义

一、填制会计凭证的意义

所谓会计凭证,是指记录经济业务,明确经济责任,作为记账依据的书面证明。填制与审核会计凭证,是进行会计核算、实行会计监督的一种专门方法。

一切会计记录都必须有真凭实据,使会计资料具有客观性,这是会计核算必须遵循的原则,也是会计核算区别于其他经济管理活动的一个重要特点。所以,填制和审核会计凭证就成为会计核算工作的起点。任何经济业务的发生,都必须由经办经济业务的有关人员填制或取得会计凭证,记录经济业务的日期、内容、数量和金额,并由有关人员在凭证上签名盖章,对会计凭证的真实性和正确性负完全责任。只有经过审核无误的会计凭证,才能据以收付款项,动用财产物资,才能作为登记账簿的依据。

填制与审核会计凭证,对保证会计核算的工作质量,有效地进行会计监督,提供真实可靠的会计信息等都具有十分重要的意义。归纳起来,主要有以下三个方面:

(1)填制会计凭证,可以正确、及时地记录经济业务发生或完成的情况,可以为记账、算账提供原始依据。

各经济单位日常发生的每一项经济业务,如资金的取得与运用、生产过程中的各种耗费、财务成果的取得和分配等,既有货币资金的收付,又有财产物资的收发,这些经济业务都需要按其发生的时间、地点、内容和完成情况,正确、及时地填制会计凭证,记录经济业务的实际情况。记账必须以经过审核无误的会计凭证为依据,没有会计凭证,就不可能登记账簿,也不可能提供及时、准确、可靠的其他会计资料。因此,正确填制与审核会计凭证,不仅具有核算和监督经济活动的作用,而且对保证整个会计资料的真实可靠、提高会计工作质量有着相当重要的意义。

(2)填制与审核会计凭证,可以发挥会计监督的作用,检查经济业务的真实性、正确性和合法性。

各经济单位发生的各项经济业务,在会计凭证中都如实地做了记录,经济业务是否真实、正确、合法、合规,都会在会计凭证中得到反映。记账前,必须对会计凭证进行严格的审核。通过审核会计凭证,可以检查各项经济业务是否符合国家的政策、法律、法规和制度,是否符合企业单位的计划和预算,是否给企业单位带来良好的经济效益,有无铺张浪费、贪污盗窃等损害公司财产的行为发生,从而有无违法乱纪、损害公共利益的行为发生,从而达到严肃财经纪律、发挥会计监督、加强经济管理、维护市场经济秩序、提高经济效益的目的。

(3)填制与审核会计凭证,可以明确经济责任,加强岗位责任制。

由于每一项经济业务的发生,都要由经办人员填制或取得会计凭证,并由有关部门和人员在会计凭证上签章,这样就可以促使经办部门和人员对经济业务的真实性、合法性负责,增强责任感;即使发生问题,也易于弄清情况、分清责任,做出正确的裁决。通过会计凭证的传递,将经办部门和人员联系在一起,使之可以互相促进、互相监督、互相牵制。

二、会计凭证的种类

由于企业发生的经济业务多种多样,因此,会计凭证在其作用、性质、格式、内容及填制程序等方面,都有各自的特征。会计凭证按其填制的程序和用途不同,可以分为原始凭证和记账凭证两种。

(一)原始凭证

原始凭证是在经济业务发生或完成时取得或填制的,用来证明经济业务的发生或完成情况的最初的书面证明,是记账的原始依据,因此,也称原始单据。

按照《会计法》的要求,一切经济业务发生时都必须如实填制原始凭证,以证实经济业务的发生或完成情况。企业公司、事业单位中应用的原始凭证有很多,如购销业务活动中的"发货票",财产物资收发业务中的"出库单"、"入库单",现金收付业务中的"收据"、"借据",银行结算业务中的各种转账结算凭证等。凡是不能证明经济业务发生和完成情况的各种书面证明,如"购料申请单"、"购销合同"、"银行对账单"等,均不能作为原始凭证据以记账。

1. 原始凭证按其来源不同,分为外来原始凭证和自制原始凭证两种

(1)外来原始凭证是指在经济业务发生或完成时,从外单位或个人处取得的单据。如供应单位开出的增值税专用发票(其格式如表4-1所示),银行结算凭证,收款单位或个人开给的收据,出差人员取得的车票、船票、机票、宿费单、铁路托运单、运杂费收据等。凡外来原始凭证,必须盖有单位的公章或财税机关的统一检章方为有效。

表4—1 增值税专用发票

开票日期:2012年1月10日 No 0016225

购货单位	名称	东方机械厂	纳税人登记号	1958521
	地址电话	2827228	开户银行及账号	2550186666

商品或劳务名称	单位	数量	单价	金额 万 千 百 十 元 角 分	税率	税额 千 百 十 元 角 分
O 25mm 圆钢	吨	10	200	2 0 0 0 0 0	17	3 4 0 0 0
合计				¥ 2 0 0 0 0 0	17	¥ 3 4 0 0 0

价税合计(大写)

购货单位	名称	鞍山钢铁厂	纳税人登记号	1985125
	地址电话	8659988	开户银行及账号	2618565168

收款人:王鑫 开票单位(未盖章无效) 结算方式:转账

(2)自制原始凭证是指在经济业务发生或完成时,由本单位业务经办部门的有关人员填制的单据。如"收料单"、"产品入库单"、"领料单"(其格式如表4-2所示)、"工资结算单"、"制造费用分配表"、"固定资产折旧计算表"等。凡自制原始凭证需提供给外单位的一联也应加盖本单位的公章。

2. 原始凭证按其填制手续不同,分为一次凭证、累计凭证和汇总凭证三种

(1)一次凭证是指一次只记录一项经济业务或同时记录若干项同类经济业务的原始凭证。所有的外来原始凭证都是一次凭证,自制的原始凭证中大部分也是一次凭证,如"收料单"、"领料单"、"制造费用分配表"等。一次凭证只须填写一次,即完成全部填制手续,作为记账的原始依据。

表4-2　　　　　　　　　　　　　东方机械厂
　　　　　　　　　　　　　　　　领　料　单
　　　　　　　　　　　　　　　2012年2月10日

材料类别	材料名称	规格	计量单位	数量		成本	
				请领	实发	单位成本(元)	金额
主要材料	圆钢		公斤	1 000	1 000		
用　　途	供电车间厂房扩建工程用料					发料人	领料人
					市二建工程公司	李利	金明

生产计划部门负责人：曹晓红　　　供应部门负责人：王雪　　　仓库负责人：李利

　　(2)累计凭证是指在一定时期内连续记录若干项同类经济业务的原始凭证,如自制原始凭证中的"限额领料单"(其格式如表4-3所示)。累计原始凭证的手续不是一次完成的,而是随着经济业务的陆续发生分次填写的,只有完成全部填制手续后,才能作为原始凭证据以记账。

表4-3　　　　　　　　　　　　　　限额领料单
领料单位：加工车间　　　　　　　　　　　　　　　　　　　　　　编号：限领1
用　　途：生产铜电车线　　　　　　　2012年5月　　　　　　　　发料仓库：2号库

材料类别	材料编号	材料名称及规格	计量单位	全月领用限额	实际领用			备注
					数量	单位成本(元)	金额(元)	
原材料	1288	1 铜电解质	吨	60	60	2 000	120 000	

日期	请领		实发			退回			限额结余
	数量	领料单位负责人盖章	数量	发料人盖章	领料人盖章	数量	收料人盖章	退料人盖章	
5月8日	10	田慧	10	李利	金明				50
5月16日	20	田慧	20	李利	金明				30
5月21日	18	田慧	18	李利	金明				12
5月28日	12	田慧	12	李利	金明				0
合计			40						

生产计划部门负责人：曹晓红　　　供应部门负责人：王雪　　　仓库负责人：李利

　　从表4-3的"限额领料单"中可以看出,企业对某个用料部门规定某种材料在一定时期(通常为1个月)内的领用限额。每次领料时,在"限额领料单"上逐笔登记,并随时结出限额结余,到月末时,结出本月实际耗用总量和限额结余,送交财务部门,作为会计核算的依据。这样不仅可以预先控制领料,而且可以减少凭证的数量、简化凭证填制的手续。

(3)汇总凭证是指根据一定时期若干份记录同类经济业务的原始凭证加以汇总编制而成的一种原始凭证,如将全月领料业务的"领料单"加以汇总后编制的"发料凭证汇总表"(其格式如表4—4所示)。

表4—4

发料凭证汇总表

2012年5月

单位:元

应贷科目	金额 应借科目	生产成本	制造费用	管理费用	在建工程	合计
原材料	原材料及主要材料					
	辅助材料					
	修理用配件					
	燃料					
	合计					
低值易耗品						
包装物						
合计						

汇总原始凭证只能将同类经济业务汇总在一张汇总凭证上,不能汇总两类或两类以上不同类型的经济业务。

(二)记账凭证

记账凭证是指会计人员根据审核无误的原始凭证填制的,用来确定经济业务应借、应贷会计科目及金额的会计分录,并据以登记账簿的会计凭证。

有些经济业务,如更正错账,其未结账前有关账项调整结转、转销等无法取得原始凭证的,也可以由会计人员根据账簿记录提供的数据编制记账凭证。

由于原始凭证来自不同的单位,种类繁多,数量庞大,格式和内容不统一,以及原始凭证中只是记录经济业务的实际情况,并未反映应使用的会计科目和记账方向,直接根据原始凭证记账容易发生差错,所以在记账前,应认真审核原始凭证,并根据审核无误的原始凭证,按照记账规律,确定应借、应贷会计科目名称和金额,填制记账凭证,并据以记账。作为记账凭证的附件粘贴在记账凭证之后,这样,不仅可以简化记账工作、减少差错,而且便于对账和查账、提高记账工作的质量。

1.记账凭证按其反映的经济业务内容的不同,分为收款凭证、付款凭证和转账凭证

(1)收款凭证是用来记录和反映现金和银行存款等货币资金收款业务的凭证。它是根据现金和银行存款业务的原始凭证填制的。其格式和内容如表4—5所示。

表 4—5　　　　　　　　　　　收 款 凭 证
借方科目：银行存款　　　　　　2012 年 2 月 15 日　　　　　　银收字第 16 号

摘 要	贷方科目		金 额									记账符号
	总账科目	明细科目	千	百	十	万	千	百	十	元	角	分
销售产品收入	主营业务收入	A产品				2	5	0	0	0	0	0	√
	主营业务收入	B产品				3	0	0	0	0	0	0	√
附单据 2 张	合　计		¥			3	2	5	0	0	0	0	0	

会计主管：王文　　　记账：李明　　　出纳：田丹　　　审核：闫利　　　制单：杨兵

（2）付款凭证是用来记录和反映现金和银行存款等货币资金付款业务的凭证。它是根据现金和银行存款付款业务的原始凭证填制的。其格式和内容如表 4—6 所示。

表 4—6　　　　　　　　　　　付 款 凭 证
贷方科目：库存现金　　　　　　2012 年 2 月 18 日　　　　　　现付字第 22 号

摘 要	借方科目		金 额									记账符号
	总账科目	明细科目	千	百	十	万	千	百	十	元	角	分
支付本月工资	应付职工薪酬					5	2	5	8	2	0	0	0	√
附单据 1 张	合　计		¥			5	2	5	8	2	0	0	0	

会计主管：王文　　　记账：李明　　　出纳：田丹　　　审核：闫利　　　制单：杨兵

　　收款凭证和付款凭证是出纳人员办理收、付款项的依据，也是登记现金日记账和银行存款日记账的依据。出纳人员不能仅仅根据收款、付款业务的原始凭证收、付款项，还必须根据由会计主管人员或指定人员审核批准的收付款凭证，办理收、付款项。这样可以加强货币资金管理，有效地监督货币资金的使用。

　　（3）转账凭证是用来记录和反映与现金、银行存款等货币资金收付无关的转账业务的凭证。它是根据有关转账业务的原始凭证填制的。其格式和内容如表 4—7 所示。

表 4-7

转 账 凭 证

2012 年 12 月 15 日　　　　　　　　　　　　　　　　　　　　　转字第 5 号

摘　要	会计科目		借方金额								贷方金额								记账符号
	总账科目	明细科目	百	十	万	千	百	十	元	角	分	百	十	万	千	百	十	元	角	分	
生产领用材料	生产成本	甲产品			2	8	5	0	0	0	0										√
	生产成本	乙产品			4	3	9	0	0	0	0										√
	原材料	A材料												7	2	4	0	0	0	0	√
附单据1张	合　计		¥	7	2	4	0	0	0	0	¥	7	2	4	0	0	0	0		

会计主管：王文　　记账：李明　　出纳：田丹　　审核：周利　　制单：杨兵

在实际工作中，对经济业务数量少的企业和行政事业单位，为了简单，可以不分收款、付款和转账业务，统一使用同一种格式的记账凭证来记录和反映所发生的各种经济业务，这种记账凭证称为通用记账凭证。其格式和内容如表 4-8 所示。

表 4-8

通 用 记 账 凭 证

2011 年 12 月 15 日　　　　　　　　　出纳编号：银收 320 号　　凭证编号：586 号

摘　要	会计科目		借方金额								贷方金额								记账符号
	总账科目	明细科目	百	十	万	千	百	十	元	角	分	百	十	万	千	百	十	元	角	分	
销售产品存款存银行	银行存款			1	1	7	0	0	0	0	0										√
	主营业务收入												1	0	0	0	0	0	0	0	√
	应交税费	销项税额												1	7	0	0	0	0	0	√
附单据2张	合　计		¥	1	1	7	0	0	0	0	0	¥	1	1	7	0	0	0	0	0	

会计主管：李华　　记账：张丽　　出纳：李明　　审核：王红　　制单：张兵

2. 记账凭证按其对经济业务反映方式的不同，分为单式记账凭证和复式记账凭证两种

(1)单式记账凭证也称单科目记账凭证，要求把某项经济业务所涉及的会计科目，分别登记在两张或两张以上的记账凭证中，每张记账凭证上只登记一个会计科目，其对方科目只供参考，不按凭证记账。

使用单式记账凭证，便于分工记账和编制科目汇总表，但由于一张凭证不能反映一项经济业务的全貌以及账户的对应关系，所以出现差错不易查找。

(2)复式记账凭证也称多科目记账凭证，要求将某项经济业务所涉及的全部会计科目集中登记在一张记账凭证中。

使用复式记账凭证，有利于了解经济业务的全貌，便于查账，减少了记账凭证的数量；不足之处在于不便于分工记账和编制科目汇总表。上述收款凭证、付款凭证和转账凭证均为

复式记账凭证。

原始凭证和记账凭证之间存在着密切的联系。原始凭证是记账凭证的基础,是编制记账凭证的依据,是记账凭证的附件;记账凭证是对原始凭证的内容进行整理而编制的,是对原始凭证内容的概括和说明;当某些账户所属明细账户较多时,原始凭证是登记明细账户的依据,二者关系密切、不能分割。

会计凭证的分类如图4-1所示。

```
                      ┌ 按凭证来源分 ┬ 外来原始凭证
            ┌ 原始凭证 ┤              └ 自制原始凭证
            │         │              ┌ 一次凭证
            │         └ 按凭证填制手续分┤ 累计凭证
会计凭证 ────┤                        └ 汇总凭证
            │         ┌ 按反映的经济业务内容分 ┬ 收款凭证
            │         │                     │ 付款凭证
            └ 记账凭证 ┤                     └ 转账凭证
                      └ 按反映经济业务的方式分 ┬ 单式记账凭证
                                            └ 复式记账凭证
```

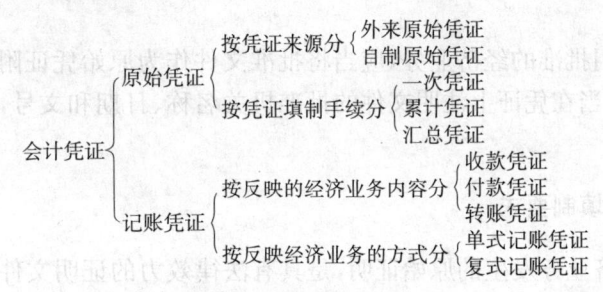

图4-1 会计凭证的分类

情境二 原始凭证的填制和审核

一、原始凭证的基本内容

原始凭证是经济业务发生和完成时取得或填制的原始记录,是记账的原始依据。由于原始凭证记录经济业务的内容多种多样,取得的来源渠道也是多方面的,因此,原始凭证的格式和内容也不尽相同。但无论哪一种原始凭证,都必须具备以下基本内容:

(1)原始凭证的名称,如"销售发货票"、"发料单"等;
(2)原始凭证的日期和编号;
(3)接受凭证单位或个人的名称;
(4)经济业务内容摘要;
(5)经济业务中实物的名称、数量、单价和金额;
(6)填制单位名称或填制人姓名;
(7)经办人员签名或盖章。

这些基本内容即原始凭证要素。

此外,企业、公司、行政事业单位的原始凭证除必须具备上述基本内容外,还应该符合一定的附加条件。从外单位取得的原始凭证,必须盖有填制单位的公章。这里所说的"公章",是指具有法律效力和特定用途、能够证明单位身份和性质的印鉴,包括业务公章、财务专用章、发票专用章、结算专用章等。不同的行业、单位对票据上的单位公章有不同的要求:从个人取得的原始凭证,必须有填制人员的签名或盖章;自制原始凭证必须有经办单位负责人或指定人员签名或盖章;对外开出的原始凭证,必须加盖本单位公章。

有的原始凭证为了满足计划、业务、统计等职能部门经济管理的需要,还需要列入计划、定额、合同号码等项目,这样可以更加充分地发挥原始凭证的作用。对于在国民经济一定范围内经常发生的同类经济业务,应由主管部门制定统一的凭证格式。例如,我国从1994年1月1日起对企业生产、销售商品和提供劳务普遍征收增值税,必须使用增值税专用发票,由各专业银行统一制定的各种结算凭证,由航空、铁路、公路及航运等部门统一印制的运单、客票等。印制统一原始凭证既可加强对凭证和企事业单位经济活动的管理,又可以节约印制费用。

经上级有关部门批准的经济业务,应当将批准文件作为原始凭证附件。如果批准文件需要单独归档的,应当在凭证上注明文件的批准机关名称、日期和文号,以便确认和查阅经济业务的审批情况。

二、原始凭证的填制要求

原始凭证是经济业务发生的原始证明,是具有法律效力的证明文件,因此,原始凭证的填制必须符合一定的规范。其要求如下:

(一)遵纪守法

经济业务的内容必须符合国家有关政策、法令、规章制度的要求,凡不符合以上要求的,不得列入原始凭证。

(二)记录真实

原始凭证上记录的日期、经济业务内容和数字金额必须与经济业务发生的实际情况完全相符,不得歪曲经济业务真相、弄虚作假。对于实物数量、质量和金额的计算,要准确无误,不得匡算或估计。

(三)内容完整

原始凭证中规定的各项目必须填写齐全,不能遗漏和简略,需要填一式数联的原始凭证,必须用复写纸套写,各联的内容必须完全相同,联次也不得缺少;业务经办人员必须在原始凭证上签名或盖章,对凭证的真实性和正确性负责。

(四)书写清楚

原始凭证的填写要认真,文字和数字要清楚,字迹必须工整、清晰,易于辨认。数量、单价和金额的计算必须正确,大小写金额要相符。一般凭证如果书写错误,应用规定的方法予以更正,并由更正人员在更正处盖章,以示负责。不得随便涂改、刮擦或挖补。有关货币资金收支的原始凭证,如果书写错误,应按规定手续注销、留存,重新填写,并在错误凭证上加盖"作废"戳记,连同存根一同保存,不得撕毁,以免错收、错付,或被不法分子窃取现金。

(五)编制及时

每笔经济业务发生或完成时,经办人员必须按照有关制度规定,及时地填制或取得原始凭证,并按照规定的程序及时送交会计部门审核、记账,防止因事过境迁,记忆模糊,出现差错,难以查清。

此外,填制原始凭证时,还应遵守以下技术要求:

(1)阿拉伯数字应逐个书写清楚,不可连笔书写。阿拉伯数字合计金额的最高位数字前面应写人民币符号"¥",在人民币符号"¥"与阿拉伯数字之间不得留有空白。以元为单位的金额一律填写到角分;无角分的,角位和分位填写"0",不得空格。

(2)汉字大写金额数字,应符合规定要求,应使用既容易辨认,又不容易涂改的正楷字书写,如壹、贰、叁、肆、伍、陆、柒、捌、玖、拾、佰、仟、万、亿、元、角、分、零、整等。不得用一、二、(两)、三、四、五、六、七、八、九、十、块、毛、另(0)等字样代替。大写金额前应有"人民币"字样,中间不得留有空白。

(3)阿拉伯金额数字中间有"0"或连续有几个"0"时,汉字大写金额只写一个"零"字即可,如5 006元,汉字大写金额应为"人民币伍仟零陆元整"。

(4)凡是规定填写大写金额的各种原始凭证,如银行结算凭证、发票、运单、提货单、各种现金收、支凭证等,都必须在填写小写金额的同时,填写大写金额。

三、原始凭证的填制方法

(一)一次凭证的填制方法

一次凭证的填制手续是在经济业务发生或完成时由业务经办人员一次填制完成的,一般只反映一次经济业务,或者同时反映若干项同类性质的经济业务。一次凭证有些是自制的原始凭证,如"收料单"、"领料单"、"制造费用分配表"、"工资结算单"等;有些是外来凭证,如"增值税专用发票"、"铁路托运单"、"运杂费收据"、各种银行结算凭证等。

现以"收料单"和"制造费用分配表"为例,说明其填制方法。

1. 收料单

"收料单"是企业购进材料验收入库时,由仓库保管人员填制的一次性自制原始凭证。企业外购材料,都必须履行验收入库手续,由仓库保管人员根据供应单位开来的发票账单,严格审查验收,对运达的材料质量、数量、规格、型号等认真审核,并按实收数量认真填制"收料单"。"收料单"应一式三联,一联随发票一起送交财会部门记账,会计据以作为材料增加核算的依据;一联留仓库,据以登记材料物资明细账(卡);一联交采购人员存查。其具体格式及填制如表4-9所示。

表4-9

(企业名称)
收料单

供货单位:北京钢厂　　　　　2011年12月18日　　　　　凭证编号:0085
发货编号:0758　　　　　　　　　　　　　　　　　　　　收料仓库:5号库

材料类别	材料编号	材料名称及规格	计量单位	数量 应收	数量 实收	金额(元) 单价	金额(元) 买价	金额(元) 运输	金额(元) 合计	备注
型钢	102021	30m/m圆钢	千克	2 000	2 000	6.00	12 000	500	12 500	
		合　计		2 000	2 000		12 000	500	12 500	

仓库保管员:田梦　　　　记账:张明　　　　收料:孙红

2. 制造费用分配表

制造费用分配表是由会计人员在月末计算产品制造成本时,根据"制造费用"账户借方发生额和确定的分配标准,经过分配计算后填制的一次性自制凭证。它是作为月末分配结转制造费用的记账依据,一般按生产部门或车间分别填制。其具体格式和填制方法如表4-10所示。

表4-10

(企业名称)

制造费用分配表

生产车间:一车间　　　　　2011年5月30日

产品名称	分配标准(机器工时)	分配功率	应分配费用(元)
甲产品	30 000	4	120 000
乙产品	20 000	4	80 000
丙产品	10 000	4	40 000
合　计	60 000	4	240 000

会计主管:王甜　　记账:张丽　　审核:王红　　制单:张兵

外来原始凭证都是一次凭证,是由其他单位或个人填制的,其具体填制方法与上述基本相同。

(二)累计凭证的填制方法

累计凭证是在一定时期不断重复地反映同类经济业务的完成情况,它是由经办人员每次经济业务完成后在同一张凭证上重复填制而成的。下面通过"限额领料单"的填制实例来说明累计凭证的填制方法。

"限额领料单"是由生产、计划部门根据下达的生产任务和材料消耗定额对各用料单位确定一个时期(一般为一个月)的领料限额,然后将领料限额签发在"限额领料单"中,用料单位持"限额领料单"在有效期间内,连续多次使用,直到限额用完为止,才完成全部填制手续。

"限额领料单"一般一料一单,一式两联,其中一联交仓库据以发料,一联交领料部门据以领料。领料单位领料时,在该单内注明请领数量,经负责人签章批准后,持往仓库领料。仓库发料时,根据材料的品名、规格在限额内发料,同时将实发数量及限额结余填写在限额领料单内,并由领、发料双方在单内签章。月末,在此单内结出实发数量和金额转交财会部门,据以归集材料费用,并作材料减少核算。

使用"限额领料单"领料,全月不能超过生产计划部门所下达的全月领用限额。如果因生产任务增加需要追加限额时,应经生产计划部门批准,办理追加限额的手续。如果由于材料浪费或其他原因超限额用料急需追加限额时,应由用料部门向生产计划部门提出追加限额申请,经批准后办理追加限额手续。如果用料部门使用另一种材料代替"限额领料单"内所列材料时,应另填一张"领料单",同时相应地减少"限额领料单"内的限额结余。

四、原始凭证的审核

为了保证会计资料真实、准确、完整及符合会计制度的规定,充分发挥会计监督的作用,必须指派专人对原始凭证进行严格审核,只有审核无误的原始凭证才能作为记账的依据。

《中华人民共和国会计法》第十四条规定:"会计机构、会计人员对不真实、不合法的原始凭证,有权不予接受,并向单位负责人报告;对记载不准确、不完整的原始凭证予以退回,并要求按照国家统一的会计制度的规定更正、补充。"这条规定为会计人员审核原始凭证提供了法律上的依据。也就是说,对原始凭证的审核,主要从审核原始凭证的真实性、合法性、准确性和完整性四个方面进行。

(一)审核原始凭证的真实性

所谓原始凭证的真实性,是指原始凭证所记载的经济业务是否与实际发生的经济业务情况相符合,包括与经济业务相关的当事人单位和当事人是否真实;经济业务发生的时间、地点和填制凭证的日期是否准确;经济业务的内容及其数量方面(包括实物数量、计量单位、单价、金额)是否与实际情况相符等。

(二)审核原始凭证的合法性

所谓原始凭证的合法性,是指原始凭证所记载的经济业务是否合理合法,是否符合国家的有关政策、法令、规章和制度的有关规定,是否符合计划、预算的规定,有无违法乱纪的行为,有无弄虚作假、营私舞弊、伪造涂改凭证的现象,各项费用支出是否符合开支范围及开支标准的规定,是否符合增收节支、增产节约、提高经济效益的原则,有无铺张浪费的现象等。

(三)审核原始凭证的准确性

审核原始凭证的准确性,是指审核原始凭证的摘要是否填写清楚,日期是否真实,实物数量、单价及金额是否正确,小计、合计及数字大写和小写有无错误,审核凭证有无刮擦、挖补、涂改和伪造原始凭证等情况。

(四)审核原始凭证的完整性

审核原始凭证的完整性,是指审核原始凭证是否具备合法凭证所必需的基本内容,这些内容填写是否齐全,有无遗漏的项目;审核原始凭证的填制手续是否完备,有关单位和经办人员是否签章;是否经过主管人员审核批准;须经政府有关部门或领导批准的经济业务,审批手续是否按规定履行等。

原始凭证的审核,是一项十分细致而又严肃的工作,必须按照制度要求,坚持原则,严格审核,以确保会计资料的真实、合法、准确和有效。要做到这一点,会计人员就必须熟悉与各种经济业务有关的政策、法令、规章制度和计划、预算的规定,全面了解和掌握本单位业务经营情况,认真履行会计人员的职责。在审核过程中,对内容不完整、手续不完备、数字不准确以及填写不清楚的原始凭证,应当退还给有关业务单位或个人,并令其补办手续或进行更正;对于违反有关法令、规章制度、计划和预算的一切收支,会计人员有权拒绝付款和报销,并向本单位领导报告;如果发现伪造或涂改凭证、弄虚作假、虚报冒领等严重违法乱纪行为,会计人员应扣留原始凭证,并及时向领导汇报,请求严肃处理。

情景三 记账凭证的填制和审核

一、记账凭证的基本内容

如前所述,记账凭证种类繁多、格式不一,但其主要作用都在于对原始凭证进行分类、整理,按照复式记账的要求,运用会计科目,编制会计分录,据以登记账簿。因此,各种记账凭证都必须具备以下基本内容:

(1)填制单位的名称;
(2)记账凭证的名称(如收款凭证、付款凭证、转账凭证等);
(3)填制凭证的日期,通常用年、月、日表示;
(4)记账凭证的编号;
(5)经济业务的内容摘要;
(6)经济业务应借、应贷的会计科目(包括一、二级科目和明细科目)的名称和金额;
(7)所附原始凭证的张数;
(8)制证、审核、记账及会计主管人员的签名或盖章,收付款的记账凭证还应由出纳人员签名或盖章。

二、填制记账凭证的要求

各种记账凭证都必须按照规定的格式和内容及时、正确地填制。填制时,要求格式统一,内容完整,科目运用正确,对应关系清晰,摘要简练,书写清晰工整。具体要求如下:

(1)必须根据审核无误的原始凭证填制记账凭证。会计人员填制记账凭证时,必须依据审核无误的原始凭证所记录的经济业务,经过分析、归类及整理后填制,除了填制更正错账和结账分录的记账凭证以外,其余所有记账凭证都必须附有原始凭证或原始凭证汇总表。

(2)准确填写记账凭证的日期。一般的记账凭证应填写填制凭证当天的日期,但报销差旅费的记账凭证应填写报销当日的日期。现金收付款记账凭证应填写现金收付当日的日期。银行存款收付款业务的记账凭证应填写收到银行进账单或银行回执戳记日期,当实际收到进账单的日期与银行戳记日期相隔较远,或次月收到上月银行收付款凭证,可按财会人员实际办理转账业务日期填写。银行付款业务的记账凭证,一般以财会人员开出银行付款凭证的日期或承付的日期填写。财会人员自制的计提和分配费用等转账业务的记账凭证,应当填写当月最后一天的日期。

(3)对记账凭证正确编号。记账凭证在一个月内应当连续编号,目的是为了分清记账凭证的先后顺序,便于登记账簿,便于日后对账和查核,并防止散失。可以将全部记账凭证作为一类统一编号,每月从第一号记账凭证起,按经济业务发生的顺序,依次编号;也可以分别按现金收入、银行存款收入、先进付出、银行存款付出、转账业务分类编号。例如,现收字第×号,现付字第×号,银收字第×号,银付字第×号,转字第×号等。但无论按何种编号方法，均应分月按自然数1,2,3,…的顺序编号,不得跳号或重号。如果一笔经济业务需要编制多张记账凭证,可采用"分数编号法",并将原始凭证附在某一张记账凭证后,在为附原始凭证的记账凭证上注明"单据附在第×号记账凭证上",前面的整数表示业务顺序,分数的分母表示本笔经济业务共编几张记账凭证,分数的分子表示是其第几张凭证。例如,一笔经济业务需要编制4张转账凭证;该笔业务的顺序号是50,则第一张的编号为"转字第50¼号",第二张的编号为"转字第50 2/4 号",第三张的编号为"转字第50 ¾ 号",第四张的编号为"转字第50 4/4 号"。

(4)认真填写摘要。记账凭证的摘要栏既是对经济业务内容所作的简要说明,又是登记账簿的重要依据。因此,填写摘要时必须针对不同性质经济业务的特点,考虑到登记账簿的需要,正确、认真地填写,不可漏填或错填。填写摘要时,一要认真准确,二要简明扼要,三要书写工整。

(5)一张记账凭证只能反映同一类的经济业务,以便使会计科目对应关系清晰明确。填写会计科目,应先写借方科目,后写贷方科目。

(6)会计科目、子目、细目必须按照会计制度统一规定的会计科目的全称填写,不得简化或只写科目的编号,不写科目的名称。

(7)金额栏数字的填写必须规范、准确,与所附原始凭证的金额相等。

(8)记账凭证应按行次逐项填写,不得跳行,如果在合计数与最后一笔数字之间有空行,应在金额栏画斜线或"与"形线注销。

(9)记账凭证的附件张数必须注明,以便查核。如果原始凭证需另行保管,则应在附件栏目内加以注明。

(10)记账凭证填写完毕,应进行复核和检查,并按借贷记账法的记账规则进行试算平衡,有关人员均要签名盖章。出纳人员根据收款凭证收款,或根据付款凭证付款时,要在凭证上加盖"收讫"或"付讫"的戳记,以免重收重付,防止差错。

三、记账凭证的填制方法

对每项经济业务,都要根据审核无误的原始凭证,采用复式记账的方法,按照各种记账凭证的格式和基本内容,遵循记账凭证填制的基本要求正确地填制记账凭证。下面分别说明各种记账凭证的填制方法。

(一)收款凭证的填制方法

收款凭证是用来记录货币资金收款业务的凭证,它是根据审核无误的有关现金和银行存款收款业务的原始凭证填制的。其具体格式和内容见表4—5。

在借贷记账法下,收款凭证的设置科目是借方科目,在收款凭证左上方所列的"借方科目"应填列"库存现金"或"银行存款"科目;收款凭证上方的年、月、日应按编制凭证的日期填写;右上方为记账凭证编号,应按顺序编写,即分别自"银收字第1号"、"现收字第1号"顺序编写,不得漏号、重号、错号,一般每月重编一次。"摘要栏"应填写经济业务内容的简要说明。在凭证内所反映的"贷方科目"应填写与收入现金和银行存款相对应的一级科目和二级明细科目。各贷方科目的金额应填入本科目同一行的"金额栏"中。"合计"行的金额表示借方科目"银行存款"或"库存现金"的金额。"过账栏"应注明记入分类账或日记账的页码，或以"∨"代替，表示已经记账。附件张数应按独立的原始凭证计算填列。

（二）付款凭证的填列方法

付款凭证是用来记录货币资金付款业务的记账凭证，它是根据审核无误的有关现金和银行存款付款业务的原始凭证填制的。其具体格式和内容见表4—6。

在借贷记账法下，付款凭证的设置科目是贷方科目，在付款凭证左上方所列"贷方科目"应填列"库存现金"或"银行存款"科目；在付款凭证内所反映的借方科目，应填列与付出现金或银行存款相对应的一级科目和二级明细科目；其余各项目的填列方法与收款凭证基本相同。

对于现金和银行存款之间以及各种货币资金之间相互划转的业务，应该如何填制凭证呢？为了避免重复记账或漏记账，在实际工作中，可按以下方法填列：只填制一张付款凭证，不再填制收款凭证，记账时，根据"借方科目"和"贷方科目"分别登记入账。例如，以现金存入银行，根据该项经济业务的原始凭证只填制一张现金付款凭证，不再填制银行存款收款凭证；相反，从银行提取现金时，根据有关原始凭证，只填制一张银行存款付款凭证，不再填制现金收款凭证。这种方法不仅可以减少记账凭证的编制数量，而且可以避免重复记账。

（三）转账凭证的填制方法

转账凭证是用来记录与货币资金收付无关的经济业务的记账凭证，它是根据不涉及现金和银行存款收付的有关转账业务的原始凭证填制的。其格式和内容见表4—7。

在借贷记账法下，转账凭证将经济业务所涉及的会计科目全部填列在凭证内。"会计科目"栏应分别填列应借、应贷的一级科目和二级明细科目，借方科目在先，贷方科目在后。相应的金额栏内填列应借科目的"借方金额"和应贷科目的"贷方金额"。"借方金额"合计数与"贷方金额"合计数相等。其他有关各项目的填列方法与收款凭证、付款凭证基本相同。

（四）通用记账凭证的填制方法

通用记账凭证是用来记录各项经济业务的记账凭证，它是根据审核无误的有关原始凭证填制的。其填制方法与转账凭证的填制方法相同，这里不再重复。其具体格式和内容见表4—8。

（五）单式记账凭证的填制方法

单式记账凭证又称单科目记账凭证，它是由会计人员根据审核无误的原始凭证编制的。

单式记账凭证按照一项经济业务所涉及的每个会计科目单独编制一张记账凭证，每一张记账凭证中只登记一个会计科目。单式记账凭证为单独反映每项经济业务所涉及的会计科目及其对应关系，又分设"借项记账凭证"和"贷项记账凭证"。在实际工作中，已很少有单位采用这种方法编制记账凭证，此处不再赘述。

四、记账凭证审核

为了正确登记账簿和监督经济业务，除了编制记账凭证的人员应当认真负责、正确填制、加强自审以外,同时还应建立专人审核制度。因此,记账凭证填制后,在据以记账之前,必须由会计主管人员或其他指定人员对记账凭证进行严格审核。审核的主要内容是:

(1)记账凭证是否附有原始凭证;所附原始凭证的张数与记账凭证中填列的附件张数是否相符;所附原始凭证记录的经济业务内容与记账凭证内容是否相符;二者金额合计是否相等。

(2)记账凭证中所应用的会计科目是否正确,二级科目或明细科目是否齐全;科目对应关系是否清楚。

(3)记账凭证中的借、贷方金额合计是否相等,一级科目金额是否与其所属明细科目金额合计数相等。

(4)记账凭证中的摘要填写是否清楚,是否正确归纳了经济业务的实际内容。

(5)记账凭证中有关项目是否填列齐全,有关手续是否完备,有关人员是否签字或盖章。

在审核过程中,如果发现记账凭证填制有错误,或者不符合要求,则需要由填制人员重新填制,或按规定的方法进行更正。只有经过审核无误的记账凭证,才可以据以登记入账。

情境四 会计凭证的传递和保管

一、会计凭证的传递

会计凭证的传递,是指从会计凭证取得或填制时起到归档保管时止,在单位有关部门和人员之间的传递。

各种会计凭证所记录的经济业务不尽相同,需要办理的业务手续和所需时间也不尽相同,会计制度应当为每种会计凭证规定合理的传递程序和在各个环节停留及传递的时间。会计凭证的传递是企业会计制度的一个重要组成部分,应当在企业会计制度中做出明确的规定。

会计凭证的传递主要包括两个方面的内容,即凭证传递路线和在各个环节停留及传递的时间。明确规定凭证传递的路线和实践,不仅可以及时地反映和监督经济业务的发生和完成情况,而且可以促使经济业务部门的人员及时、正确地完成经济业务和办理凭证手续,从而加强经营管理岗位责任制。例如,对材料收入业务的凭证传递,应明确规定材料运达企业后需要多长时间验收入库,由谁负责填制收料单,在何时将收料单送交到财会部门及有关部门,会计部门收到收料单由谁负责审核,又由谁在何时编制记账凭证和登记账簿,由谁负责整理及保管凭证等。这样就可以把材料收入业务从验收入库到登记入账的全部工作,在本单位内部进行分工协作,共同完成。同时,还可以考核经办业务的有关部门和人员是否按照规定的会计手续办事。

科学而又合理的凭证传递程序,应当能适应经济业务的特点,并结合企业内部机构的设置和人员分工的情况,满足各个工作环节加强经营管理的需要,恰当地规定各种会计凭证的联数和所流动的环节,做到既要使各有关部门和人员能利用凭证了解经济业务情况,并按照规定手续进行处理和审核,又要避免凭证传递通过不必要的环节,影响传递速度。这就要求会计凭证沿着最迅速、最合理的轨道传递,使会计凭证在传递过程中只经过必要的部门和人员;并且明确规定凭证在每个部门和业务环节停留的最长时间,并指定专人负责按照规定的顺序和时间监督凭证传递,做到凭证传递满足需要、手续完备、层次清楚、责任明确、传递及时。

二、会计凭证的保管

会计凭证的保管,是指会计凭证登记入账后的整理、装订和归档存查。会计凭证是经济业务发生和完成的书面证明,是登记账簿的依据,也是事后查账的重要依据,是重要的经济档案和历史资料。所以对会计凭证必须认真整理、妥善保管,不得丢失或任意销毁。

按照《会计档案管理办法》的要求,对会计凭证的保管,既要做到安全和完整无缺,又要便于事后调阅和查找。具体要求包括以下几个方面:

(1)记账凭证在未装订成册之前,一般都分散在有关会计人员手中使用或存放。在此期间,所有使用记账凭证的会计人员都应保管好原始凭证和记账凭证。记账人员在完成过账工作后,应及时把记账凭证交给负责记账凭证汇总的人员。

(2)每月终了,要将本月各种记账凭证加以整理,装订成册。装订之前,应检查所附原始凭证是否齐全,有无遗漏;记账凭证有无缺号;每本记账凭证应汇总一次,编制科目汇总表或汇总记账凭证,附在第1号凭证的前面,然后按顺序依次排列装订成册。装订册数多少,取决于会计凭证张数的多少,但每月至少装订一册。为便于查阅,对装订成册的会计凭证要加具封面,封面上应注明单位的名称、会计凭证的名称、所属的年度和月份、起讫日期、起讫号数、总计册数、本册是第几册等。为了防止任意拆装,在装订线上要加贴签,并由会计主管人员、单位负责人、装订人盖章。会计凭证封面的格式如表4-11所示。

表4-11　　　　　　　　　会计凭证封面

年 月份 第 册	(企业名称)　月　月份　共　册第　册
	收款
	付款　　凭证　第　号和至第　号共　张
	转账
	附原始凭证共　　张
	会计主管(签章)　　　　保管(签章)

(3)如果某些记账凭证所附原始凭证数量过多,或者对本月同种原始凭证已经编制原始凭证汇总表的原始凭证,以及需要随时查阅的文件、收据等,可以单独装订保管,如收料单、发料单、合同、契约、押金收据等。但应编制目录,并在原记账凭证上注明另行保管,以便

查核。

（4）装订成册的会计凭证,应及时存档,集中保管,并指定专人负责,认真保管。查阅时,必须履行借阅手续。会计凭证的保管期限、借阅手续、销毁程序等,必须严格执行《会计档案管理办法》的规定,任何人无权随意销毁。

信息搜索

1. 填制会计凭证有何意义?
2. 会计凭证如何分类?每种凭证有何作用?
3. 原始凭证有哪些种类?各有哪些特点?
4. 记账凭证如何分类?各有哪些特点?
5. 原始凭证有哪些填制要求?
6. 记账凭证有哪些填制要求?

【练习题】

一、单项选择题

1. 期末收入类账户( )。
   A. 无余额　　　B. 余额在借方　　　C. 余额在贷方　　　D. 余额不固定
2. 对于现金和银行存款之间相互划转的业务,为避免重复记账,一般只编制( )。
   A. 收款凭证　　B. 付款凭证　　　C. 转账凭证　　　D. 结算凭证
3. 对会计要素对象的具体内容进行分类核算的类目称为( )。
   A. 会计要素　　B. 会计科目　　　C. 会计账户　　　D. 会计分录
4. 经济业务发生时直接取得或填制的会计凭证是( )
   A. 收、付款凭证　B. 原始凭证　　　C. 记账凭证　　　D. 合同和协议
5. 引起资产内部一个项目增加且另一个项目减少,而资产总额不变的经济业务是( )。
   A. 用银行存款偿还短期借款　　　B. 收到投资者投入的机器一台
   C. 从银行提取现金备发工资　　　D. 用库存现金发放上月工资
6. "制造费用"明细账的格式一般采用( )。
   A. 数量金额式　B. 多栏式　　　C. 订本式　　　D. 三栏式
7. 总括反映企业在一定会计期间内经营成果的会计报表,称为( )。
   A. 资产负债表　B. 利润表　　　C. 利润分配表　　　D. 财务状况变动表
8. 会计科目和账户之间的区别在于( )
   A. 记录资产和权益的增减变动情况不同　B. 记录资产和负债的结果不同
   C. 反映的经济内容不同　　　　　　　　D. 账户有结构而会计科目无结构
9. 总分类账和日记账必须采用( )账簿。
   A. 订本式　　　B. 卡片式　　　C. 活页式　　　D. 备查式
10. 会计人员在填制记账凭证时,将560元错记为650元,并且已登记入账,月末结账时发现此笔错账,更正时采取( )更正。

A. 划线更正法　　　B. 红字冲销法　　　C. 补充登记法　　　D. 核对账目的方法

二、多项选择题

1. 借贷记账法下账户借方登记(　　)。
A. 资产增加　　　B. 负债减少　　　C. 费用减少　　　D. 所有者权益增加

2. 总账和明细账平行登记时,必须做到(　　)。
A. 同方向登记　　　B. 同时间登记　　　C. 同金额登记　　　D. 记账详略相同

3. 在借贷记账法下,期末结账后,一般没有余额的账户有(　　)。
A. 资产账户　　　　　　　　　　　B. 所有者权益账户
C. 费用账户　　　　　　　　　　　D. 收入账户

4. 企业的领料单、借款单是(　　)。
A. 原始凭证　　　B. 自制凭证　　　C. 累计凭证　　　D. 一次凭证

5. 企业在组织会计核算时,应作为会计核算基本前提的是(　　)。
A. 会计主体　　　B. 持续经营　　　C. 货币计量　　　D. 会计分期

6. 三栏式明细账格式适用于(　　)。
A. "应收账款"明细账　　　　　　　B. "生产成本"明细账
C. "应付账款"明细账　　　　　　　D. "制造费用"费用账

7. 下列凭证中属于外来原始凭证的有(　　)。
A. 购货发票　　　　　　　　　　　B. 银行收款通知
C. 银行对账单　　　　　　　　　　D. 银行存款余额调节表

8. 总分类账户发生额及余额试算平衡表中的平衡数字有(　　)。
A. 期初借方余额合计数和期末借方余额合计数相等
B. 期末借方余额合计数和期末贷方余额合计数相等
C. 期初借方余额合计数和期初贷方余额合计数相等
D. 本期借方发生额合计数和本期贷方发生额合计数相等

9. 错账更正方法一般包括(　　)。
A. 划线更正法　　　B. 红字更正法　　　C. 补充登记法　　　D. 涂字更正法

10. 关于"收回 A 公司欠的销货款存入银行"这项经济业务,下列观点中正确的是(　　)。
A. "应收账款"和"银行存款"两个账户互为对应账户
B. 应在"应收账款"账户借方登记,同时在"银行存款"账户贷方登记
C. 这项经济业务不会引起企业的资产和权益总额发生增减变化
D. "应收账款"和"银行存款"两个账户的余额一般在借方

三、业务题

某企业 2011 年 12 月份发生的经济业务如下,据此编制会计分录。

1. 本企业收到长林集团投资的设备一台,其原值 1 000 000 元。

2. 本企业从某工厂购进甲材料一批,价值 14 000 元,增值税率为 17%,货款尚未支付,材料已验收入库。

3. 经汇总计算,本月应付给职工的工资为 67 200 元,其中,生产第一线的工人工资为 40 000 元,车间管理人员的工资为 7 200 元,厂部管理人员的工资为 20 000 元。

4. 从银行提取现金 67 200 元,准备发放工资。

5 生产车间为制造 A 产品领用材料一批,其价值为 9 400 元,厂部领用一般性耗用材料 400 元。
6. 采购员张望勤原借现金 1 000 元,现出差归来并报销差旅费 940 元,剩余现金交还单位。
7. 本企业以现金 5 400 元支付企业管理部门的办公费。
8. 本企业以转账支票支付企业管理部门聘请律师的费用 2 880 元。
9. 本企业按照规定的折旧率,计提本月固定资产的折旧费为 79 400 元,其中,车间使用的固定资产应提 49 400 元,企业管理部门应提 30 000 元。
10. 厂部用 9 000 元的现金订购一批图书资料。
11. 预提应由本月负担的短期借款利息 23 400 元。
12. 本企业售出 A 产品 100 件,每件售价 30 元,增值税率为 17%,对方承诺 3 天后付款。
13. 本企业销售 B 产品 200 件,每件售价 40 元,增值税率为 17%,款项已收到并存入银行。
14. 以现金 900 元支付销售门市部的办公费用。
15. 结转完工的 A 产品的总成本 890 000 元。
16. 结转已售出的 200 件 B 产品的成本(单位成本为 32 元)。
17. 以银行存款 6 700 元支付本单位应缴纳给税务局的税款滞纳金。
18. 企业销售积压的材料 600 千克,款项 5 400 元和 918 元的销项税均已收存银行。
19. 本企业全年实现的利润总额为 3 600 000 元,按 33% 计算应缴纳的所得税额为 1 188 000 元。
20. 按税后利润的 10% 计算,应提取的盈余公积为 241 200 元。

模块五
复式记账与会计凭证的应用

> **【模块要点】**
>
> 本章主要阐述复式记账和会计凭证在制造业企业不同类型经济业务核算过程中的应用。通过本章的学习,使初学者能够加深对复式记账法(主要是借贷记账法)的理解,掌握会计凭证在各种不同情况下的编制方法和技术。

情景一 制造业企业的主要经济业务

我们习惯称制造业为工业企业,它是从事产品生产经营活动的经济实体。它的主要任务是为社会提供合格产品,满足各方面的需要。为了独立地进行生产经营活动,每个企业都必须拥有一定数量的经营资金,作为从事经营活动的物质基础。这些资金都是从一定的渠道取得的,并在经营活动中被具体运用,表现为不同的占用形态。随着企业生产经营活动的进行,资金的占用形态不断转化,周而复始,形成资金的循环和周转。

企业从各种渠道筹集的资金,首先表现为货币资金形态。企业以货币资金建造或购买厂房、机器设备和各种材料物资,为进行产品生产提供必要的生产资料,这时资金就从货币资金形态转化为固定资金形态和储备资金形态。在生产过程中,劳动者借助于劳动资料,加工劳动对象,制造出各种适合社会需要的产品。在生产过程中发生的各种材料消耗、固定资产折旧费、工资费用以及其他费用等形成生产费用。生产费用具有不同的经济内容和用途,但最终都要分配和归集到各种产品中去,形成产品的制造成本。这时资金就从固定资金、储备资金和货币资金形态转化为生产资金形态,随着产品的制成和验收入库,资金又从生产资金形态转化为成品资金形态。在销售过程中,企业将产品销售出去,收回货币资金,同时要发生营业费用、缴纳税金、与产品的购买单位发生货款结算关系等,这时资金从成品资金形态转化为货币资金形态。为了及时总结一个企业在一定时期内的财务成果，必须计算企业所实现的利润或发生的亏损，如为利润，应按照国家的规定上缴所得税、提取留存等，一部分资金退出企业，一部分要重新投入生产周转；如为亏损，还要进行弥补。在上述企业生产经营活动中，资金的筹集和资金回收或退出企业，与供应过程、生产过程和销售过程首尾相接，构成了制造业企业的主要经济业务。

为了全面、连续、系统地反映和监督由上述企业主要经济业务所形成的生产经营活动过程和结果，也就是企业再生产过程中的资金运动，企业必须根据各项经济业务的具体内容和管理要求，相应地设置不同的账户，并运用借贷记账法，对各项经济业务的发生进行账务处理，以提供管理上所需要的各种会计信息。

情景二　资金筹集业务的核算

一、资金筹集业务的核算内容

企业为了进行生产经营活动，必须拥有一定数量的资金，作为生产经营活动的物质基础。企业筹集资金的渠道是指企业取得资金的方式。目前，我国企业的资金来源渠道主要是投资者投入、向银行等金融机构筹借，以及发行债券等。因此，实收资本业务和借款业务的核算就构成了资金筹集业务核算的主要内容。

二、资金筹集业务核算的账户设置

（一）"实收资本"账户

实收资本是指企业实际收到的投资者投入的资本，它是企业所有者权益中的主要部分。"实收资本"账户用来核算企业实收资本的增减变动情况及其结果（股份公司为"股本"）。该账户是所有者权益类，其贷方登记企业实际收到的投资者投入的资本数；借方登记企业按法定程序报经批准减少的注册资本数；期末余额在贷方，表示企业实际拥有的资本（或股本）数额。该账户应按投资者设置明细账，进行明细分类核算。企业收到的所有者的投资都应按实际投资数额入账。其中，以货币资金投资的，应按实际收到的款项作为投资者的投资入账；以实物形态投资的，应按照投资各方确认的价值作为实际投资额入账。企业在生产经营过程中所取得的收入和收益、所发生的费用和损失，不得直接增减投入资本。

（二）"固定资产"账户

"固定资产"账户用来核算企业持有的固定资产的原始价值。该账户是资产类，借方登记企业增加的固定资产的原始价值（包括购进、接受投资、盘盈等）；贷方登记减少的固定资产的原始价值（包括处置、投资转出、盘亏等）；期末余额在借方，表示企业实际持有的固定资产的原始价值。该账户应按固定资产的类别和项目设置明细账，进行明细分类核算。

(三)"无形资产"账户

"无形资产"账户用来核算企业持有的无形资产成本,包括专利权、非专利技术、商标权、著作权、土地使用权等。该账户借方登记取得无形资产的实际成本;贷方登记减少无形资产的实际成本;期末借方余额,表示企业实际持有的无形资产的成本。该账户应按无形资产的项目设置明细账,进行明细分类核算。

(四)"短期借款"账户

"短期借款"账户用来核算企业向银行或其他金融机构等借入的期限在1年以内(含1年)的各种借款。该账户是负债类账户,其贷方登记企业借入的各种短期借款数额;借方登记归还的借款数额;期末余额在贷方,表示期末尚未归还的短期借款的本金。该账户应按借款种类、贷款人和币种设置明细账,进行明细分类核算。

(五)"长期借款"账户

"长期借款"账户用来核算企业向银行或其他金融机构借入的期限在1年以上(不含1年)的各种借款。该账户是负债类账户,其贷方登记企业借入的各种长期借款数(包括本金和利息);借方登记各种长期借款归还数(包括本金和利息);期末余额在贷方,表示企业尚未归还的长期借款本金和利息数。该账户应按贷款单位和贷款种类设置明细账,进行明细分类核算。

三、资金筹集业务的会计处理

东方电子有限公司2011年12月份发生的业务如下:

【例5-1】 12月10日,收到银行收账通知,红星电机设备有限公司投资款600 000元已收款入账。其"投资协议书"如下,"银行进账单"及填制的"收据"见表5-1、表5-2。

投资协议书(摘录)

投出单位:红星电机设备有限公司

投入单位:东方电子有限公司

……

第三,红星电机设备有限公司向东方电子有限公司投资1 000 000元,其中,人民币700 000元、机器设备120 000元、专利权一项180 000元。

第四,红星电机设备有限公司投资后占东方电子有限公司注册资本30%的份额。

第五,红星电机设备有限公司必须在2011年12月15日前向东方电子有限公司出资。

……

表5-1

中国工商银行进账单（收账通知） 3

2011年12月10日　　　　　　　　　　　　　　第0278号

付款人	全称	红星电机设备有限公司	收款人	全称	东方电子有限公司
	账号	51020035555		账号	522078877—77
	开户银行	红海路办事处		开户银行	长江路办事处

人民币（大写）	⊗佰柒拾零万零仟零佰零拾零元零角零分	千	百	十	万	千	百	十	元	角	分
					7	0	0	0	0	0	0

票据种类	转账
票据张数	1

收款人开户行盖章

单位主管　　会计　　复核　　记账

此联是收款人开户行交给收款人的收账通知

表5-2

统一收据

2011年12月10日　　　　　　　　　　No 0005858

今收到　红星电机设备有限公司
交　来　投资款
人民币（大写）　柒拾万元整　　　　　¥ 700 000.00
收款单位（公章）　财务科　　收款人　李丹　　交款人　李杨

第一联 存根　　第二联 存根　　第三联 存根

根据上述原始凭证进行分析，该笔经济业务发生后，引起资产要素和所有者权益要素发生变化。一方面，企业资产要素中的银行存款项目增加了700 000元，应借记"银行存款"账户；另一方面，企业所有者权益要素中的投资者投入的资本项目也增加了700 000元，应贷记"实收资本"账户。因此，该笔经济业务应作如下会计分录：

　　借：银行存款　　　　　　　　　　　　　　　　　　　　700 000
　　　　贷：实收资本———红星电机设备有限公司　　　　　　700 000

根据上述分析，财会人员应根据投资协议书（副本）、银行进账单和收据第二联，填制银行存款收款凭证，如表5-3所示。

模块五 复式记账与会计凭证的应用

表 5-3　　　　　　　　　　　收 款 凭 证　　　　　　　　　　　
借方科目：银行存款　　　　　2011 年 12 月 10 日　　　　　　　银收字第 1 号

摘　要	贷方科目		金　额										记账符号
	总账科目	明细科目	千	百	十	万	千	百	十	元	角	分	
收到红星电机设备有限公司投资款	实收资本	红星电机设备有限公司		7	0	0	0	0	0	0	0	0	✓
附单据 2 张	合　计		¥	7	0	0	0	0	0	0	0	0	

会计主管：王丹　　　记账：田丽　　　出纳：李欣　　　审核：曹红　　　制单：阎慧

【例 5-2】 12 月 15 日，收到红星电机设备有限公司按投资协议陆续向企业投入的新设备一台，价值 120 000 元，专利技术一项，作价 180 000 元。其"资产评估报告表"、"验收单"、"产权转移书"如表 5-4、表 5-5、表 5-6 所示。（其余原始凭证略。）

表 5-4　　　　　　　　　　　资产评估报告表　　　　　　　　　　　单位：元

资产名称及规格型号	产地	计量单位	数量	评估价值			差　异		备注
				重置价值	折旧年限	折旧额	净值	净值增减额	净值增减率	
A-3 刨床	哈尔滨	台	1	120 000			120 000			全新

表 5-5　　　　　　　　　　　投入固定资产验收单　　　　　　　　　　　单位：元
　　　　　　　　　　　　　　　2011 年 12 月 15 日　　　　　　　　　　　编号：003

固定资产名称	规格及型号	单位	数量	预计使用年限	尚可使用年限	投出单位账面价值			评估净值	备注
						原值	已提折旧	净值		
刨床	A-3	台	1	10	10	120 000	0	120 000	120 000	全新
红星电机设备有限公司											

设备科　　　　　　　　　　　负责人：孙甜　　　　　　　经办人：李明

表5-6　　　　　　　　　　　　产权转移书

红星电机设备有限公司将价值50 000元的全新刨床以投资形式转让给东方电子有限公司,从即日起,该刨床的所有权由红星电机设备有限公司转移给东方电子有限公司,特此说明。

投资方	接受投资方
单位名称(章):红星电机设备有限公司	单位名称:东方电子有限公司
法人代表:张国庆	法人代表:李晓明
委托代理人:	委托代理人:
电话:8825××××	电话:2296××××
电报挂号:45××	电报挂号:44××
开户银行:工商银行红海路办事处	开户银行:工商银行长江路办事处
账号:5102003××××	账号:522078877-××
邮编:	邮编:

根据上述原始凭证进行分析,该笔经济业务发生后,同样引起资产要素和所有者权益要素发生变化。由于接受投资的内容不同,故一方面,企业资产要素中的固定资产和无形资产项目分别增加120 000元和180 000元,应借记"固定资产"、"无形资产"账户;另一方面,企业所有者权益要素中的投入资本项目继续增加,应贷记"实收资本"300 000元。因此,该笔经济业务应作如下会计分录:

借:固定资产——刨床　　　　　　　　　　　　　　　120 000
　　无形资产——专利技术　　　　　　　　　　　　　180 000
　　贷:实收资本——红星电机设备有限公司　　　　　　300 000

根据上述分析,财会人员应根据相关单据,填制一张转账凭证,如表5-7所示。

表5-7　　　　　　　　　　　　转账凭证
2010年12月15日　　　　　　　　　　　　　　　　　　转字第3号

摘要	会计科目		借方金额	贷方金额	记账符号
	总账科目	明细科目	亿千百十万千百十元角分	亿千百十万千百十元角分	
接受投资	固定资产	刨床	1 2 0 0 0 0 0 0		√
	无形资产	专利权	1 8 0 0 0 0 0 0		√
	实收资本	红星电机设备有限公司		3 0 0 0 0 0 0 0	√
			¥ 3 0 0 0 0 0 0 0	¥ 3 0 0 0 0 0 0 0	

会计主管:王丹　　记账:田丽　　出纳:李欣　　审核:曹红　　制单:闫慧

【例5-3】　12月18日,企业向银行申请取得短期流动资金贷款600 000元存入银行。

其"借款借据"、"借款合同"如下。

表5—8　　　　　　　　工商企业借款借据（收账通知）　⑤

借款企业名称：东方电子有限公司　　　2011年12月18日

贷款种类	短期流动资金借款	贷款账号	124	存款账号	211040003—91

人民币（大写）：陆拾万元整	亿	千	百	十	万	千	百	十	元	角	分
				￥	6	0	0	0	0	0	0

借款用途：进口原材料

约定还款期：　　期限6个月　　　于2012年6月18日到期

上列借款已批准发放，转入你单位存款账户。 此致 　　单位 　　（银行签章）	单位分录： （借） （贷） 主管　　会计　　复核　　记账 　　　　　　　　　　　2011年12月1日

此联转账后退还借款单位

中国工商银行短期借款合同

立合同单位：

中国工商银行长江路支行（以下简称贷款方）

东方电子有限公司（以下简称借款方）

鹅天公司（以下简称保证方）

为明确责任、恪守合同，特签订本合同，共同信守。

一、贷款种类：短期流动资金借款

二、借款金额：陆拾万元整

三、借款用途：进口原材料

四、借款利率：月息千分之十点九八，按季收息，利随本清。如遇国家调整利率，按调整后的规定计算。

五、贷款期限：借款时间自二○一一年十二月十八日至二○一二年六月十八日止。

六、还款资金来源：产品销售收入

七、还款方式：转账

……

根据上述原始凭证及借款合同进行分析，该笔经济业务发生后，引起资产要素和负债要素之间发生变动。一方面，企业资产要素中的银行存款项目增加600 000元，应借记"银行存款"账户；另一方面，负债要素中的短期借款项目增加600 000元，应贷记"短期借款"账户。因此，该笔经济业务应作如下会计分录：

　　借：银行存款　　　　　　　　　　　　　　　　　　　600 000
　　　　贷：短期借款　　　　　　　　　　　　　　　　　　600 000

根据上述分析,财会人员应根据"借款借据"及"短期借款合同",填制一张银行存款收款凭证,如表5-9所示。

表5-9

收款凭证

2011年12月18日　　　　　　　　　　银收字第2号

借方科目:银行存款

摘　要	贷方科目		金　额	记账符号
	总账科目	明细科目	亿 千 百 十 万 千 百 十 元 角 分	
取得短期流动资金借款	短期借款	流动资金借款	6 0 0 0 0 0 0 0	√
附单据1张	合　计		¥ 　　6 0 0 0 0 0 0 0	

会计主管:王丹　　记账:田丽　　出纳:李欣　　审核:曹红　　制单:闫慧

情景三　供应过程业务的核算

一、供应过程业务的核算内容

供应过程是生产的准备阶段。在这个过程中,企业一方面要从供应单位购进各种材料物资,形成生产储备;另一方面要支付材料物资的买价和各种采购费用,与供应单位发生结算。因此,核算和监督材料的买价和采购费用,确定材料采购成本,考核有关采购计划的执行情况,核算和监督与供应单位的货款结算,以及核算和监督供应阶段材料储备资金的占用,就构成了供应过程业务核算的主要内容。

材料采购成本项目包括:

(1)材料的买价,即供应单位的发票价格(企业如为增值税的一般纳税人,购买材料时支付的增值税不能计入采购成本,应计入应交税费;如果属于小规模纳税人,则购买材料时支付的增值税应计入采购成本。本教材如无特殊提示,均指一般纳税人)。

(2)外地运杂费,包括采购材料时发生的运输费、装卸费、保险费、包装费和仓储费等(采购人员的差旅费,以及市内零星运杂费等则不计入材料采购成本,而作为管理费用列支)。

(3)运输途中发生的合理损耗和入库前的加工整理挑选费用等。

(4)应负担的其他费用(如进口关税)。

二、供应过程核算账户的设置

(一)"原材料"账户

"原材料"账户,用来核算企业库存各种材料的增减变动及其结存情况。该账户是资产类,借方登记已验收入库材料的实际成本;贷方登记发出材料的实际成本;期末余额在借方,表示库存各种材料的实际成本。"原材料"账户应按材料的类别、品种及规格设置明细账,进行明细分类核算。

(二)"在途物资"账户

"在途物资"账户,用来核算企业已经付款但尚未到达企业,或虽已运抵企业但尚未验收入库的外购材料的实际采购成本。该账户属于资产类,借方登记外购材料成本的增加数,贷方登记到货验收后转入"原材料"账户的采购成本数。期末借方余额,表示在途材料的实际成本。"在途物资"账户应按材料品种设置明细账,进行明细分类核算。

(三)"应付账款"账户

"应付账款"账户,用来核算企业因购买材料、商品或接受劳务供应等而应付给供应单位的款项。该账户属于负债类,贷方登记因购买材料、商品或接受劳务供应等而发生的应付未付的款项;借方登记已经支付或已开出承兑商业汇票抵付的应付款项;期末贷方余额,表示尚未偿还的款项。"应付账款"账户应按供应单位(债务人)设置明细账,进行明细分类核算。

(四)"应交税费"账户

"应交税费"账户,用来核算企业应交的各种税金,如增值税、营业税、消费税、城市维护建设税、所得税等。该账户是负债类,贷方登记按规定计算的各种应交税金和增值税销项税额;借方登记已缴纳的各种税金和增值税进项税额;期末贷方余额为未缴的税金,借方余额为多交的税金。该账户应按税金的种类设置明细账,进行明细分类核算。其中,"应交税费——应交增值税"账户是用来反映和监督企业应交和实交增值税结算情况的账户,企业购买材料物资时缴纳的增值税进项税额记入该账户的借方,企业销售产品时向购买单位代收的增值税销项税额记入该账户的贷方。

三、供应过程的总分类核算

【例5-4】 12月16日,收到银行转来的结算凭证,承付购料款(不考虑运费税款抵扣问题),材料尚未到达企业。有关原始凭证如表5-10、表5-11和表5-12所示。

表 5-10　　　　邮　中国工商银行托收承付结算凭证（承付通知/支款）　5　　第 087540 号

委托日期 2011 年 12 月 12 日

收款单位	全称	黄河钢铁公司	付款单位	全称	东方电子有限公司
	账号	1203154762		账号或地址	522078877-77
	开户银行	工行黄河营业部　行号 1258		开户银行	工行长江路十二办事处

托收金额	人民币（大写）叁拾捌万零捌拾捌元整	千 百 十 万 千 百 十 元 角 分
		¥　　3 8 0 0 8 8 0 0

附件	商品发运情况	合同名称号码
附寄单证张数或册数　3	铁路	

备注：

付款单位注意：
1. 根据结算方式规定，上列托收款项，在承付期限内未拒付时，即视同全部承付。如系全额支付即以此联代支款通知；如遇延付或部分支付时，再由银行另送延付或部分支付的支款通知。
2. 如需提前承付或多承付时，应另写书面通知送银行办理。
3. 如系全部或部分拒付，应在承付期限内另填拒绝承付理由书送银行办理。

单位主管：　　会计：　　复核：　　记账：　　付款单位开户行盖章 12 月 22 日

此联是付款单位开户银行通知付款单位按期承付货款的通知（支款）

表 5-11　　　　　　　　增值税专用发票
　　　　　　　　　　　　　发票联

开票日期：2011 年 12 月 10 日　　　　　　　　　　　　　　　　No. 0063490

购货单位	名称	东方电子有限公司	纳税人登记号	250202100120168
	地址电话	长江市 21688	开户行及账号	工商行十二办 221520006-28

商品或劳务名称	计算单位	数量	单价	金额 百十万千百十元角分	税率%	税额 百十万千百十元角分
电解铝锭	吨	20	16 200	3 2 4 0 0 0 0 0	17	5 5 0 8 0 0 0
合计				¥ 3 2 4 0 0 0 0 0		¥ 5 5 0 8 0 0 0

价税合计（大写）	⊗佰叁拾柒万玖仟零捌拾零元零角零分	¥：379 080.00

销货单位	名称	天海钢铁公司	纳税人登记号	210312010258231
	地址电话	天海市 6234512	开户银行及账号	工行天海营业部 2202154786

收款人：李娜　　　开票单位（未盖章无效）　　　结算方式：转账

第二联　发票联　购货方记账

表 5-12

铁路局运杂费收据

付款单位或姓名：东方电子有限公司　　2011 年 12 月 15 日　　　　　　　　　　No.032487

原运输票据	年 月 日第 号		办理种别	
发站	天海市		到站	东山市
车种车号			标重	
货物名称	件数	包装	重量	计费重量
电解铝锭			20 吨	20 吨
类别	费率	数量	金额	附记
运费	50.40		1 008.00	
过秤费				
合计金额（大写）：壹仟零捌元整			￥1 008.00	
收款单位：天海市钢铁公司		经办人：田萌		

根据上述原始凭证进行分析，该笔经济业务发生后，引起企业资产要素与负债要素同时发生变化。一方面，企业购买原材料支付买价 324 000 元，运费 1 008 元，这两项构成该批材料的实际采购成本，引起资产要素中的原材料项目增加 325 008 元，但由于材料未到达企业，尚在运输途中，故应借记"在途物资"账户；同时，作为一般纳税人，随同价款一起支付的增值税款为 55 080 元，不能计入采购成本，故使企业负债减少，应借记"应交税费——应交增值税（进项税额）"账户；另一方面，企业资产要素中的银行存款项目减少了 380 088 元，应贷记"银行存款"账户。因此，该笔经济业务应作如下会计分录：

借：在途物资——电解铝锭　　　　　　　　　　　　　　325 008.00
　　应交税费——应交增值税（进项税额）　　　　　　　 55 080.00
　　贷：银行存款　　　　　　　　　　　　　　　　　　380 088.00

根据上述分析，财会人员应根据银行转来的"托收承付结算凭证"的承付通知、"增值税专用发票"和"铁路运杂费收据"等原始凭证填制银行存款付款凭证，如表 5-13 所示。

表 5-13

付款凭证

贷方科目：银行存款　　　　　　2011 年 12 月 16 日　　　　　　银付字第 6 号

摘要	借方科目		金额									记账符号
	总账科目	明细科目	亿	千	百	十	万	千	百	十	元	角	分	
购入材料、承付货款	在途物资	电解铝锭				3	2	5	0	0	8	0	0	√
	应交税费	应交增值税					5	5	0	8	0	0	0	√
附单据 3 张	合　计		￥			3	8	0	0	8	8	0	0	

会计主管：王丹　　记账：田丽　　出纳：李欣　　审核：曹红　　制单：张兵

【例5—5】 12月20日,上述材料到达企业,验收入库。财务科收到仓库保管员填制的"收料单"如表5—14所示。

表5—14

收 料 单

供应单位:_天海钢铁公司_　　　　　　　　　　　　　　　　材料科目:_原材料_　　编号:_收8_
发票号码 0053121　　　　　　　2011年12月20日　　　　材料类别:_主要材料_　仓库:_2号库_

材料编号	名　称	规格	计量单位	数量 应收	数量 实收	实际成本(元) 买价 单价	实际成本(元) 买价 金额	运杂费	其他	合计	单位成本	金额
_1 102_	_电解铝锭_	_A000_	_吨_	_20_	_20_	_16 200_	_324 000_	_1 008_		_325 008_		

收料人:_孙芳_　　　　　　　　　　　　　　　　　　　　　　　经手人:_杨利_

根据上述原始凭证进行分析,该项经济业务发生后,引起企业资产要素中的相关项目发生此增彼减的变化。一方面,材料到达并验收入库后,资产要素中库存材料项目增加了325 008元,应借记"原材料"账户;另一方面,在途材料减少,应贷记"在途物资"账户。因此,该笔经济业务应作如下会计分录:

　　借:原材料——电解铝锭　　　　　　　　　　　　　　325 008
　　　贷:在途物资——电解铝锭　　　　　　　　　　　　　325 008

根据上述分析,财会人员应根据"收料单"填制转账凭证,如表5—15所示。

表5—15

转 账 凭 证

2011年12月20日　　　　　　　　　　　　　　　　　　转字第2号

摘　要	会计科目 总账科目	会计科目 明细科目	借方金额 亿千百十万千百十元角分	贷方金额 亿千百十万千百十元角分	记账符号
外购材料验收入库	_原材料_	_电解铝锭_	3 2 5 0 0 8 0 0		
	在途物资	_电解铝锭_		3 2 5 0 0 8 0 0	
			￥ 3 2 5 0 0 8 0 0	￥ 3 2 5 0 0 8 0 0	

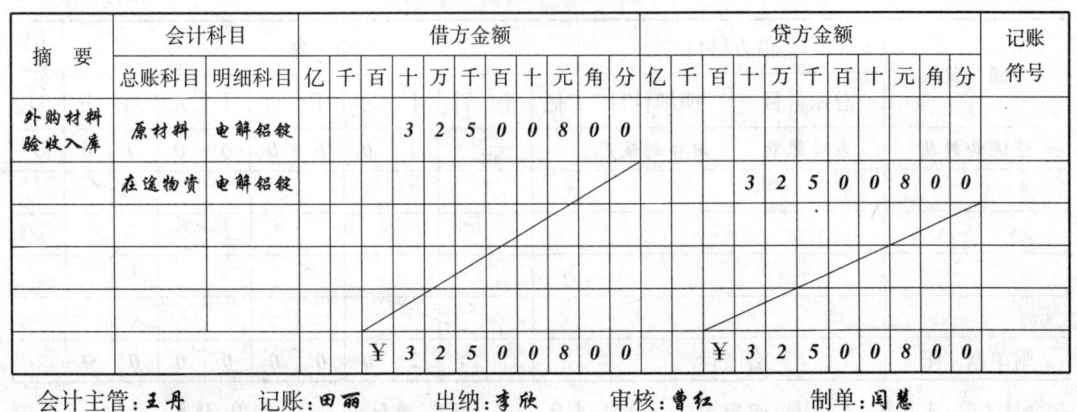

会计主管:_王丹_　　记账:_田丽_　　出纳:_李欣_　　审核:_曹红_　　制单:_闫慧_

【例5—6】 12月20日,采用汇兑结算方式偿还上月购料款200 000元,收到银行"电汇凭证"回单,如表5—16所示。

表5-16

中国工商银行 电汇凭证（回单）

委托日期　　2011年12月20日

付款人	全称	东方电子有限公司	收款人	全称	鞍山钢材厂
	账号住址	522078877-77		账号住址	1251211
	汇出地点	××省东山市	汇出行名称	长江路办事处	
			汇出地点	鞍山市	汇出行名称　工商行鞍山分行

汇款金额	人民币（大写）　贰拾万元整	百	十	万	千	百	十	元	角	分
		￥	2	0	0	0	0	0	0	0

汇款用途　　偿欠货款

上列款项已根据委托办理，如需查询，请持此回单来行面洽。

汇出行盖章　　2011年12月20日

注：此联是汇款人开户行给汇款人的回单。

根据上述原始凭证进行分析，该项经济业务发生后，引起企业资产要素和负债要素发生变化。一方面，负债要素中的应付账款项目减少了200 000元，应借记"应付账款"账户；另一方面，资产要素中的银行存款项目减少了200 000元，应贷记"银行存款"账户。因此，该笔经济业务应作如下分录：

借：应付账款——烟台钢材厂　　　　　　　　　　　　　　200 000
　　贷：银行存款　　　　　　　　　　　　　　　　　　　　　　200 000

根据上述分析，财会人员应根据"中国工商银行电汇凭证"回单，填制银行存款付款凭证，如表5-17所示。

表5-17

付　款　凭　证

贷方科目：银行存款　　　　　　　2011年12月18日　　　　　　　银付字第7号

摘要	借方科目		金额									记账符号
	总账科目	明细科目	亿	千	百	十	万	千	百	十	元	角	分	
偿还购料款	应付账款	烟台钢铁厂					2	0	0	0	0	0	0	√
附单据1张	合计		￥				2	0	0	0	0	0	0	

会计主管：王丹　　记账：田丽　　出纳：李欣　　审核：曹红　　制单：张兵

【例5-7】　12月22日，购入甲材料40千克，价款28 000元，乙材料60千克，价款54 000元，增值税13 940元，共发生运费1 000元，以转账支票支付。材料到达，验收入库。有关原始凭证"增值税专用发票"、"支票存根"、"运杂费结算单"、"入库单"样式同前。

在材料采购过程中,购买一种材料发生的买价和采购费用构成了该种材料的实际采购成本,而当购买两种或两种以上材料,共发生一笔采购费用时,则需要将这笔共同费按照一定的标准分配,分别计算各种材料的采购成本。共同费用的分配标准,可以选择采购材料的重量、体积或买价等。

$$采购费用分配率=\frac{共同发生的采购费用}{各种材料重量(体积、买价)之和}$$

某种材料应负担的采购费用=某种材料重量(体积、买价)×分配率

甲材料应负担的运费=$\frac{1\,000}{40+60}\times 40=400(元)$

乙材料应负担的运费=$\frac{1\,000}{40+60}\times 60=600(元)$

根据原始凭证进行分析,该项经济业务发生后,引起企业资产和负债要素发生变化。一方面,企业购买原材料发生的买价和运费,构成资产要素中的原材料成本增加,并且材料已经运抵企业,验收入库,应借记"原材料"账户;同时,随同价款一起支付的增值税借记"应交税费"账户;另一方面,由于款项已经承付,使企业资产要素中的银行存款较少,应贷记"银行存款"账户。因此,该笔经济业务应作如下会计分录:

借:原材料——甲材料　　　　　　　　　　　　　　　　　　28 400
　　　　——乙材料　　　　　　　　　　　　　　　　　　　54 600
　　应交税费——应交增值税(进项税额)　　　　　　　　　 13 940
　贷:银行存款　　　　　　　　　　　　　　　　　　　　　 96 940

根据上述分析,财会人员应根据相关原始凭证,填制银行存款付款凭证,见表5—18。

表5—18　　　　　　　　　　　**付款凭证**

贷方科目:银行存款　　　　　2011年12月20日　　　　　　银付字第8号

摘要	借方科目		金额										记账符号
	总账科目	明细科目	亿	千	百	十	万	千	百	十	元	角	分	
外购材料验收入库	原材料	A材料				2	8	4	0	0	0	0	√
		B材料				5	4	6	0	0	0	0	√
	应交税费	应交增值税				1	3	9	4	0	0	0	√
附单据1张	合计					¥	9	6	9	4	0	0	0	

会计主管:王丹　　记账:田丽　　出纳:李欣　　审核:曹红　　制单:张兵

结转入库材料的采购成本时,除了登记"原材料"账户外,还要分别登记甲、乙两种材料的明细账,并且既要登记入库材料的数量,又要登记金额。

情景四　生产过程业务的核算

一、生产过程业务的核算内容

生产过程是产品制造企业经营活动的主要过程。生产过程既是产品的制造过程,又是物化劳动和活劳动的耗费过程。一方面,劳动者借助于劳动资料对劳动对象进行加工制造产品,以满足社会需要;另一方面,为了制造产品,必然要发生各种耗费,如消耗各种材料,支付工人工资,以及厂房、机器设备等劳动资料所发生的折旧费、修理费,等等。企业在一定时期内发生的用货币额表现的生产耗费,称为费用。费用按一定种类和数量的产品进行归集,就形成了产品的制造成本。因此,在产品生产过程中费用的发生、归集和分配,以及产品成本的形成,就构成了生产过程核算的主要内容。

二、生产过程核算账户的设置

(一)"生产成本"账户

"生产成本"账户是用来归集和分配产品生产过程中所发生的各项费用,正确计算产品生产成本的账户。该账户是成本类账户,借方登记应计入产品生产成本的各项费用,包括直接计入产品成本的直接材料和直接人工,以及分配计入产品生产成本的制造费用;贷方登记完工入库产品的生产成本,本科目期末借方余额表示企业尚未加工完成的各项在产品的成本。该账户应按产品品种设置明细账,进行明细分类核算。

(二)"制造费用"账户

"制造费用"账户用来核算企业生产车间为生产产品和提供劳务而发生的各项间接费用,包括生产车间管理人员的工资等职工薪酬、生产车间计提的固定资产折旧、办公费、水电费、修理费、机物料消耗等。该账户是成本类账户,借方登记实际发生的各项制造费用,贷方登记转入"生产成本"账户借方、分配计入产品生产成本的制造费用,期末结转后,该账户一般没有余额。该账户应按不同车间设置明细账,进行明细分类核算。

(三)"应付职工薪酬"账户

职工薪酬是指企业因获得职工提供的服务而给予职工的各种形式的报酬。"应付职工薪酬"账户用来核算企业根据有关规定应付职工的各种薪酬,包括:(1)职工工资、奖金、津贴和补贴;(2)职工福利费;(3)各项保险待遇(医疗、养老、失业、工伤、生育保险费等社会保险以及企业为职工购买的各种商业保险)和住房公积金;(4)工会经费和职工教育经费等所有企业根据有关规定应付给职工的各种薪酬。该账户是负债类账户,贷方登记应由本月负担但尚未支付的职工薪酬,作为一项费用,按其用途分配记入有关的成本费用账户;借方登记本月实际支付的职工薪酬;期末如有余额,一般在贷方,表示企业应付未付的职工薪酬。该账户可按"工资"、"职工福利"、"社会保险费"、"住房公积金"、"工会经费"等设置明细账,进行明细分类核算。

(四)"应付利息"账户

"应付利息"账户用来核算企业按照合同约定应支付的利息,包括吸收存款、分期付息到期还本的长期借款、企业债券等应支付的利息。该账户是负债类账户。贷方登记按规定利率计算的应付利息数,借方登记实际支付的利息数;期末贷方余额,反映企业应付未付的利息。该账户可按存款人或债权人设置明细账,进行明细分类核算。

(五)"累计折旧"账户

"累计折旧"账户用来核算企业固定资产的累计折旧。

在会计核算中,为了反映企业固定资产的增减变动及其结果,提供管理需要的有用会计信息,除了应设置和运用"固定资产"账户外,还应设置和运用"累计折旧"账户。由于固定资产在其较长的使用期限内保持原有实物形态,而其价值却随着固定资产的损耗而逐渐减少。固定资产由于损耗而减少的价值就是固定资产的折旧。固定资产的折旧应该作为折旧费用计入产品的成本和期间费用,这样做不仅是为了使企业在将来有能力重置固定资产,更主要的是为了实现期间收入与费用的正确配比。基于固定资产的上述特点,为了使"固定资产"账户能按固定资产的原始价值反映期间增减变动和结存情况,并便于计算和反映固定资产的账面净值,就需要专门设置一个用来反映固定资产损耗价值(即折旧额)的账户,即"累计折旧"账户。该账户是资产类账户,每月计提的固定资产折旧,记入该账户的贷方,表示固定资产因损耗而减少的价值;对于固定资产因出售、报废等原因引起的价值减少,在注销固定资产的原始价值、贷记"固定资产"账户的同时,应借记"累计折旧"账户,注销其已提取的折旧额;期末贷方余额,表示现有固定资产已提取的累计折旧额。将"累计折旧"的贷方余额抵减"固定资产"账户的借方余额,即可求得固定资产的净值。该账户只进行总分类核算,不进行明细分类核算。

(六)"库存商品"账户

"库存商品"账户用来核算企业库存的各种商品的实际成本。该账户是资产类账户,借方登记已验收入库商品的实际成本;贷方登记发出商品的实际成本;期末借方余额,表示库存商品的实际成本。该账户应按商品的种类、品种和规格设置明细账,进行明细分类核算。

(七)"管理费用"账户

"管理费用"账户用来核算企业行政管理部门为组织和管理生产经营活动而发生的费用,包括企业在筹建期间内发生的开办费、董事会和行政管理部门在企业的经营管理中发生的或者应由企业统一负担的公司经费(包括行政管理部门职工工资及福利费、办公费和差旅费等)、工会经费、董事会费、聘请中介机构费、咨询费(含顾问费)、诉讼费、业务招待费、房产税、车船使用税、土地使用税、印花税、技术转让费、矿产资源补偿费、研究费用、排污费等。该账户是损益类账户,借方登记发生的各种费用;贷方登记期末转入"本年利润"账户的费用;期末结转后,账户无余额。该账户应按费用项目设置明细账,进行明细分类核算。

（八）"财务费用"账户

"财务费用"账户用来核算企业为筹集生产经营资金而发生的各项费用,包括利息支出(减利息收入)、汇兑损益以及相关的手续费等。该账户是损益类账户,借方登记发生的各项财务费用;贷方登记发生的应冲减的财务费用的利息收入、汇兑收益和结转到"本年利润"账户的财务费用;期末结转后,该账户无余额。该账户按照费用项目设置明细账,进行明细分类核算。

三、生产过程的总分类核算

【例5－8】 12月31日,分配结转本月发出材料实际成本。财会人员根据"领料单"(同前)编制"发料凭证汇总表",如表5－19所示。

表5－19　　　　　　　　　　　发料凭证汇总表

2011年12月31日　　　　　　　　　编号:04　　单位:元

日期	领料单张数	贷方科目	借方科目 生产成本 HB车床	借方科目 生产成本 DE-10车床	制造费用	管理费用	合计
1～10日	18	原材料		280 000	30 000	15 000	322 000
11～20日	15	原材料	520 000	260 000	15 000		795 000
21～30日	16	原材料	215 000	285 000	25 000	10 000	533 000
合计	49		735 000	825 000	70 000	25 000	1 650 000

会计主管人员:张明　　　记账:齐力　　　审核:王齐　　　制单:李光

根据上述原始凭证进行分析,该笔经济业务发生后,引起企业费用要素和资产要素发生变化。一方面,费用要素中的生产成本、制造费用和管理费用项目分别增加了1 560 000元、70 000元和25 000元,根据"发料凭证汇总表",按材料用途,应分别借记"生产成本"、"制造费用"和"管理费用"账户;另一方面,资产要素中的"原材料"项目减少了1 655 000元,应贷记"原材料"账户。因此,该笔经济业务应作如下会计分录:

```
借:生产成本——HB车床                    735 000
       ——DE-10车床                    825 000
   制造费用                            70 000
   管理费用                            25 000
   贷:原材料                                    1 655 000
```

根据上述分析,财会人员应根据"领料单"及"发料凭证汇总表",编制转账凭证,如表5－20所示。

表 5-20　　　　　　　　　　转 账 凭 证　　　　　　　　　　转字第 5 号
2011 年 12 月 31 日

摘要	会计科目		借方金额	贷方金额	记账符号
	总账科目	明细科目	亿千百十万千百十元角分	亿千百十万千百十元角分	
仓库发出材料	生产成本	HB 车床	7 3 5 0 0 0 0		√
	生产成本	DE-10 车床	8 2 5 0 0 0 0		√
	制造费用		7 0 0 0 0 0		√
	管理费用		2 5 0 0 0 0		√
	原材料			1 6 5 5 0 0 0 0	√
附单据 1 张	合计		¥ 1 6 5 5 0 0 0 0	¥ 1 6 5 5 0 0 0 0	

会计主管：王丹　　记账：田丽　　出纳：李欣　　审核：曹红　　制单：闫慧

【例 5-9】 12 月 31 日，分配结转本月工资费用，根据"工资结算汇总表"编制"工资费用分配汇总表"，如表 5-21 所示。

表 5-21　　　　　　　　工资费用分配汇总表
2011 年 12 月 31

车间、部门		应分配金额(元)
车间生产人员工资	生产 HB 型车床	428 324.00
	生产 DE-10 型车床	277 202.00
	生产人员工资小计	705 526.00
	车间管理人员	39 887.00
	厂部管理人员	60 107.00
合计		805 520.00

主管：张明　　审核：王齐　　制单：王锐

根据上述原始凭证进行分析，该笔经济业务发生后，引起企业费用要素和负债要素发生变化。一方面，费用要素中的生产成本、制造费用和管理费用项目分别增加，按不同的用途，应分别借记"生产成本"、"制造费用"和"管理费用"账户；另一方面，负债要素中的应付职工薪酬项目增加，应贷记"应付职工薪酬——职工工资"账户。因此，该经济业务应作如下会计分录：

　　借：生产成本——HB 车床　　　　　　　　　　428 324
　　　　　　　　——DE-10 车床　　　　　　　　　277 202
　　　　制造费用　　　　　　　　　　　　　　　　39 887
　　　　管理费用　　　　　　　　　　　　　　　　60 107
　　　　　贷：应付职工薪酬——工资　　　　　　　　　　805 520

根据上述分析，财会人员应根据"工资费用分配汇总表"填制转账凭证，如表 5-22 所示。

表 5-22　　　　　　　　　　　　　　转 账 凭 证
　　　　　　　　　　　　　　　　2011 年 12 月 31 日　　　　　　　　　　　　　转字第 6 号

摘要	会计科目 总账科目	会计科目 明细科目	借方金额 亿千百十万千百十元角分	贷方金额 亿千百十万千百十元角分	记账符号
分配工资	生产成本	HB 车床	4 2 8 3 2 4 0 0		√
	生产成本	DE-10车床	2 7 7 2 0 2 0 0		√
	制造费用		3 9 8 8 7 0 0		√
	管理费用		6 0 1 0 7 0 0		√
	应付职工薪酬	职工工资		8 0 5 5 2 0 0 0	√
			￥ 8 0 5 5 2 0 0 0	￥ 8 0 5 5 2 0 0 0	

会计主管：王丹　　记账：田丽　　出纳：李欣　　审核：曹红　　制单：闫慧

【例 5-10】 12 月 31 日，按本月工资总额的 14% 计提职工福利费。根据"工资费用分配汇总表"编制"职工福利费用计提表"，如表 5-23 所示。

表 5-23　　　　　　　　　　职工福利费用计提表
　　　　　　　　　　　　　2012 年 12 月 31 日　　　　　　　　　　　　　单位：元

	车间、部门	工资总额	比例	福利费
车间生产人员工资	生产 HB 型车床	428 324.00	14%	59 965.36
	生产 DE-10 型车床	277 202.00	14%	38 808.28
	生产人员工资小计	705 526.00	14%	98 773.64
车间管理人员		39 887.00	14%	5 584.18
厂部管理人员		60 107.00	14%	8 414.98
合　计		805 520.00	14%	112 772.80

根据上述原始凭证进行分析，该笔经济业务发生后，引起了企业费用要素和负债要素发生变化。一方面，费用要素中的生产成本、制造费用和管理费用项目分别增加，按不同的用途，应分别借记"生产成本"、"制造费用"和"管理费用"账户；另一方面，负债要素中的应付职工薪酬项目增加，应贷记"应付职工薪酬——职工福利"账户。因此，该经济业务应作如下会计分录：

　　借：生产成本——HB 车床　　　　　　　　　　59 965.36
　　　　　　　　——DE-10 车床　　　　　　　　　38 808.28
　　　　制造费用　　　　　　　　　　　　　　　 5 584.18
　　　　管理费用　　　　　　　　　　　　　　　 8 414.98
　　　　贷：应付职工薪酬——职工福利　　　　　　112 772.80

根据上述分析，财会人员应根据"职工福利费用计提表"编制转账凭证，如表 5-24 所示。

表 5－24

转账凭证
2011 年 12 月 31 日　　　　　　　　　　　　　　　　　　转字第 7 号

摘要	会计科目 总账科目	明细科目	借方金额 亿千百十万千百十元角分	贷方金额 亿千百十万千百十元角分	记账符号
计提福利费	生产成本	HB 车床	5 9 9 6 5 3 6		√
	生产成本	DE-10 车床	3 8 8 0 8 2 8		√
	制造费用		5 5 8 4 1 8		√
	管理费用		8 4 1 4 9 8		√
	应付职工薪酬	职工福利		1 1 2 7 7 2 8 0	√
			¥1 1 2 7 7 2 8 0	¥1 1 2 7 7 2 8 0	

会计主管：王丹　　记账：田丽　　出纳：李欣　　审核：曹红　　制单：闫慧

【例 5－11】 12 月 2 日，根据本月份工资结算汇总表，签发现金支票一张，金额为 805 520.00 元，向银行提取现金，以备发工资。签发的现金支票及工资结算汇总表如表 5－25 和表 5－26 所示。

表 5－25　　　　　　　　　　　　现金支票

中国工商银行 转账支票存根 Ⅶ Ⅱ 890	中国工商银行现金支票　　　Ⅶ Ⅱ 674
科　目 库存现金 对方科目 银行存款 出票 2011 年 12 月 2 日 日期 收款人： 金　额：¥805 520.00 用　途：发放工资 单位主管　　会计	出票日期(大写) 贰零壹壹年壹拾贰月零贰日　付款行名称：工行十二支行 收款人：东方电子有限公司　　出票人账号：522078877-77 人民币 人民币 (大写) 捌拾万伍仟伍佰贰拾元整　千百十万千百十元角分 ¥8 0 5 5 2 0 0 0 用途　发放工资　　 上列款项请从我账 户内支出 出票人 签　章 科目(借)＿＿＿＿＿ 对方科目(贷)＿＿＿＿＿ 付讫日期　　年　月　日 出纳　　复核　　记账 填写密码 贴对号单处　　Ⅶ Ⅱ 674

87

表 5—26　　　　　　　　　　　工资结算汇总表
2011 年 12 月 31 日　　　　　　　　　　　　　　　　　　单位:元

车间或部门	职工类别	标准工资	奖 金	副食补贴	夜班津贴	加班工资	病假工资	应付工资
加工车间	生产工人	410 572.00	58 323.40	30 501.60	13 604.00	17 000.00	3 000.00	533 001.00
	管理人员	25 206.50	886.00	1 715.50	600.00	800.00		29 208.00
装配车间	生产工人	144 571.43	1 462.07	9 285.50	1 206.00	16 000.00		172 525.00
	管理人员	9 248.00	420.50	634.50	176.00	200.00		10 679.00
行政管理部门	管理人员	46 440.80	8 235.48	5 430.72				60 107.00
合　计		636 038.73	69 327.45	47 567.82	15 586.00	34 000.00	3 000.00	805 520.00

根据上述原始凭证分析,该笔经济业务发生后,引起资产要素内部项目发生此增彼减的变化。一方面,资产要素中现金项目增加了 805 520.00 元,应借记"库存现金"账户;另一方面,资产要素中的银行存款项目减少了 805 520.00 元,应贷记"银行存款"账户。因此,该笔经济业务应作如下会计分录:

　　借:库存现金　　　　　　　　　　　　　　　　　　805 520.00
　　　　贷:银行存款　　　　　　　　　　　　　　　　　　805 520.00

根据上述分析,财会人员应根据"工资结算汇总表"和"现金支票"存根,填制记账凭证,但由于该经济业务是有关现金和银行存款之间的划转业务,实际工作中可采用两种不同的方法进行会计处理。这里我们采取只填制付款凭证、不填制收款凭证的做法处理。应填制的银行存款付款凭证如表 5—27 所示。

表 5—27　　　　　　　　　　　　付 款 凭 证
贷方科目:银行存款　　　　　　2011 年 12 月 2 日　　　　　　　银付字第 2 号

摘　要	借方科目		金　额									记账符号
	总账科目	明细科目	亿	千	百	十	万	千	百	十	元	角	分	
提取现金备发工资	库存现金					8	0	5	5	2	0	0	0	√
附单据2张	合　计		￥			8	0	5	5	2	0	0	0	

会计主管:王丹　　记账:田丽　　出纳:李欣　　审核:曹红　　制单:张兵

【例 5—12】 12 月 2 日,根据"工资结算单"(具体格式略),以现金发放工资 805 520.00 元。
根据上述业务的原始凭证进行分析,该项经济业务发生后,引起负债要素和资产要素发生变化。一方面,负债要素中的应付职工薪酬项目减少了 805 520.00 元,应借记"应付职工薪酬"账户;另一方面,资产要素的库存现金项目减少了 805 520.00 元,应贷记"库存现金"账户。因此,该笔经济业务应作如下会计分录:

  借:应付职工薪酬——职工工资   805 520.00
    贷:库存现金   805 520.00

  根据上述分析,财会人员应根据"工资结算单"填制现金付款凭证,如表5—28所示。

表5—28 付款凭证
贷方科目:库存现金 2011年12月2日 现付字第1号

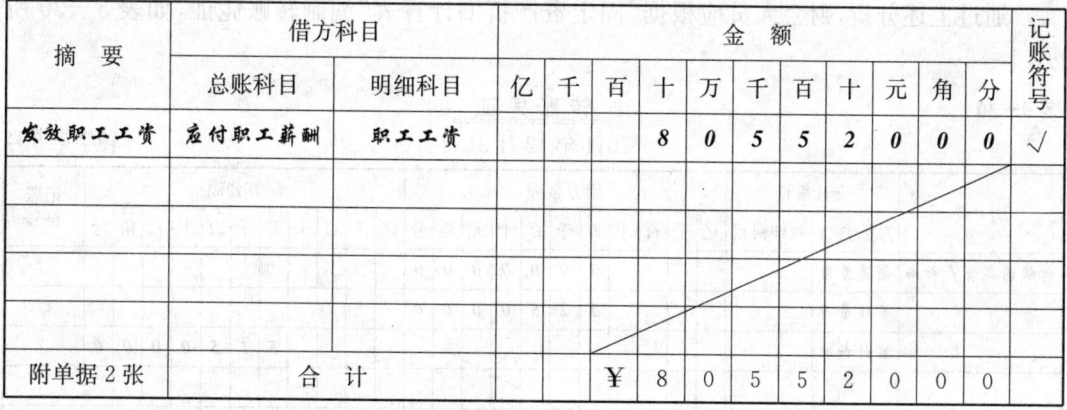

摘要	借方科目		金额	记账符号
	总账科目	明细科目	亿 千 百 十 万 千 百 十 元 角 分	
发放职工工资	应付职工薪酬	职工工资	8 0 5 5 2 0 0 0	√
附单据2张	合 计		¥ 8 0 5 5 2 0 0 0	

会计主管:王丹 记账:田丽 出纳:李欣 审核:曾红 制单:张兵

【例5—13】 12月31日,计提本月固定资产折旧。财会人员应编制"固定资产折旧计算表",如表5—29所示。

表5—29 固定资产折旧计算表
2011年12月31日   单位:元

使用单位部门	上月固定资产折旧额	上月增加固定资产应计提折旧额	上月减少固定资产应计提折旧额	本月应计提的折旧额
生产车间	38 000.00	1 000.00	—	39 000.00
厂 部	13 000.00	—	500.00	12 500.00
合 计	51 000.00	1 000.00	500.00	51 500.00

主管:张明 审核:王齐 制单:王锐

  固定资产折旧是指企业的固定资产在生产过程中由于使用、自然作用以及技术进步等原因,逐渐地损耗而转移到产品成本或当期费用中的那部分价值。固定资产折旧费是企业生产经营过程中发生的费用,将随着产品的销售和取得收入而得到补偿,计提固定资产折旧费,引起资产要素和费用要素之间发生变化。一方面,费用要素中的生产费用项目增加51 500元,按固定资产用途不同,应分别借记"制造费用"和"管理费用"两个账户;另一方面,计提折旧费引起资产要素中的固定资产价值减少,但为了反映固定资产的原始价值指标,以满足管理上的特定需要,对于因折旧而减少的固定资产价值,不直接记入"固定资产"账户的贷方,在核算上,我们专门设置了一个调整账户,用来反映固定资产因发生折旧而减少的价值,这个账户就是"累计折旧"账户。"累计折旧"的增加,就意味着固定资产价值的减少,所以,对因计提折旧而减少的固定资产价值,应贷记"累计折旧"账户。因此,对上述计提固定资产折旧的业务,应作如下会计分录:

借:制造费用　　　　　　　　　　　　　　　39 000
　　管理费用　　　　　　　　　　　　　　　12 500
　　贷:累计折旧　　　　　　　　　　　　　　51 500

通过上述分析,财会人员应根据"固定资产折旧计算表"编制转账凭证,如表5-30所示。

表5-30　　　　　　　　　转账凭证
　　　　　　　　　　2011年12月31日　　　　　　　　　　　　　转字第8号

摘要	会计科目		借方金额	贷方金额	记账符号
	总账科目	明细科目	亿 千 百 十 万 千 百 十 元 角 分	亿 千 百 十 万 千 百 十 元 角 分	
计提固定资产折旧	制造费用		3 9 0 0 0 0 0		√
	管理费用		1 2 5 0 0 0 0		√
	累计折旧			5 1 5 0 0 0 0	√
			￥ 5 1 5 0 0 0 0	￥ 5 1 5 0 0 0 0	

会计主管:王丹　　　记账:田丽　　　出纳:李欣　　　审核:曹红　　　制单:闫慧

【例5-14】 12月31日,计提本月银行流动资金借款利息。财会人员根据有关费用预提计划,编制"利息费用计提表",如表5-31所示。

表5-31　　　　　　　　　利息费用计提表
　　　　　　　　　　2011年12月31日　　　　　　　　　　　　　单位:元

项目 部门	短期借款	利率	本月应付利息
企业管理部门	60 000	10%	6 000
合计	60 000		6 000

主管:王洲　　　　审核:张一　　　　制单:杨阳

银行借款利息属于财务费用,企业一般按季与银行结算,根据权责发生制原则,在季内的每个月企业都要负担这笔利息费用,这样一方面引起本期费用要素中的财务费用增加6 000元,应借记"财务费用"账户;另一方面引起负债要素中的应付利息也增加6 000元,应贷记"应付利息"账户。因此,该笔经济业务应作如下会计分录:

借：财务费用　　　　　　　　　　　　　　　　　6 000
　　贷：应付利息　　　　　　　　　　　　　　　　　　6 000
根据上述分析,财会人员应根据"利息费用计提表"填制转账凭证,如表5－32所示。

表5－32　　　　　　　　　　转账凭证
2011年12月31日　　　　　　　　　　　　　　　　　转字第9号

摘　要	会计科目		借方金额	贷方金额	记账符号
	总账科目	明细科目	亿千百十万千百十元角分	亿千百十万千百十元角分	
计提短期借款利息	财务费用		6 0 0 0 0 0		√
	应付利息			6 0 0 0 0 0	√
			¥ 6 0 0 0 0 0	¥ 6 0 0 0 0 0	

会计主管：王丹　　记账：田丽　　出纳：李欣　　审核：曹红　　制单：闫慧

【例5－15】12月10日,企业开出转账支票一张,支付生产车间汽车修理费4 000元。收到"发票"如表5－33所示,企业的"支票存根"如表5－34所示。

表5－33　　　　　　　　机动车维修业统一发票　　　　　　　　(07)
　　　　　　　　　　　　　　　　　　　　　　　　　　　　　服务三字
车属单位：东方电子有限公司　　2011年12月10日　　　　No.0897421

工作单号	A-10	类别		厂牌型号	东风柴油车	入厂	年	月	日
修理类别	小修理	车牌号	3584	送修人		入厂	年	月	日
总工时				小　时		金　额			
附凭证		张数		结算项目	十 万 千 百 十 元 角 分				
材料明细表					4 5 0 0 0				
材料费				工时票	3 2 0 0 0				
工时费				管理费	3 5 0 0 0				
合计金额(大写)肆仟元整					¥ 4 0 0 0 0 0				

业务部门：　　　收款：　　　制单：李光

表5-34

```
         中国工商银行转账支票存根
    支票号码    2834565
    科    目    银行存款
    对方科目    制造费用
    签发日期    2011 年 12 月 10 日
    收款人      大发汽车维修公司
    金    额    4 000.00
    用    途    修理费
    备    注
    单位主管       会计    张笑
    复核           记账
```

根据上述原始凭证进行分析,该笔经济业务发生后,引起企业资产和费用要素发生变化。一方面,企业费用要素中的修理费用增加4 000元,应借记"制造费用"账户;另一方面,资产要素中的银行存款项目减少4 000元,应贷记"银行存款"账户。因此,该笔经济业务应作如下会计分录:

　　借:制造费用　　　　　　　　　　　　　　　　　　　　　　　4 000
　　　　贷:银行存款　　　　　　　　　　　　　　　　　　　　　　4 000

根据上述分析,财会人员应根据"发票"和"转账支票"存根填制银行存款付款凭证,如表5-35所示。

表5-35

付 款 凭 证

贷方科目:银行存款　　　　　　2011 年 12 月 10 日　　　　　　银付字第 3 号

摘 要	借方科目		金　额										记账符号
	总账科目	明细科目	亿	千	百	十	万	千	百	十	元	角	分	
支付汽车修理费	制造费用	修理费					4	0	0	0	0	0	√
附单据2张	合　计		¥				4	0	0	0	0	0	

会计主管:王丹　　　记账:田丽　　　出纳:李欣　　　审核:曹红　　　制单:张兵

【例 5-16】 12 月 18 日,企业以银行存款支付下一年度报纸杂志费 4 800 元。取得的"收据"和"转账支票"存根如表 5-36、表 5-37 所示。

表 5-36

统一收据

No0004817

2011 年 12 月 18 日

第三联 收据

今收到	东方电子有限公司
交　来	2010 年度报纸杂志费
人民币(大写)	肆仟捌佰元整　　　　　　　￥4 800.00
收款单位(公章)　新华书店　　收款人　赵阳　　交款人　王娜

表 5-37

中国工商银行转账支票存根

支票号码	2834558
科　　目	银行存款
对方科目	预付账款
签发日期	2011 年 12 月 18 日

收款人	学府书店
金　额	4 800.00
用　途	报纸杂志费
备　注	

单位主管　　会计　李锐
复核　　　　记账

　　企业预定下一年度的报纸杂志,该项费用虽在本期支付,但按权责发生制要求,不属于本期的费用支出,即使支付也不应作本期费用处理,故应先计入预付款项。根据上述原始凭证进行分析,该项经济业务发生后,引起资产要素内部发生此增彼减的变化。一方面,企业资产要素中的预付款项增加了 4 800 元,应借记"预付账款"账户;另一方面,资产要素中的银行存款项目减少了 4 800 元,应贷记"银行存款"账户。因此,该笔经济业务应作如下会计分录:

　　借:预付账款　　　　　　　　　　　　　　　　　　　　　　　4 800
　　　　贷:银行存款　　　　　　　　　　　　　　　　　　　　　　　　4 800

　　根据上述分析,财会人员应根据"收据"和"转账支票"存根,填制银行存款付款凭证如表 5-38 所示。

表 5-38

付 款 凭 证

2011 年 12 月 18 日　　　　　　　　　　银付字第 4 号

贷方科目：银行存款

摘　要	借方科目		金　额										记账符号
	总账科目	明细科目	亿	千	百	十	万	千	百	十	元	角	分	
预付 2010 年报纸杂志费	预付账款	报纸杂志费					¥	4	8	0	0	0	0	√
附单据 2 张	合　计						¥	4	8	0	0	0	0	

会计主管：王丹　　记账：田丽　　出纳：李欣　　审核：曹红　　制单：张兵

【例 5-17】 12 月 31 日，将应由本期负担、以前期间预付的财产保险费、报纸杂志费计入本期成本、费用。有关原始凭证如表 5-39 所示。

表 5-39

预付费用摊销表

2011 年 12 月 31 日　　　　　　　　　　　　　　　　单位：元

部门 \ 项目	财产保险费	报纸杂志费	合　计
生产车间	3 000	790	3 790
企业管理部门	2 500	1 075	3 575
合　计	5 500	1 865	7 365

根据上述原始凭证进行分析，该项经济业务发生后，引起费用要素和资产要素发生变化。一方面，报纸杂志费和保险费的发生使企业费用要素中的制造费用和管理费用分别增加了 3 790 元和 3 575 元，应借记"制造费用"和"管理费用"账户；另一方面，该款项已经预先支付，使企业资产要素中的预付货款减少了 7 365 元，应贷记"预付账款"账户。因此，该笔经济业务应作如下会计分录：

借：制造费用　　　　　　　　　　　　　　　　　　　　　3 790
　　管理费用　　　　　　　　　　　　　　　　　　　　　3 575
　　贷：预付账款　　　　　　　　　　　　　　　　　　　　　　　7 365

根据上述分析，财会人员应根据"预付费用摊销表"填制转账凭证，如表 5-40 所示。

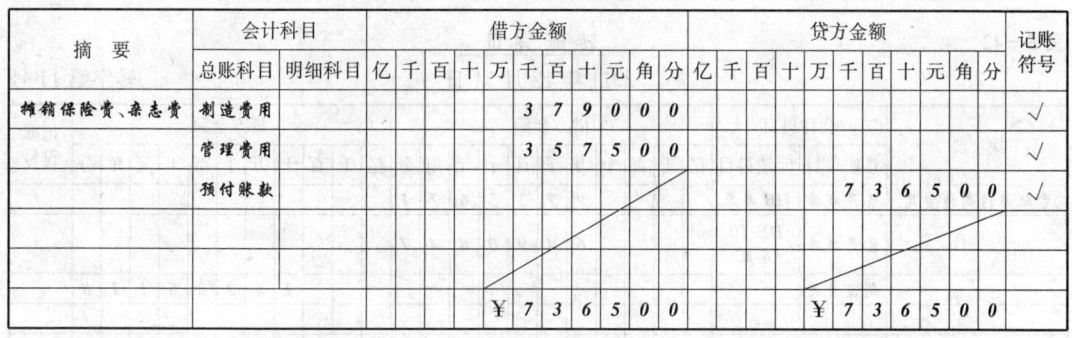

表 5-40　　　　　　　　　　转 账 凭 证
2011 年 12 月 31 日　　　　　　　　　　　　转字第 10 号

摘　要	会计科目		借方金额	贷方金额	记账符号
	总账科目	明细科目	亿千百十万千百十元角分	亿千百十万千百十元角分	
摊销保险费、杂志费	制造费用		3 7 9 0 0 0		√
	管理费用		3 5 7 5 0 0		√
	预付账款			7 3 6 5 0 0	√
			￥ 7 3 6 5 0 0	￥ 7 3 6 5 0 0	

会计主管：王丹　　记账：田丽　　出纳：李欣　　审核：曹红　　制单：闫慧

【例 5-18】 12 月 31 日，月末分配结转本月制造费用，财会人员根据"制造费用"明细账户的借方发生额 162 261.18 元以及有关生产工人工时统计资料计算后，填制"制造费用分配表"，如表 5-41 所示。

表 5-41　　　　　　　　　　制造费用分配表
车间：生产车间　　　　　　　　2011 年 12 月 31 日

分配对象	分配标准 （生产工人工时）	分配率	分配金额 （元）
HB 型车床	60 000	1.622 6118	97 356.71
DE-10 型车床	40 000	1.622 6118	64 904.47
合　计	100 000		162 261.18

主管：张明　　审核：王齐　　制单：王锐

　　制造费用是指企业的生产部门或车间为组织和管理生产所发生的间接费用。制造费用是产品生产成本的组成部分，平时发生的制造费用因无法分清应由哪一种产品负担，因此直接归集在"制造费用"账户的借方，期末时，再将本期"制造费用"账户借方所归集的制造费用总额，按照一定的标准（如生产工人工资比例、生产工人工时比例或机器工时比例），采用一定的分配方法，在各种产品之间进行分配，计算出某种产品应负担的制造费用，然后，再从"制造费用"账户的贷方转入"生产成本"账户的借方。表 5-41 表明，本月共发生制造费用总额为 162 261.18 元，经分配后，HB 型机床应负担 97 356.71 元，DE-10 型车床应负担 64 904.47元。这项经济业务发生后，引起企业费用要素内部项目发生此增彼减的变化。一方面，生产成本项目增加 162 261.18 元（其中，HB 型车床为 97 356.71 元，DE-10 型车床为 64 904.47 元），应借记"生产成本"账户；另一方面，制造费用项目减少 162 071.18 元，应贷记"制造费用"账户。因此，该笔经济业务应作如下会计分录：

　　借：生产成本——HB 车床　　　　　　　　　　　　　97 356.71
　　　　　　　——DE-10 车床　　　　　　　　　　　　　64 904.47

贷：制造费用　　　　　　　　　　　　　　162 261.18

根据上述分析，财会人员应根据"制造费用分配表"填制一张转账凭证，如表5-42所示。

表5-42

转 账 凭 证

2011年12月31日　　　　　　　　　　　　　　　　转字第11号

摘 要	会计科目		借方金额	贷方金额	记账符号
	总账科目	明细科目	亿千百十万千百十元角分	亿千百十万千百十元角分	
分配结转制造费用	生产成本	HB车床	9 7 3 5 6 7 1		√
	生产成本	DE-10车床	6 4 9 0 4 4 7		√
	制造费用			1 6 2 2 6 1 1 8	√
			¥ 1 6 2 2 6 1 1 8	¥ 1 6 2 2 6 1 1 8	

会计主管：王丹　　记账：田丽　　出纳：李欣　　审核：曹红　　制单：闫慧

【例5-19】 12月31日，结转本月生产完工验收入库产品的生产成本。

生产成本是指企业为生产一定种类和数量的产品所发生的各项生产费用的总和。它是对象化的生产费用，一般包括四个成本项目：直接材料费、直接人工费、其他直接费和制造费用。企业日常为生产产品而发生的生产费用分别按上述成本项目归集在"生产成本明细账"中。月末，根据"生产成本明细账"归集的生产费用，结合有关统计资料，按照一定的成本计算方法，将某种产品归集的生产费用在完工产品和在产品之间进行分配，计算出完工产品的总成本和单位成本，编制"产品成本计算单"和"完工产品成本汇总表"，如表5-43、表5-44和表5-45所示。

表5-43

产品成本计算单

产品名称：HB型车床　　　　2011年12月31日　　　　　　　　　　产量：175台

项 目	直接材料费用	直接人工费用	制造费用	合 计
本月发生费用	735 000.00	488 289.36	97 356.71	1 320 646.07
合 计	735 000.00	488 289.36	97 356.71	1 320 646.07

表5-44

产品成本计算单

产品名称：DE-10型车床　　　2011年12月31日　　　　　　　　　　产量：140台

项 目	直接材料费用	直接人工费用	制造费用	合 计
本月发生费用	825 000.00	316 010.28	64 904.47	1 205 914.75
合 计	825 000.00	316 010.28	64 904.47	1 205 914.75

表 5-45   完工产品成本汇总表
                          2011年12月31日   单位:元

成本项目	HB车床(175台) 总成本	HB车床(175台) 单位成本	DE-10车床(140台) 总成本	DE-10车床(140台) 单位成本
直接材料	735 000.00	4 200.00	825 000.00	5 892.86
直接人工	488 289.36	2 790.22	316 010.28	2 257.22
制造费用	97 356.71	556.32	64 904.47	463.60
合　计	1 320 646.07	7 546.54	1 205 914.75	8 613.68

注明:在例5-25中,把HB车床的单位成本改为7 546.89来进行计算。

借:库存商品——HB车床　　　　　　　　　　　　1 320 646.07
　　　　　　——DE-10车床　　　　　　　　　　　 1 205 914.75
　贷:生产成本——HB车床　　　　　　　　　　　　1 320 646.07
　　　　　　——DE-10车床　　　　　　　　　　　 1 205 914.75

根据上述分析,财会人员应根据"产品成本计算单"和"完工产品成本汇总表"填制一张转账凭证,如表5-46所示。

表 5-46   转 账 凭 证
                          2011年12月31日   转字第12号

摘要	会计科目 总账科目	会计科目 明细科目	借方金额	贷方金额	记账符号
结转完工产品成本	库存商品	HB车床	1 320 646 07		√
	库存商品	DE-10车床	1 205 914 75		√
	生产成本	HB车床		1 320 646 07	√
	生产成本	DE-10车床		1 205 914 75	√
			¥2 526 560 82	¥2 526 560 82	

会计主管:王丹　　记账:田丽　　出纳:李欣　　审核:曹红　　制单:闫慧

情景五　销售过程业务的核算

一、销售过程业务的核算内容

销售过程是企业生产经营活动的最后阶段。在这个阶段,制造企业要将生产过程中生产的产品销售出去,收回货币资金,以保证企业再生产活动的顺利进行。

企业的销售过程,就是将已验收入库的合格产品,按照销售合同规定的条件送交订货单位或组织发运,并按照销售价格和结算制度规定,办理结算手续,及时收取价款取得销售产品收入的过程。在销售过程中,企业一方面取得了销售产品收入,另一方面还会发生一些销售费用,如销售产品的运输费、装卸费、包装费和广告费等。并且还应当根据国家有关税法的规定,计算缴纳企业销售活动应负担的税金及附加。企业销售产品取得的收入,扣除因销售产品而发生的实际成本、企业销售活动应负担的税金及附加,即为企业的主营业务利润,这是企业营业利润的主要构成部分。除此以外,企业还可能发生一些其他经济业务,取得其他业务收入和发生其他业务支出。

因此,销售过程业务核算的主要任务是:确定和记录产品销售收入、销售成本、销售费用;计算企业销售活动应负担的税金及附加,以及主营业务利润或亏损情况;反映企业与购货单位所发生的货物结算业务、考核销售计划的执行情况;监督营业税金及附加的及时缴纳等。通过销售过程业务的核算,促使企业努力增加收入、节约费用,实现尽可能多的营业利润。

二、销售过程核算账户的设置

(一)"主营业务收入"账户

"主营业务收入"账户用来核算企业在销售商品、提供劳务及让渡资产使用权等日常活动中所发生的收入。该账户是损益类账户,贷方登记企业销售商品(包括产成品、自制半成品等)或让渡资产使用权所实现的收入;借方登记发生的销售退回或销售折让和期末转入"本年利润"账户的收入;期末将本账户的余额结转后,该账户应无余额。"主营业务收入"账户应按主营业务的种类设置明细账,进行明细分类核算。

(二)"主营业务成本"账户

"主营业务成本"账户用来核算企业因销售商品、提供劳务或让渡资产使用权等日常活动而发生的实际成本。该账户是损益类账户;借方结转已售商品、提供的各种劳务等的实际成本;贷方登记当月发生销售退回的商品成本(未直接从本月销售成本中扣减的销售退回的成本)和期末转入"本年利润"账户的当期销售成本;期末结转后该账户应无余额。该账户应按照主营业务的种类设置明细账,进行明细分类核算。

(三)"销售费用"账户

"销售费用"账户用来核算企业在销售商品过程中发生的费用,包括运输费、装卸费、包装费、保险费、展览费和广告费,以及为销售本企业商品而专设的销售机构(含销售网点、售后服务网点等)的职工工资及福利费,类似工资性质的费用、业务费等经营费用。该账户是损益类账户,借方登记发生的各种销售费用;贷方登记转入"本年利润"账户的营业费用;期末结转后该账户应无余额。该账户应按照费用项目设置明细账,进行明细分类核算。

(四)"营业税金及附加"账户

"营业税金及附加"账户用来核算企业日常活动应负担的税金及附加,包括营业税、消费税、城市维护建设税、资源税、土地增值税和教育费附加等。该账户是损益类账户,借方登记按照规定计算应由主营业务负担的税金及附加;贷方登记企业收到的先征后返的消费税、营业税等应记入本科目的各种税金,以及期末转入"本年利润"账户的营业税金及附加;期末结转后本账户应无余额。

(五)"应收账款"账户

"应收账款"账户用来核算企业因销售商品、提供劳务等应向购货单位或接受劳务单位收取的款项。该账户是资产类账户,借方登记经营收入发生的应收款以及代购货单位垫付的包装费、运杂费等,贷方登记实际收回的应收款项,月末借方余额表示应收但尚未收回的款项。该账户应按照购货单位或接受劳务单位设置明细账,进行明细分类核算。

(六)"其他业务收入"账户

"其他业务收入"账户用来核算企业确认的除主营业务活动以外的其他经营活动实现的收入,包括出租固定资产、出租无形资产、出租包装物和商品、销售材料、用材料进行非货币性交换或债务重组等实现的收入。该账户是损益类,贷方登记企业获得的其他业务收入;借方登记期末结转到"本年利润"账户的已实现的其他业务收入;期末结转以后,该账户应无余额。本账户应按其他业务的收入种类设置明细账,进行明细分类核算。

(七)"其他业务成本"账户

"其他业务成本"账户用来核算企业确认的除主营业务活动以外的其他经营活动所发生的支出,包括销售材料的成本、出租固定资产的折旧额、出租无形资产的摊销额、出租包装物的成本或摊销额等。该账户是损益类,借方登记其他业务所发生的各项成本、支出;贷方登记期末结转到"本年利润"账户的数额;期末结转以后,该账户应无余额。本账户应按其他业务的种类设置明细账,进行明细分类核算。

三、销售过程的总分类核算

【例5-20】 12月3日,企业采用托收承付结算方式出售产品,产品已通过铁路托运,并开出转账支票一张垫付运杂费1 450元,已向银行办妥托收手续,取得"增值税专用发票"、"铁路运杂费专用发票"以及企业填制的"转账支票"存根和"托收承付凭证"回单等,如表5-47、表5-48、表5-49、表5-50所示。

表 5-47　　　　　　　　　　　　增值税专用发票

开票日期：2011 年 12 月 3 日　　　　　　　　　　　　　　　　　　　　　　No.0087806

购货单位	名称	和平发电厂		纳税人登记号							16111005127									
	地址电话	民族村 10 号		开户行及账号							建行一支行 1251251									

商品或劳务名称	计算单位	数量	单价	金 额									税率%	税 额							
				千	百	十	万	千	百	十	元	角	分		千	百	十	万	千	百	十	元	角	分
HB 型车床	台	50	10 000			5	0	0	0	0	0	0	0	17			8	5	0	0	0	0	0
合计				¥		5	0	0	0	0	0	0	0			¥	8	5	0	0	0	0	0

价税合计（大写）	⊗仟⊗佰伍拾捌万伍仟零佰零拾零元零角零分	¥：585 000.00

销货单位	名称	东方电子有限公司	纳税人登记号	230102100120054
	地址电话	东山市长江路 12 号	开户行及账号	长江路办事处 522078877－77

收款人：周 天　　　　开票单位（未盖章无效）　　　　　　结算方式：托收

表 5-48　　　　　　　　　　　　铁路局运杂费专用发票

运输号码：6667

发 站	东山市	到 站	吉林市	车种车号		货车自重	
集装箱型	N	运到期限		报价金额		运价里程	
收货人	全称	和平发电厂	发货人	全称	东方电子有限公司	现付费用	
	地址	民族村 10 号		地址	东方市长江路 12 号	项目	金额（元）
货物名称	件数	货物重量	计费重量	运价号	运费率	附记	运费	1 300.00
HB 车床	50	2 500kg					保险费	100.00
							使用费	50.00
发货人声明事项								
铁路局声明事项							合计	1 450.00

发站承运日期戳　　　　　　发站经办人：王小春

表5-49

```
           中国工商银行转账支票存根
           支票号码    2834642
           科  目    银行存款
           对方科目    应收账款
           签发日期    2011年12月3日
           ┌─────────────────────┐
           │ 收款人   长江铁路局      │
           │ 金  额   1 450.00       │
           │ 用  途   运杂费         │
           │ 备  注                  │
           └─────────────────────┘
           单位主管    会计  李锐
           复核        记账
```

表5-50　　　　　　　　　　托收承付凭证（回 单）　　　　　　　　　　第17号

2011年12月3日　　　　　　　　　　　　　　　　　　　　　　托收号码：287

收款人	全　称	东方电子有限公司	付款人	全　称	和平发电厂
	账　号	522078877-77		账号或地址	1251251
	开户银行	工行长江路办事处		开户银行	建行一支行

托收收款金额	人民币(大写) 伍拾捌万肆仟伍佰伍拾元整	亿 千 百 十 万 千 百 十 元 角 分
		￥ 5 8 6 4 5 0 0 0

附寄单证张数	5	商品发运情况		合同名称号码	HB-005
备注：	款项收妥日期　　年 月 日		开户银行盖章　　2011年12月3日		

　　根据上述原始凭证进行分析，该笔经济业务包括两方面的内容。第一，企业开出转账支票支付铁路运杂费1 450元，引起企业资产要素内部项目发生此增彼减的变化。一方面，垫付的运杂费应向购货方收回，引起资产要素中的应收账款项目增加了1 450元，应借记"应收账款"账户；另一方面，引起企业资产要素中的银行存款项目减少1 450元，应贷记"银行存款"账户。因此，应作如下会计分录：

　　　　借：应收账款——和平发电厂　　　　　　　　　　　　1 450.00
　　　　　　贷：银行存款　　　　　　　　　　　　　　　　　1 450.00

　　第二，企业发出商品，开出发票，并办妥托收手续，取得"托收承付结算凭证"，表明企业产品销售行为已经发生，且取得了收取货款的权利。因此，引起企业资产要素与收入要素、负债要素发生变化。一方面，引起企业资产要素中应收账款项目增加了585 000元，应借记"应收账款"账户；另一方面，实现产品销售收入500 000元，使收入要素中的主营业务收入项目增加,应贷记"主营业务收入"账户,同时,使负债要素中的应交税费——应交增值税的销项税额项目增加 85 000 元,应贷记"应交税费——应交增值税(销项税额)"账户。因此,该笔经济业务应作如下会计分录:

  借:应收账款——和平发电厂   585 000
   贷:主营业务收入   500 000
     应交税费——应交增值税(销项税额)   85 000

通过上述分析,财会人员应根据"转账支票"存根和"铁路运杂费发票"填制银行存款付款凭证,如表 5-51 所示。同时,根据"增值税专用发票"第四联和"托收承付凭证"回单联填制转账凭证,如表 5-52 所示。

表 5-51

付款凭证

2011 年 12 月 3 日   银付字第 1 号

贷方科目:银行存款

摘要	借方科目		金额	记账符号
	总账科目	明细科目	亿 千 百 十 万 千 百 十 元 角 分	
垫付运杂费	应收账款	和平发电厂	1 4 5 0 0 0	√
附单据 2 张	合计		¥ 1 4 5 0 0 0	

会计主管:王丹 记账:田丽 出纳:李欣 审核:曹红 制单:张兵

表 5-52

转账凭证

2011 年 12 月 3 日   转字第 1 号

摘要	会计科目		借方金额	贷方金额	记账符号
	总账科目	明细科目	亿 千 百 十 万 千 百 十 元 角 分	亿 千 百 十 万 千 百 十 元 角 分	
销售商品	应收账款	和平发电厂	5 8 5 0 0 0 0 0		√
	主营业务收入			5 0 0 0 0 0 0 0	√
	应交税费	应交增值税		8 5 0 0 0 0 0	√
附单据 2 张	合计		¥ 5 8 5 0 0 0 0 0	¥ 5 8 5 0 0 0 0 0	

会计主管:王丹 记账:田丽 出纳:李欣 审核:曹红 制单:闫慧

【例 5-21】 12 月 3 日,企业采用提货制销售 DE-10 型车床一批,销售科业务员开出增值税专用发票。购货方采购员持发票到财务科以转账支票办理货款结算,财会人员收取支票后,当日填写转账存款单送存银行。原始凭证如表 5-53~表 5-55 所示。

表 5—53　　　　　　　　　增值税专用发票

开票日期：2011 年 12 月 3 日　　　　　　　　　　　　　　　　　No.0063490

购货单位	名　称	天宏股份有限公司	开户银行及账号		纳税人登记号		280602100100100027	
	地址、电话	天津新村 4628743	结算方式：转账		工行三分行			

商品或劳务名称	单位	数量	单价	金额 千百十万千百十元角分	税率	税额 千百十万千百十元角分
DE-10 车床	台	50	12 000	7 0 0 0 0 0 0 0	17	1 1 9 0 0 0 0 0
合　计				￥7 0 0 0 0 0 0 0		￥1 1 9 0 0 0 0 0

价税合计（大写） ⊗仟⊗佰捌拾壹万玖仟零佰零拾零元零角零分　￥：819 000.00

销货单位	名　称	东方电子有限公司	纳税人登记号	230102100120054
	地址、电话	长江路 12 号	开户银行及账号	工行长江路办事处 522078877—77

收款人：李满　　　开票单位（未盖章无效）

表 5—54　　　　　　　　　　　转账支票

中国工商银行
转账支票存根
Ⅶ Ⅱ890

科　目　银行存款
对方科目　主营业务收入等
出票日期　2011 年 12 月 3 日

收款人：东方公司
金　额：￥819 000.00
用　途：贷款

单位主管　　会计

中国工商银行转账支票

Ⅶ Ⅱ890

出票日期（大写）贰零壹壹年壹拾贰月零叁日　　付款行名称：工行三分行
收款人：星光电子实业有限公司　　　出票人账号：20100354

人民币（大写）	捌拾壹万玖仟元整	千百十万千百十元角分 ￥8 1 9 0 0 0 0 0

用途　贷款
上列款项请从我账
户内支出
出票人
签　章

科目（借）_____
对方科目（贷）_____
付讫日期　年　月　日
出纳　复核　记账

填写密码

支票付款期限十天

103

表 5-55　　　　　　　中国工商银行进账单(回单)　1
2011 年 12 月 3 日　　第 25 号

收款人	全　称	东方电子有限公司	付款人	全　称	天宏股份有限公司
	账号、地址	522078877-77		账号、地址	20100354
	开户银行	工行长江路办事处		开户银行	工行三分行

人民币(大写)：捌拾壹万玖仟元整　　￥ 8 1 9 0 0 0 0 0

| 票据种类 | 转账支票 |
| 票据张数 | 1 |
| 单位主管　　会计　　复核　　记账 |

收款人开户银行盖章

第一联　此联是银行交给收款人的回单
第二联　此联是由收款人开户银行作贷方凭证
第三联　此联是银行交给收款人的收账通知

因此，这笔经济业务应编制如下会计分录：
　　借：银行存款　　　　　　　　　　　　　　　　　　　819 000
　　　　贷：主营业务收入　　　　　　　　　　　　　　　　700 000
　　　　　　应交税费——应交增值税(销项税额)　　　　　119 000

根据上述分析，财会人员应根据"增值税专用发票"第四联、"转账支票"存根和"中国工商银行进账单"第三联填制收款凭证，如表 5-56 所示。

表 5-56　　　　　　　　　　　收款凭证
借方科目：银行存款　　　　　2011 年 12 月 3 日　　　　　　　银收字第 1 号

摘　要	贷方科目		金　额	记账符号
	总账科目	明细科目	亿千百十万千百十元角分	
出售产品收回货款	主营业务收入		7 0 0 0 0 0 0 0	√
	应交税费	应交增值税	1 1 9 0 0 0 0 0	√
附单据 3 张	合　计		￥ 8 1 9 0 0 0 0 0	

会计主管：王丹　　记账：田丽　　出纳：李欣　　审核：曹红　　制单：阎慧

【例 5-22】　12 月 15 日，企业收到银行送来的收账通知，和平发电厂本月拖欠货款 586 450 元已经入账。"托收承付凭证"见表 5-57。

104

表 5—57

托收承付凭证（收账通知）

委托日期 2011 年 12 月 2 日　　　　　　　　　　第 17 号

托收号码：287

收款人	全　称	东方电子有限公司	付款人	全　称	和平发电厂
	账　号	522078877—77		账号或地址	1251251
	开户银行	工行长江路办事处		开户银行	中国银行××支行

委托收款金额	人民币（大写）伍拾捌万陆仟肆佰伍拾元整	亿 千 百 十 万 千 百 十 元 角 分
		￥　　　　5 8 6 4 5 0 0 0

附寄单证张数	3	商品发运情况	铁　路	合同名称号码	HB-005

备注：	款项收妥日期　　2011 年 12 月 15 日	收款人开户银行盖章　　2011 年 12 月 2 日

此联是银行给收款人的入账通知

根据上述原始凭证进行分析，该笔经济业务发生后，引起资产要素内部有关项目发生此增彼减的变化。一方面，企业资产要素中的银行存款项目增加 586 450 元，应借记"银行存款"账户；另一方面，原托收的销售给红星工厂的货款已经收回，使资产要素中的应收账款项目减少 586 450 元，应贷记"应收账款"账户。因此，该笔经济业务应编制会计分录如下：

　　借：银行存款　　　　　　　　　　　　　　　　　　　　586 450
　　　　贷：应收账款——丰满发电厂　　　　　　　　　　　586 450

根据上述分析结果，财务人员应根据"收账通知"，填制一张银行存款收款凭证，如表 5—58 所示。

表 5—58

收款凭证

借方科目：银行存款　　　　2011 年 12 月 15 日　　　　银收字第 3 号

摘　要	贷方科目		金　额	记账符号
	总账科目	明细科目	亿 千 百 十 万 千 百 十 元 角 分	
收回时光发电厂的货款	应收账款	和平发电厂	5 8 6 4 5 0 0 0	√
附单据1张	合　计		￥　　　　5 8 6 4 5 0 0 0	

会计主管：王丹　　记账：田丽　　出纳：李欣　　审核：曹红　　制单：闫慧

【例5—23】 12月22日,开出转账支票一张,支付电视台广告费2 000元,取得的"收据"如表5—59所示,"转账支票存根"如表5—60所示。

表5—59　　　　　　　　　长江市广告业专用发票　　(07)

广告三字

客户名称：东方电子有限公司　　　2011年12月22日　　　　No.0065421

项目	单位	数量	单价	金额 万 千 百 十 元 角 分
产品广告	次	20	100.00	2 0 0 0 0 0
合计金额（大写）：⊗万贰仟零佰零拾零元零角零分				¥ 2 0 0 0 0 0

单位盖章　　　　　收款人：王一　　　　　开票人：李敏

表5—60

中国工商银行转账支票存根

支票号码　　2834545
科　　目　　银行存款
对方科目　　销售费用
签发日期　　2011年12月22日

收款人	李达
金　额	2 000.00
用　途	广告费
备　注	王一

单位主管　　　会计　　田萌
复核　　　　　记账

根据上述原始凭证分析,该项经济业务发生后,企业费用要素和资产要素发生变化。一方面,企业费用要素中的销售费用增加了2 000元,应借记"销售费用"账户;另一方面,企业资产要素中的银行存款项目减少了2 000元,应贷记"银行存款"账户。因此,该笔经济业务应编制如下会计分录：

借：销售费用　　　　　　　　　　　　　　　　　　　　　　　2 000
　　贷：银行存款　　　　　　　　　　　　　　　　　　　　　　　2 000

根据上述分析结果,财会人员应根据"广告业专用发票"和"转账支票存根"填制银行付款凭证,如表5—61所示。

表 5-61

付 款 凭 证

2011 年 12 月 22 日   银付字第 7 号

贷方科目：银行存款

摘 要	借方科目		金 额	记账符号
	总账科目	明细科目	亿千百十万千百十元角分	
支付广告费	销售费用	广告费	2 0 0 0 0 0	√
附单据1张	合 计		¥ 2 0 0 0 0 0	

会计主管：王丹　　记账：田丽　　出纳：李欣　　审核：曹红　　制单：张兵

【例 5-24】 12 月 31 日，计算应交城市维护建设税和教育费附加。

财会人员根据"应交税费"账户中"应交增值税"、"应交营业税"和"应交消费税"三个明细账户记录的本期实际缴纳的上述三项税金的合计数，按税收有关规定，计算应交城市维护建设税和教育费附加。其中，城市维护建设税的税率为 7%，教育费附加的征收率为 3%。其计算公式为：

应交城市维护建设税＝(应交增值税＋应交营业税＋应交消费税)×7%

应交教育费附加＝(应交增值税＋应交营业税＋应交消费税)×3%

根据上述计算过程填制"城市维护建设税和教育费附加计算表"，如表 5-62 所示。

表 5-62　　　　　**城市维护建设税和教育费附加计算表**

2011 年 12 月 31 日

项 目	城市维护建设税			教育费附加		
	计税额	提取比例	提取额	计税额	提取比例	提取额
增值税	136 680.00	7%	9 567.60	136 680.00	3%	4 100.40
营业税	—	7%	—	—	3%	—
消费税	—	7%	—	—	3%	—
合 计	136 680.00		9 567.60	136 680.00		4 100.40

制表：王萍

根据上述原始凭证进行分析，该笔经济业务发生后，引起企业费用要素和负债要素发生变化。一方面，企业费用要素中的营业税金及附加项目增加了 13 668.00 元，应借记"营业税金及附加"账户；另一方面，企业负债要素中的应交税费项目中的城市维护建设税和教育费附加分别增加了 9 567.60 元和 4 100.40 元，应贷记"应交税费——城市维护建设税"、"应交税费——教育费附加"账户。因此，该笔经济业务应作如下会计分录：

借:营业税金及附加　　　　　　　　　　　　　　13 668.00
　　贷:应交税费——城市维护建设税　　　　　　　　　9 567.60
　　　　　　　　——教育费附加　　　　　　　　　　　4 100.40

根据上述分析,财会人员应根据"城市维护建设税和教育费附加计算表"填制一张转账凭证,如表5-63所示。

表5-63

转 账 凭 证

2011年12月31日　　　　　　　　　　　　　　　　　　　　转字第13号

摘 要	会计科目		借方金额											贷方金额											记账符号
	总账科目	明细科目	亿	千	百	十	万	千	百	十	元	角	分	亿	千	百	十	万	千	百	十	元	角	分	
计提城市建设维护税和教育费附加	营业税金及附加					1	3	6	6	8	0	0													√
	应交税费	应交城市维护建设税																	9	5	6	7	6	0	√
	应交税费	应交教育费附加																	4	1	0	0	4	0	√
附单据1张	合 计 || ¥			1	3	6	6	8	0	0		¥			1	3	6	6	8	0	0		

会计主管:王丹　　记账:田丽　　出纳:李欣　　审核:曹红　　制单:闫慧

【例5-25】 12月31日,结转本月销售产品的销售成本。根据"库存商品明细账"的记录和有关"产品出库单"编制"主营业务成本计算单",如表5-64、表5-65和表5-66所示。(注明:HB车床单位成本由7 546.54元改为7 546.89元。)

表5-64

产品出库单

用途:销售　　　　　　　　2011年12月2日　　　　凭证编号:11002
　　　　　　　　　　　　　　　　　　　　　　　　　产成品库:二号库

类别	编号	名称及规模	计量单位	数量	单位成本	总成本	附加:
	25002	HB型车床	台	50	7 546.89	377 344.50	
		合 计		50	7 546.89	377 344.50	

记账:齐力　　保管:于洋　　检验:刘明　　制单:王锐

第二联 财务存

表5-65　　　　　　　　　　　产品出库单　　　　　　　　凭证编号：11003
用途：销售　　　　　　　　　2011年12月2日　　　　　　　产成品库：一号库

类别	编号	名称及规模	计量单位	数量	单位成本	总成本	附加：
	25001	DE-10型车床	台	50	8 613.68	43 068.00	
		合计		50	8 613.68	43 068.00	

记账：齐力　　　保管：于洋　　　检验：刘明　　　制单：王锐

表5-66　　　　　　　　　　　主营业务成本计算单
　　　　　　　　　　　　　　　2011年12月31日

产品名称	期初结存			期完工入库			本期销售		
	数量	单位成本	总成本	数量	单位成本	总成本	数量	单位成本	总成本
HB型车床	80	7 546.89	603 751.20	175	7 546.89	1 320 705.75	50	7 546.89	377 344.50
DE-10型车床	60	8 613.68	516 820.80	140	8 613.68	1 205 915.20	50	8 613.68	430 684.00

制表：高红　　　财务主管：张明

该笔经济业务应作如下会计分录：
　　借：主营业务成本——HB车床　　　　　　　　　　　　377 344.50
　　　　　　　　　　　——DE-10车床　　　　　　　　　　430 684.00
　　　贷：库存商品——HB车床　　　　　　　　　　　　　377 344.50
　　　　　　　　　　——DE-10车床　　　　　　　　　　　430 684.00

按照上述分析，财会人员应根据"产品出库单"和"主营业务成本计算单"填制一张转账凭证，如表5-67所示。

表5-67　　　　　　　　　　　转 账 凭 证
　　　　　　　　　　　　　　2011年12月31日　　　　　　　　　　　　转字第14号

摘要	会计科目		借方金额										贷方金额										记账符号
	总账科目	明细科目	亿	千	百	十	万	千	百	十	元	角	分	亿	千	百	十	万	千	百	十	元	角	分	
结转产品销售成本	主营业务成本	HB车床				3	7	7	3	4	4	5	0											√
	主营业务成本	DE-10车床				4	3	0	6	8	4	0	0											√
	库存商品	HB车床														3	7	7	3	4	4	5	0	√
	库存商品	DE-10车床														4	3	0	6	8	4	0	0	√
			￥	8	0	8	0	2	8	5	0	￥	8	0	8	0	2	8	5	0	

会计主管：王丹　　　记账：田丽　　　出纳：李欣　　　审核：曹红　　　制单：闫慧

思考题：根据以后学习的内容，若HB车床依然按照单位成本7 546.54元来进行计算，则例5-33至例5-38怎样计算？只因为一个车床的单位成本发生了变化，对之后的会计业务是否会产生很大的影响？是否会影响整个公司的业务计算？利润表是否会发生变化？

【例5－26】 12月6日，出售不需用的甲材料100千克，开出增值税专用发票一张，售价10 000元，增值税1 700元，税款存入银行，该批材料的成本为9 000元。原始凭证如表5－68、表5－69和表5－70所示。

表5－68　　　　　　　　　　　增值税专用发票

开票日期：2011年12月6日　　　　　发票联　　　　　　　　　　No.0047821

购货单位	名称	远达有限责任公司	纳税人登记号	321043689001745
	地址、电话	长江市 436821	开户银行及账号	工行铁北办事处 234001－83

商品或劳务名称	计算单位	数量	单价	金额 百十万千百十元角分	税率%	税额 百十万千百十元角分
材料	千克	100	100	1 0 0 0 0 0 0	17	1 7 0 0 0 0
合计				¥ 1 0 0 0 0 0 0	17	¥ 1 7 0 0 0 0

价税合计(大写)：⊗佰⊗拾壹万壹仟柒佰零拾零元零角零分　　¥：11 700.00

销货单位	名称	东方电子有限公司	纳税人登记号	230102100120054
	地址、电话	东方市	开户银行及账号	工行长江路办事处 522078877－77

收款人：黄利　　　开票单位：(未盖章无效)

表5－69　　　　　　　　　中国工商银行进账单(收账通知)

2011年12月10日　　　　　　　　　　　第　号

收款人	全称	东方电子有限公司	付款人	全称	远达有限责任公司
	账号	522078877－77		账号	234001－83
	开户银行	工行长江路办事处		开户银行	工行铁北办事处

人民币(大写)	壹万壹仟柒佰元整	千百十万千百十元角分 ¥ 1 1 7 0 0 0 0

票据种类：
票据张数：
单位主管　　会计　　复核　　记账　　　　　收款人开户银行盖章

表5－70　　　　　　　　　材料出库单　　　　　　　　凭证编号：11004

用途：销售　　　　　　　　2011年12月10日　　　　　库存商品库：三号库

类别	编号	名称及规格	计量单位	数量	单价	金额	附加：
		甲材料	千克	100	90	9 000.00	
		合计		100	90	9 000.00	

记账：齐力　　保管：于洋　　检验：刘明　　制单：王锐

根据上述原始凭证进行分析,该笔经济业务发生后,一方面,引起了企业资产、收入和负债要素发生变化:资产要素中的银行存款增加了 11 700 元,应借记"银行存款"账户;企业收入要素中的其他业务收入增加了 10 000 元,负债要素中的"应交税费——应交增值税(销项税额)"项目增加了 1 700 元,应贷记"应交税费——应交增值税(销项税额)"账户。另一方面,引起了企业资产、费用要素发生变化:企业费用要素中的其他业务支出增加了 9 000 元,应借记"其他业务成本"账户;资产要素中的原材料减少了 9 000 元,应贷记"原材料"账户。因此,该经济业务应作如下会计分录:

借:银行存款　　　　　　　　　　　　　　　　　　　　　11 700
　　贷:其他业务收入　　　　　　　　　　　　　　　　　　　10 000
　　　　应交税费——应交增值税(销项税额)　　　　　　　　 1 700
同时,
借:其他业务成本　　　　　　　　　　　　　　　　　　　　 9 000
　　贷:原材料　　　　　　　　　　　　　　　　　　　　　　 9 000

根据上述分析结果,财会人员应根据上述原始凭证编制收款凭证和转账凭证,如表 5-71 和表 5-72 所示。

表 5-71　　　　　　　　　　　　收　款　凭　证
借方科目:银行存款　　　　　　 2011 年 12 月 10 日　　　　　　　银收字第 2 号

摘　要	贷方科目		金　额	记账符号
	总账科目	明细科目	亿 千 百 十 万 千 百 十 元 角 分	
销售原材料	其他业务收入	红星电机厂	1 0 0 0 0 0 0	√
	应交税费	应交增值税	1 7 0 0 0 0	√
附单据 2 张	合　计		￥ 1 1 7 0 0 0 0	

会计主管:王丹　　记账:田丽　　出纳:李欣　　审核:曹红　　制单:闫慧

表 5-72

转账凭证

2011年12月10日　　　　　　　　　　　　　　　转字第 5 号

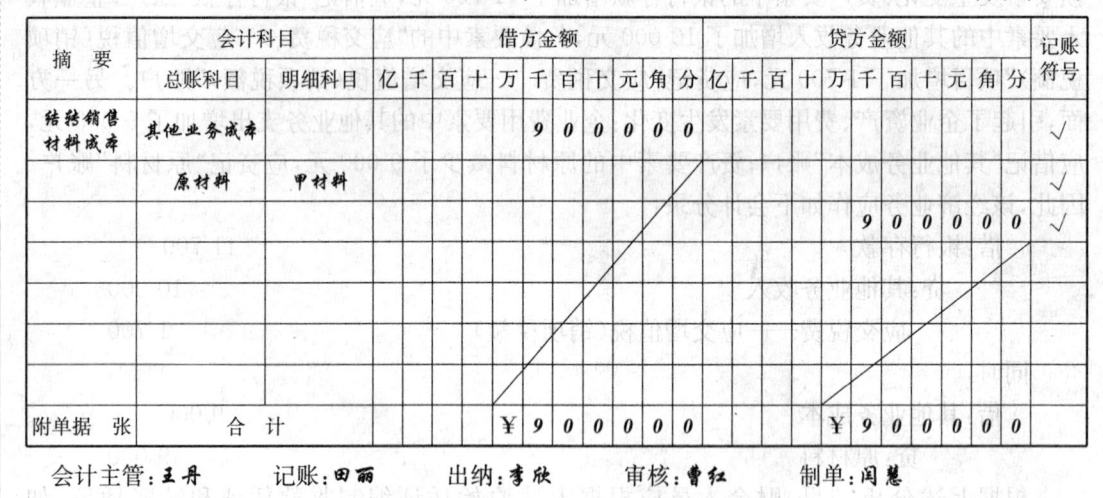

摘要	会计科目 总账科目	明细科目	借方金额 亿千百十万千百十元角分	贷方金额 亿千百十万千百十元角分	记账符号
结转销售材料成本	其他业务成本		9 0 0 0 0 0		√
	原材料	甲材料		9 0 0 0 0 0	√
附单据 张	合　计		￥9 0 0 0 0 0	￥9 0 0 0 0 0	

会计主管：王丹　　记账：田丽　　出纳：李欣　　审核：曹红　　制单：闫慧

情景六　财务成果业务的核算

一、财务成果业务核算的内容

企业的财务成果是指企业的净利润（或净亏损），是衡量企业经营管理的主要综合性指标。进行财务成果核算的一个重要任务就是正确计算企业在一定会计期间内的盈亏，而正确计算盈亏的关键在于正确计算每一个会计期间的盈亏。企业的收入从广义上讲，不仅包括营业收入，还包括营业外收入、投资收益和计入当期损益的公允价值变动净收益；企业的费用从广义上讲，不仅包括为取得营业收入而发生的各种耗费，还包括营业外支出、所得税费用和资产减值损失。因此，企业在一定会计期间的净利润（或净亏损）是由以下几个部分构成的，其关系式为：

净利润＝利润总额－所得税费用

利润总额＝营业利润＋营业外收入－营业外支出

营业利润＝营业收入－营业成本－营业税金及附加－销售费用－管理费用－

　　　　－财务费用－资产减值损失＋公允价值变动收益＋投资收益

其中，

营业收入＝主营业务收入＋其他业务收入

营业成本＝主营业务成本＋其他业务成本

企业实现的净利润，要按照国家有关规定进行分配，提取盈余公积金、向投资者分配利润、弥补亏损等。

因此，确定企业实现的净利润和对净利润进行分配，构成了企业财务成果业务核算的主要内容。

二、财务成果核算的账户设置

(一)"本年利润"账户

"本年利润"账户,用来核算企业实现的净利润(或发生的净亏损)。该账户是所有者权益类账户,贷方登记期末从"主营业务收入"、"其他业务收入"、"营业外收入"以及"投资收益"(投资净收益)等账户转入的数额,借方登记期末从"主营业务成本"、"营业税金及附加"、"其他业务成本"、"销售费用"、"管理费用"、"财务费用"、"营业外支出"、"所得税费用"以及"投资收益"(投资净损失)等账户转入的数额。年度终了,应将本年收入和支出相抵后结出本年实现的净利润,转入"利润分配"账户,贷记"利润分配——未分配利润";如为净亏损,作相反的会计分录;结转后,该账户应无余额。

(二)"投资收益"账户

"投资收益"账户,用来核算企业对外投资取得的收益或发生的损失。该账户是损益类账户,贷方登记取得的投资收益或期末投资净损失的转出数;借方登记发生的投资损失和期末投资净收益的转出数;无论发生的是投资收益还是投资损失,都要结转到"本年利润"账户,期末结转后,该账户应无余额。该账户应按照投资收益的种类设置明细账,进行明细分类核算。

(三)"营业外收入"账户

"营业外收入"账户,用来核算企业发生的与企业生产经营无直接关系的各项收入,主要包括非流动资产处置收入、非货币性资产交换收入、债务重组收入、政府补助、盘盈收入、捐赠收入等。该账户是损益类账户,贷方登记企业发生的各项非营业收入;借方登记期末转入"本年利润"账户的营业外收入数;期末结转后,该账户应无余额。该账户应按照收入项目设置明细账,进行明细分类核算。

(四)"营业外支出"账户

"营业外支出"账户,用来核算企业发生的与企业生产经营无直接关系的各项支出,包括非流动资产处置损失、非货币性资产交换损失、债务重组损失、公益性捐赠支出、非常损失、盘亏损失等。该账户是损益类账户,借方登记企业发生的各项支出数,贷方登记期末转入"本年利润"账户的营业外支出,期末结转后该账户应无余额。该账户应按照支出项目设置明细账,进行明细分类核算。

(五)"所得税费用"账户

"所得税费用"账户,用来核算企业确认的应从当期利润总额中扣除的所得税费用。该账户是损益类账户,借方登记企业按税法规定的应纳税所得额计算的应纳所得税额,贷方登记企业会计期末转入"本年利润"账户的所得税额,结转后该账户应无余额。该账户可按"当期所得税费用"、"递延所得税费用"设置明细账,进行明细核算。

(六)"利润分配"账户

"利润分配"账户,用来核算企业利润的分配(或亏损的弥补)和历年分配(或弥补)后的积存余额。该账户是所有者权益类,借方登记按规定实际分配的利润数,或年终时从"本年利润"账户的贷方转来的全年亏损总额;贷方登记年终时从"本年利润"账户借方转来的全年实现的净利润总额;年终贷方余额表示历年积存的未分配利润,如为借方余额,则表示历年积存的未弥补亏损。该账户应当分别"提取法定盈余公积"、"提取任意盈余公积"、"应付现金股利或利润"、"转作股本的股利"、"盈余公积补亏"和"未分配利润"等设置明细账,进行明细核算。

(七)"应付股利"账户

"应付股利"账户,用来核算企业根据股东大会或类似机构审议确定分配的现金股利或利润。该账户是负债类账户,贷方登记根据通过的股利或利润分配方案应支付的现金股利或利润;借方登记实际支付数。期末贷方余额反映企业应付未付的现金股利或利润。该账户应按投资者设置明细账,进行明细分类核算。

(八)"盈余公积"账户

"盈余公积"账户,用来核算企业从净利润中提取的盈余公积金。该账户是所有者权益类,贷方登记从净利润中提取的盈余公积金和公益金;借方登记盈余公积金和公益金的使用,如转增资本、弥补亏损等;期末贷方余额表示企业结余的盈余公积金。该账户应当分别"法定盈余公积"、"任意盈余公积"设置明细账,进行明细分类核算。

三、财务成果业务的总分类核算

【例5-27】 12月6日,采购员张伟报销差旅费,原借款4 000元,余额退回现金。

财会人员根据审核无误的"差旅费报销单"(见表5-73)和原"借款单"填制现金收款"收据"一式三联,如表5-74所示。

表5-73　　　　　　　　　差旅费报销单

单位:供应科　　　　　　　　　　　　　　　　　　　　2011年12月6日填

月	日	出发地	月	日	到达地	车船机票费	夜行车补助		市内交通费		宿费			出差补助金额	其他	合计
							小时	金额	实支	包干	标准	实支	提扣			
11	20	长江	11	20	广州	1 300			30			900		270	50	2 550
12	4	广州	12	4	长江	1 300										1 300
																1 300
		合计				2 600			30			900		270	50	3 850

附件10张

出差任务	采购	报销金额(大写)		人民币:叁仟捌佰伍拾元整	预借金额	4 000.00
		单位领导意见	刘军	部门负责人 马国良 　出差人 张伟	返回金额	150.00
					应补金额	

114

表 5—74　　　　　　　　　统一收据
2011 年 12 月 6 日　　　　　　　　　　　　　No.0005858

今收到	李娜偿还借支差旅费		
人民币(大写)壹佰伍拾元整	￥150.00		
事由： 收回职工借支差旅费款		现金	
		支票第　号	
收款单位	财务科	财务主管　张明	收款人　王晓萍

根据上述原始凭证进行分析，该笔经济业务发生后，引起费用要素和资产要素之间以及资产要素内部发生变动。一方面，企业费用要素中的管理费用增加了 3 850 元，应借记"管理费用"账户，同时收回现金 150 元，资产要素中的现金项目增加了 150 元，应借记"库存现金"账户；另一方面，原采购员张伟借支的差旅费 4 000 元应予以核销，从而使资产要素中的其他应收款项目减少 4 000 元，应贷记"其他应收款"账户。因此，该笔经济业务应编制如下会计分录：

　　借：管理费用　　　　　　　　　　　　　　　　3 850
　　　　库存现金　　　　　　　　　　　　　　　　　150
　　　　贷：其他应收款——李建　　　　　　　　　　　　　4 000

根据上述分析结果，财会人员应根据"差旅费报销单"填制一张转账凭证，如表 5—75 所示；同时应根据"收据"第二联填制一张现金收款凭证，如表 5—76 所示。

表 5—75　　　　　　　　　转 账 凭 证
2011 年 12 月 8 日　　　　　　　　　　　　　转字第 3 号

摘要	会计科目		借方金额	贷方金额	记账符号
	总账科目	明细科目	亿千百十万千百十元角分	亿千百十万千百十元角分	
报销差旅费	管理费用	差旅费	3 8 5 0 0 0		√
	其他应收款	李建		3 8 5 0 0 0	√
附单据2张	合　计		￥　　　3 8 5 0 0 0	￥　　　3 8 5 0 0 0	

会计主管：王丹　　记账：田丽　　出纳：李欣　　审核：曹红　　制单：闫慧

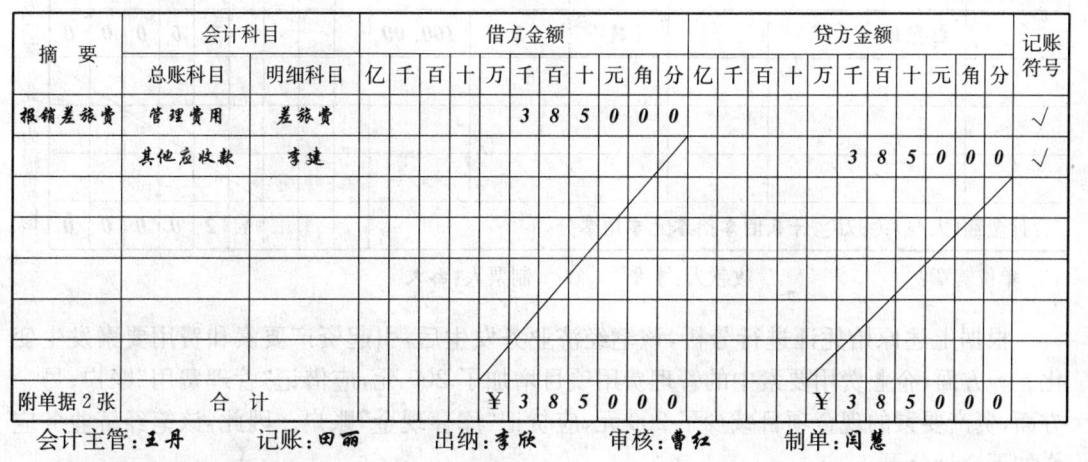

表5—76

收款凭证

借方科目：库存现金　　　2011年12月8日　　　现收字第1号

摘要	贷方科目		金额	记账符号
	总账科目	明细科目	亿千百十万千百十元角分	
李娜退余款	其他应收款	李娜	1 5 0 0 0	√
附单据1张	合计		￥　　　1 5 0 0 0	

会计主管：王丹　　记账：田丽　　出纳：李欣　　审核：曹红　　制单：闫慧

【例5—28】 12月8日，财务科购买打印纸2箱，价款总计200元，以现金支付，取得"工商企业统一发票"，如表5—77所示。

表5—77　　　　　　　　**工商企业统一发票**

(11)No.0973562

购货单位：东方电子实业有限公司　　　2011年12月8日　　　商零六字

货号	名称	规格	等级	单位	数量	单价	金额
							百十万千百十元角分
	打印纸			箱	2	100.00	2 0 0 0 0
合计金额（大写）：⊗万⊗仟贰佰零拾零元零角零分							￥　2 0 0 0 0

第二联：发票联　此联为报销凭据

单位盖章：　　　　收款人：李平　　　　制票人：孙久

根据上述原始凭证进行分析，该笔经济业务发生后，引起资产要素和费用要素发生变化。一方面，企业费用要素中的管理费用项目增加了200元，应借记"管理费用"账户；另一方面，资产要素的现金项目减少了200元，应贷记"库存现金"账户。因此，该笔经济业务应作如下会计分录：

　　借：管理费用　　　　　　　　　　　　　　　　　　　　　200
　　　　贷：库存现金　　　　　　　　　　　　　　　　　　　　　　200

根据上述分析,财会人员应根据"工商企业统一发票"填列现金付款凭证,如表5-78所示。

表5-78　　　　　　　　　　　付款凭证
贷方科目:库存现金　　　　　2011年12月8日　　　　　现付字第3号

摘　要	借方科目		金　额	记账符号
	总账科目	明细科目	亿 千 百 十 万 千 百 十 元 角 分	
购买办公用品	管理费用		2 0 0 0 0	√
附单据1张	合　计		¥　　　　　　2 0 0 0 0	

会计主管:王丹　　记账:田丽　　出纳:李欣　　审核:曹红　　制单:张兵

【例5-29】 12月22日,收到现金1 000元,该款是对职工的罚款。填制"现金收据"一张,如表5-79所示。

表5-79　　　　　　　　　　　现金收据
　　　　　　　　　　　　　　2011年12月22日

今收到	后勤王红	备注:
人民币	壹仟元整　¥1 000.00	
该款系	对职工王红的罚款	
单位盖章:东方电子有限公司		
	经手人:刘兰	

根据上述原始凭证进行分析,该笔经济业务发生后,引起了企业资产要素和收入要素发生变化。一方面,资产要素中的现金项目增加了1 000元,应借记"库存现金"账户;另一方面,收入要素中的营业外收入项目也增加了1 000元,应贷记"营业外收入"账户。因此,该经济业务应作如下会计分录:

　　借:库存现金　　　　　　　　　　　　　　　　　　　　　1 000.00
　　　　贷:营业外收入　　　　　　　　　　　　　　　　　　　　1 000.00

根据上述分析,财会人员应根据"现金收据"编制收款凭证,如表5-80所示。

表 5-80

收 款 凭 证

借方科目：库存现金　　　2011 年 12 月 22 日　　　现收字第 1 号

摘　要	贷方科目		金　额	记账符号
	总账科目	明细科目	亿 千 百 十 万 千 百 十 元 角 分	
收到职工罚款	营业外收入		1 0 0 0 0 0	√
附单据 1 张	合　计		￥　　　　　1 0 0 0 0 0	

会计主管：王丹　　记账：田丽　　出纳：李欣　　审核：曹红　　制单：闫慧

【例 5-30】 12 月 27 日，开出转账支票一张，捐赠给市养老院 120 000 元。收到收款"收据"一张，如表 5-81 所示。

表 5-81

收 据

2011 年 12 月 26 日　　　　　　　　　　　　　　No 10016756

人民币（大写）　壹拾贰万元整	￥120 000.00	第三联 收据
上款为捐赠款		
收讫		
台照	收款单位：哈尔滨市养老院	

根据上述原始凭证进行分析，该笔经济业务发生后，引起了企业费用要素和资产要素发生变化。一方面，费用要素中的营业外支出项目增加了 120 000 元，应借记"营业外支出"账户；另一方面，资产要素中的银行存款项目减少了 120 000 元，应贷记"银行存款"账户。因此，该经济业务应作如下会计分录：

　　借：营业外支出　　　　　　　　　　　　　　　　　120 000.00
　　　　贷：银行存款　　　　　　　　　　　　　　　　　　120 000.00

根据上述分析，财会人员应根据"收据"编制付款凭证，如表 5-82 所示。

表 5-82   **付款凭证**
贷方科目：银行存款   2011 年 12 月 26 日   银付字第 8 号

摘 要	借方科目		金 额	记账符号
	总账科目	明细科目	亿千百十万千百十元角分	
支付捐赠款	营业外支出		1 2 0 0 0 0 0 0	√
附单据1张	合　计		¥ 1 2 0 0 0 0 0 0	

会计主管：王丹   记账：田丽   出纳：李欣   审核：曹红   制单：张兵

【例 5-31】 12 月 30 日，根据投资协议，从联营单位分来投资利润已入账。收款"收据"、银行"进账单"如表 5-83、表 5-84 所示。

表 5-83   **收款收据**

收　据
2011 年 12 月 30 日
根据我公司与利达机床厂的联营合同规定，分得税后利润伍万元整，¥50 000 元。
　　　　　　　　　　　　　　　　　　　财会科长：孟广华

表 5-84   **中国工商银行进账单**（收账通知）
　　　　　　　　　　　　　　　2011 年 12 月 30 日   第 0111 号

付款人	全　称	利达机床厂	收款人	全　称	东方有限公司
	账　号	32020056688		账号	522078877-77
	开户银行	农业银行河海支行		开户银行	长江路办事处

人民币（大写）	⊗佰⊗拾伍万零仟零佰零拾零元零角零分	千百十万千百十元角分 ¥ 5 0 0 0 0 0 0
票据种类	转账	
票据张数	1	收款人开户银行盖章

单位主管　　　会计　　　复核　　　记账

此联是收款人开户行交给收款人的收账通知

根据上述原始凭证进行分析，该笔经济业务发生后，引起资产要素和收入要素发生变化。一方面，资产要素中的银行存款增加了 50 000 元，应借记"银行存款"账户；另一方面，收入要素中的投资收益也增加了 50 000 元，应贷记"投资收益"账户。因此，该经济业务应作如下会计分录：

借:银行存款　　　　　　　　　　　　　　　　　　50 000
　　贷:投资收益　　　　　　　　　　　　　　　　　　　50 000

根据上述分析,财会人员应根据"收据"和"进账单"编制收款凭证,如表5-85所示。

表5-85

收款凭证

借方科目:银行存款　　　　2011年12月30日　　　　银收字第3号

摘要	贷方科目		金额	记账符号
	总账科目	明细科目	亿千百十万千百十元角分	
投资利润已入账	投资收益		5 0 0 0 0 0 0	√
附单据1张	合　计		¥ 5 0 0 0 0 0 0	

会计主管:王丹　　记账:田丽　　出纳:李欣　　审核:曹红　　制单:闫慧

【例5-32】 12月31日,将本月实现的主营业务收入、其他业务收入、营业外收入和投资收益转入"本年利润"账户。该公司根据各账簿的有关资料编制公司内部转账单,如表5-86所示。

表5-86

星光电子实业有限公司内部转账单

2011年12月31日　　　　　　　　　　　　　　　　转1号

摘　要	金　额
主营业务收入转入"本年利润"	1 200 000.00
其他业务收入转入"本年利润"	10 000.00
营业外收入转入"本年利润"	1 000.00
投资收益转入"本年利润"	50 000.00
合　计	1 261 000.00

制表:王晓萍

根据上述原始凭证进行分析,该笔经济业务发生后,引起了企业收入要素和所有者权益要素发生变化。一方面,收入要素中的主营业务收入、其他业务收入、营业外收入和投资收益项目减少了1 261 000元,应借记"主营业务收入"、"其他业务收入"、"营业外收入"和"投资收益"账户;另一方面,所有者权益要素中的本年利润项目增加了1 261 000元,应贷记"本年利润"账户。因此,该经济业务应作如下会计分录:

借:主营业务收入　　　　　　　　　　　　　　　1 200 000.00
　　其他业务收入　　　　　　　　　　　　　　　　　10 000.00

营业外收入　　　　　　　　　　　　　　　　1 000.00
　　投资收益　　　　　　　　　　　　　　　　 50 000.00
　　　贷:本年利润　　　　　　　　　　　　 1 261 000.00

根据上述分析,财会人员应根据"内部转账单"编制转账凭证,如表5—87所示。

表5—87

转 账 凭 证

2011年12月31日　　　　　　　　　　　　　　　转字第15号

摘要	会计科目		借方金额	贷方金额	记账符号
	总账科目	明细科目	亿 千 百 十 万 千 百 十 元 角 分	亿 千 百 十 万 千 百 十 元 角 分	
结转收入	主营业务收入		1 2 0 0 0 0 0 0		√
	其他业务收入		1 0 0 0 0 0		√
	营业外收入		1 0 0 0 0 0		√
	投资收益		5 0 0 0 0 0 0		√
	本年利润			1 2 6 1 0 0 0 0 0	√
附单据1张	合　计		¥ 1 2 6 1 0 0 0 0 0	¥ 1 2 6 1 0 0 0 0 0	

会计主管:王丹　　记账:田丽　　出纳:李欣　　审核:曹红　　制单:闫慧

【例5—33】 12月31日,月末将主营业务成本、营业税金及附加、其他业务成本和营业外支出、管理费用、财务费用、销售费用转入"本年利润"账户。该公司根据各账簿的有关资料编制公司内部转账单,如表5—88所示。

表5—88

东方电子有限公司内部转账单

2007年12月31日　　　　　　　　　　　　　　　转2号

摘　要	金　额
主营业务支出转入"本年利润"账户	808 028.50
营业税金及附加转入"本年利润"账户	13 668.00
其他业务成本转入"本年利润"账户	9 000.00
营业外支出转入"本年利润"账户	120 000.00
管理费用转入"本年利润"账户	113 646.98
财务费用转入"本年利润"账户	6 000.00
销售费用转入"本年利润"账户	2 000.00
合　计	1 072 343.48

制表:王晓萍

根据上述原始凭证进行分析,该笔经济业务发生后,引起了企业费用要素和所有者权益要素发生变化。一方面,所有者权益要素中的"本年利润"项目减少了1 072 343.48元,应借记"本年利润"账户;另一方面,费用要素中的主营业务成本减少了808 028.50元,营业税金及附加减少了13 668.00元,其他业务成本减少了9 000.00元,营业外支出减少了120 000.00元,管理费用减少了113 646.98元,财务费用减少了6 000.00元,销售费用减少了2 000.00元,应分别贷记"主营业务成本"、"营业税金及附加"、"其他业务成本"、"营业外支出"、"管理费用"、"财务费用"、"销售费用"账户。因此,该经济业务应作如下会计分录:

　　借:本年利润　　　　　　　　　　　　　　1 072 343.48
　　　贷:主营业务成本　　　　　　　　　　　　808 028.50
　　　　　营业税金及附加　　　　　　　　　　　13 668.00
　　　　　其他业务成本　　　　　　　　　　　　9 000.00
　　　　　营业外支出　　　　　　　　　　　　120 000.00
　　　　　管理费用　　　　　　　　　　　　　113 646.98
　　　　　财务费用　　　　　　　　　　　　　　6 000.00
　　　　　销售费用　　　　　　　　　　　　　　2 000.00

根据上述分析,财会人员应根据"内部转账单"编制转账凭证,如表5-89所示。

表5-89　　　　　　　　　　转账凭证
2011年12月31日　　　　　　　　　　　　　　　　转字第16号

摘要	会计科目		借方金额	贷方金额	记账符号
	总账科目	明细科目	亿千百十万千百十元角分	亿千百十万千百十元角分	
结转成本、费用、税金	本年利润		1 0 7 2 3 4 3 4 8		√
	主营业务成本			8 0 8 0 2 8 5 0	√
	营业税金及附加			1 3 6 6 8 0 0	√
	其他业务成本			9 0 0 0 0 0	√
	营业外支出			1 2 0 0 0 0 0 0	√
	管理费用			1 1 3 6 4 6 9 8	√
	财务费用			6 0 0 0 0 0	√
	销售费用			2 0 0 0 0 0	√
附单据1张	合计		￥1 0 7 2 3 4 3 4 8	￥1 0 7 2 3 4 3 4 8	

会计主管:王丹　　记账:田丽　　出纳:李欣　　审核:曹红　　制单:闫慧

【例5-34】 12月31日,按本月实现利润的25%计算本月应交所得税。

财会人员根据"本年利润"账户实现的利润总额,按税收有关规定,计算本期应交所得税。计算公式为:

　　企业所得税=应纳税所得额×适用税率
　　　　　　=188 656.52×25%=47 164.13(元)

该公司根据各账簿的有关资料编制"所得税计算表",如表5-90所示。

表5-90
所得税计算表
2011年12月31日

应纳税所得额	所得税税率	应交所得税
188 656.52	25%	47 164.13

制表：张一

根据上述原始凭证进行分析,该笔经济业务发生后,引起了企业费用要素和负债要素发生变化。一方面,费用要素中的所得税费用项目增加了47 164.13元,应借记"所得税费用"账户;另一方面,负债要素中的"应交税费——应交所得税"项目也增加了47 164.13元,应贷记"应交税费——应交所得税"账户。因此,该经济业务应作如下会计分录：

借：所得税费用　　　　　　　　　　　　　　　　　47 164.13
　　贷：应交税费——应交所得税　　　　　　　　　　　47 164.13

根据上述分析,财会人员应根据"所得税计算表"编制转账凭证,如表5-91所示。

表5-91
转 账 凭 证
2011年12月31日　　　　　　　　　　　　　　　　　转字第17号

摘要	会计科目		借方金额	贷方金额	记账符号
	总账科目	明细科目	亿千百十万千百十元角分	亿千百十万千百十元角分	
计提所得税	所得税费用		4 7 1 6 4 1 3		√
	应交税费	应交所得税		4 7 1 6 4 1 3	√
					√
					√
					√
					√
附单据1张	合　计		¥ 4 7 1 6 4 1 3	¥ 4 7 1 6 4 1 3	

会计主管：王丹　　记账：田丽　　出纳：李欣　　审核：曾红　　制单：闫慧

【例5-35】 12月31日,月末将"所得税费用"转入"本年利润"账户。该公司根据各账簿的有关资料编制公司内部转账单,如表5-92所示(单位:元)。

表5-92
星光电子实业有限公司内部转账单
2011年12月31日　　　　　　　　　　　　　　　　　转3号

摘　要	金　额
所得税转入"本年利润"账户	47 164.13
合　计	47 164.13

根据上述原始凭证进行分析,该笔经济业务发生后,引起了企业费用要素和所有者权益要素发生变化。一方面,所有者权益要素中的"本年利润"项目减少了 47 164.13 元,应借记"本年利润"账户;另一方面,费用要素中的所得税费用也减少了 47 164.13 元,应贷记"所得税费用"账户。因此,该经济业务应作如下会计分录:

  借:本年利润   47 164.13
   贷:所得税费用   47 164.13

根据上述分析,财会人员应根据"内部转账单"编制转账凭证,如表 5-93 所示。

表 5-93

转 账 凭 证

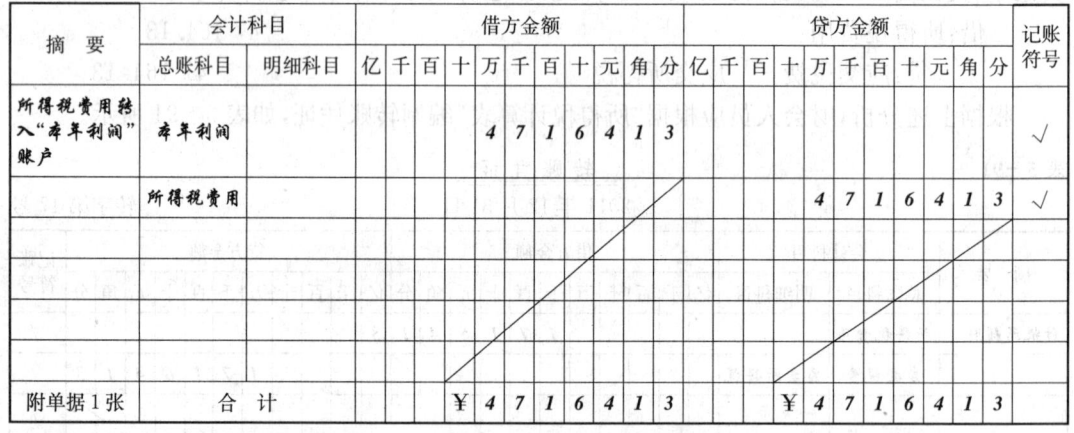

2011 年 12 月 31 日   转字第 18 号

摘要	会计科目 总账科目	明细科目	借方金额 亿千百十万千百十元角分	贷方金额 亿千百十万千百十元角分	记账符号
所得税费用转入"本年利润"账户	本年利润		4 7 1 6 4 1 3		√
	所得税费用			4 7 1 6 4 1 3	√
附单据1张	合 计		¥ 4 7 1 6 4 1 3	¥ 4 7 1 6 4 1 3	

会计主管:王丹 记账:田丽 出纳:李欣 审核:曹红 制单:闫慧

【例 5-36】 12 月 31 日,按税后利润的 10%,计算提取法定盈余公积金 141 492.24 元。

财会人员根据本年实现的净利润,按国家会计制度有关规定及董事会决议计算分配利润,其中,计提法定盈余公积金 10%,计算如表 5-94 所示。

表 5-94

利润分配计算表

2011 年 12 月 31 日   单位:元

净利润	提取比例	法定盈余公积金
141 492.24	10%	141 492.24

制表:王晓萍

根据上述原始凭证进行分析,该笔经济业务发生后,一方面,使公司利润分配增加了 141 492.24 元,应借记"利润分配"账户;另一方面,使公司盈余公积金增加了 141 492.24 元,应贷记"盈余公积"账户。因此,该经济业务应作如下会计分录:

  借:利润分配   141 492.24
   贷:盈余公积——法定盈余公积金   141 492.24

根据上述分析,财会人员应根据"利润分配计算表"编制转账凭证,如表 5—95 所示。

表 5—95

转 账 凭 证

2011 年 12 月 31 日　　　　　　　　　　　　　　　　　转字第 19 号

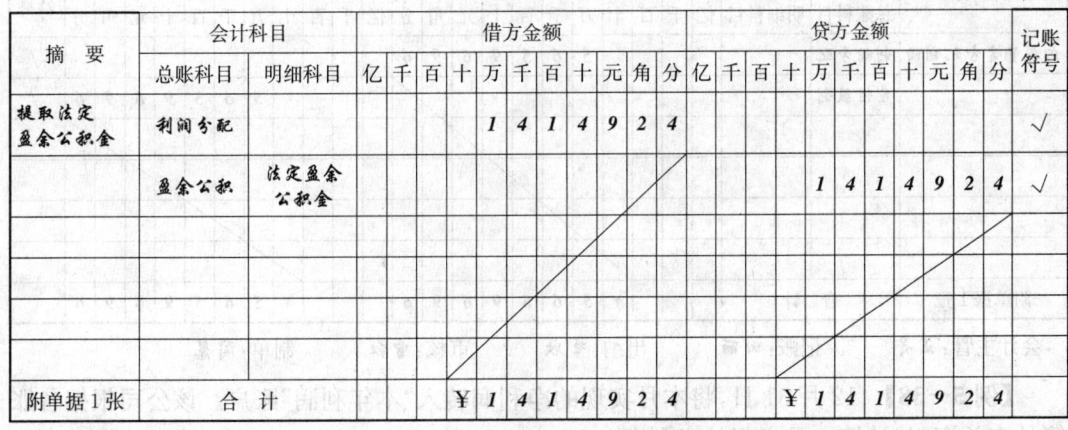

摘　要	会计科目		借方金额	贷方金额	记账符号
	总账科目	明细科目	亿千百十万千百十元角分	亿千百十万千百十元角分	
提取法定盈余公积金	利润分配		1 4 1 4 9 2 4		√
	盈余公积	法定盈余公积金		1 4 1 4 9 2 4	√
附单据1张	合　计		¥ 1 4 1 4 9 2 4	¥ 1 4 1 4 9 2 4	

会计主管:王丹　　记账:田丽　　出纳:李欣　　审核:曹红　　制单:闫慧

【例 5—37】 12 月 31 日,按税后利润的 40%,应付投资者利润 56 596.96 元。

财会人员根据本年实现的净利润,按国家会计制度有关规定及董事会决议,计算分配利润,其中,计提应付投资者利润 40%,计算如表 5—96 所示。

表 5—96

利润分配计算表

2007 年 12 月 31 日

净利润	提取比例	应付投资者利润
141 492.24	40%	56 596.96

制表:张一

根据上述原始凭证进行分析,该笔经济业务发生后,一方面使公司利润分配增加了 56 596.96 元,应借记"利润分配"账户;另一方面使公司应付股利增加了 56 596.96 元,应贷记"应付股利"账户。因此,该经济业务应作如下会计分录:

　　借:利润分配　　　　　　　　　　　　　　　　56 596.96
　　　贷:应付股利　　　　　　　　　　　　　　　　56 596.96

根据上述分析,财会人员应根据"利润分配计算表"编制转账凭证,如表 5—97 所示。

表 5-97

转 账 凭 证
2011 年 12 月 31 日　　　　　　　　　　　　　　　　转字第 20 号

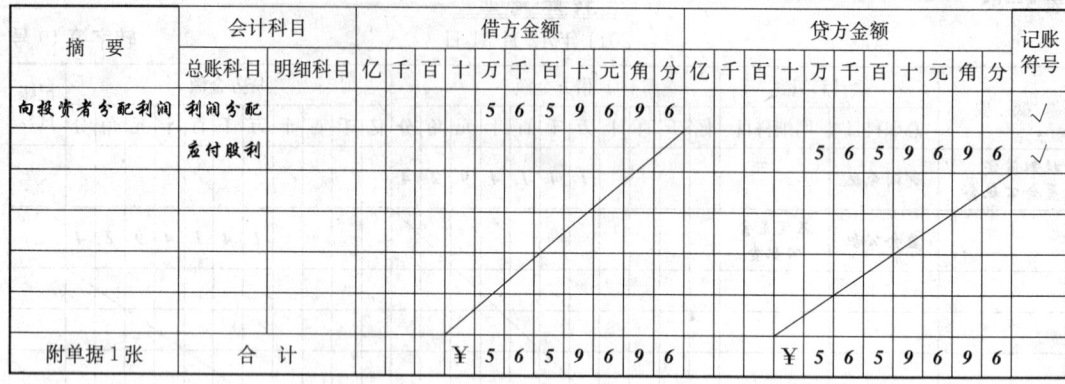

摘　要	会计科目 总账科目	会计科目 明细科目	借方金额 亿千百十万千百十元角分	贷方金额 亿千百十万千百十元角分	记账符号
向投资者分配利润	利润分配		5 6 5 9 6 9 6		√
	应付股利			5 6 5 9 6 9 6	√
附单据1张	合　计		￥ 5 6 5 9 6 9 6	￥ 5 6 5 9 6 9 6	

会计主管：王丹　　记账：田丽　　出纳：李欣　　审核：曹红　　制单：闫慧

【例 5-38】 12 月 31 日,将本月实现的净利润转入"本年利润"账户。该公司根据各账簿的有关资料,计算本月实现的净利润。

本月净利润＝(主营业务收入＋其他业务收入＋营业外收入＋投资收益)－(主营业务成本＋营业税金及附加＋其他业务成本＋营业外支出＋管理费用＋财务费用＋销售费用＋所得税费用)

＝(1 200 000.00＋10 000.00＋1 000.00＋50 000.00)－(808 028.50＋13 668.00＋9 000.00＋120 000.00＋113 646.98＋6 000.00＋2 000.00＋47 164.13)

＝141 492.39(元)

其计算如表 5-98 所示。

表 5-98

净利润计算表
2007 年 12 月 31 日

项　目	金　额
主营业务收入	1 200 000.00
其他业务收入	10 000.00
营业外收入	1 000.00
投资收益	50 000.00
主营业务成本	808 028.50
营业税金及附加	13 668.00
其他业务成本	9 000.00
营业外支出	120 000.00
管理费用	113 646.98
财务费用	6 000.00
销售费用	2 000.00
所得税费用	47 164.13
净利润	141 492.39

根据上述原始凭证进行分析,该笔经济业务发生后,一方面,为了结束"本年利润"账户,使公司本年利润账户贷方减少了 141 492.39 元,应借记"本年利润"账户;另一方面,使公司的利润分配——未分配利润增加了 141 492.39 元,应贷记"利润分配——未分配利润"账户。因此,该经济业务应作如下会计分录:

  借:本年利润   141 492.39
    贷:利润分配——未分配利润   141 492.39

根据上述分析,财会人员应根据"净利润计算表"编制转账凭证,如表 5-99 所示。

表 5-99

转 账 凭 证

2011 年 12 月 31 日   转字第 21 号

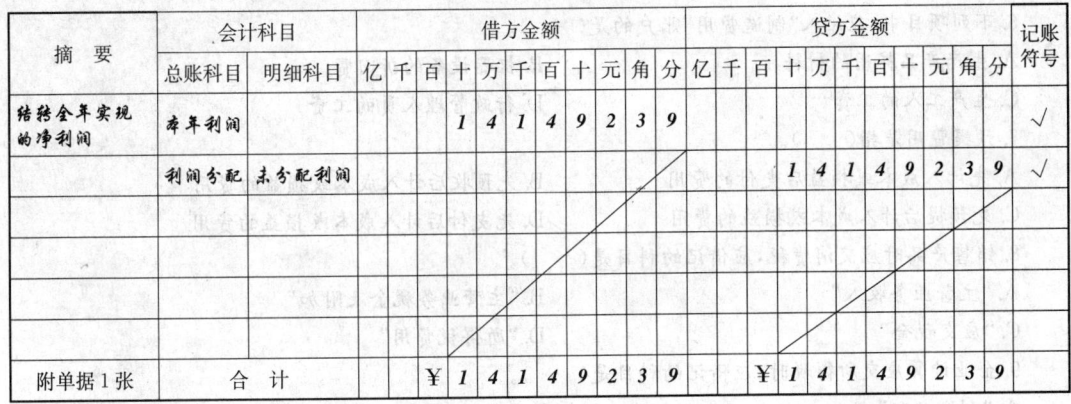

摘要	会计科目		借方金额										贷方金额									记账符号
	总账科目	明细科目	亿	千	百	十	万	千	百	十	元	角	分	亿	千	百	十	万	千	百	十	元	角	分	
结转全年实现的净利润	本年利润				1	4	1	4	9	2	3	9										√
	利润分配	未分配利润													1	4	1	4	9	2	3	9	√
附单据 1 张	合 计		¥		1	4	1	4	9	2	3	9	¥		1	4	1	4	9	2	3	9	

会计主管:王丹   记账:田丽   出纳:李欣   审核:曹红   制单:闫慧

信息搜索

1. 制造业经营过程一般可分为哪几个阶段?
2. 制造业经营过程核算需要设置和运用哪些主要账户?
3. 材料采购成本是由哪些内容构成的?
4. 产品生产成本是由哪些内容构成的?
5. 为什么要对财务成果进行计算和确定?财务成果一般由哪些内容组成?
6. 什么是净利润?如何对净利润进行分配?

【练习题】

一、单项选择题

1. 以银行存款缴纳上月税金,应借记( )账户,贷记"银行存款"账户。

 A. 主营业务税金及附加   B. 应交税金

 C. 所得税费用   D. 增值税

2. 某企业 2011 年 12 月份预付 2012 年第一季度材料仓库租金 6 000 元,以银行存款付讫。此业务按权责发生制借方应登记( )。

127

A. 制造费用 6 000 元 B. 制造费用 6 000 元
C. 银行存款 6 000 元 D. 待摊费用 6 000 元

3. 甲企业(增值税一般纳税人)购入材料 10 吨,以银行存款支付货款 10 000 元、增值税税金 1 700 元、运杂费 1 000 元,则该材料的采购成本为( )。
　　A. 10 000 元　　　B. 11 700 元　　　C. 12 700 元　　　D. 11 000 元

4. 产品生产成本的计算在( )中进行。
　　A."生产成本"总分类账户　　　　　B."库存商品"总分类账户
　　C."生产成本"明细分类账户　　　　D."主营业务成本"总分类账户

5. 下列账户中,期末可能有余额在借方的是( )。
　　A. 管理费用　　　B. 财务费用　　　C. 营业费用　　　D. 生产成本

6. 下列项目中,应记入"制造费用"账户的是( )。
　　A. 生产产品耗用的材料　　　　　　B. 机器设备的折旧费
　　C. 生产工人的工资　　　　　　　　D. 行政管理人员的工资

7. 预提费用是指( )。
　　A. 先计入成本或损益后支付的费用　　B. 先预收后计入成本或损益的费用
　　C. 先预提后计入成本或损益的费用　　D. 先支付后计入成本或损益的费用

8. 销售产品时应交消费税,应借记的科目是( )。
　　A."主营业务收入"　　　　　　　　B."主营业务税金及附加"
　　C."应交税金"　　　　　　　　　　D."所得税费用"

9. 企业计算应交所得税时,应借记的科目是( )。
　　A."利润分配"　　　　　　　　　　B."应交税金"
　　C."所得税费用"　　　　　　　　　D."主营业务税金及附加"

10. 某企业"本年利润"账户 5 月末账面余额为 58 万元,表示( )。
　　A. 5 月份实现的利润总额　　　　　B. 1~5 月份累计实现的营业利润
　　C. 1~5 月份累计实现的利润总额　　D. 1~5 月份累计实现的产品销售利润

11. 企业实际收到投资者投入的资金属于企业所有者权益中的( )。
　　A. 固定资产　　　B. 银行存款　　　C. 实收资本　　　D. 资本公积

12. 预提短期借款利息支出时,应贷记的账户是( )。
　　A."预提费用"　　B."财务费用"　　C."短期借款"　　D."银行存款"

13. 下列项目中属于营业外收入的是( )。
　　A. 产品销售的收入　　　　　　　　B. 出售废料收入
　　C. 出租固定资产的收入　　　　　　D. 固定资产盘盈

14. 下述项目中,应记入"营业费用"账户的是( )。
　　A. 为销售产品而发生的广告费　　　B. 销售产品的价款
　　C. 已销产品的生产成本　　　　　　D. 销售产品所收取的税款

15. 年末结转后,"利润分配"账户的贷方余额表示( )。
　　A. 利润实现额　　B. 利润分配额　　C. 未分配利润　　D. 未弥补亏损

16. 对外捐赠支出应计入( )。
　　A. 管理费用　　　B. 营业外支出　　C. 营业费用　　　D. 冲减营业外收入

17. 一般纳税人应缴纳的增值税是（ ）。
A. 进项税额 　　　　　　　　　　　B. 销项税额
C. 销项税额＋进项税额 　　　　　　D. 销项税额－进项税额
18. "固定资产"账户核算固定资产的（ ）。
A. 买价 　　　　　　　　　　　　　B. 净值
C. 买价和购买时支付的增值税 　　　D. 原价

二、多项选择题

1. 下列账户中应记入"制造费用"账户的有（ ）。
A. 车间管理部门领用辅助材料 　　　B. 车间主任的工资
C. 车间生产工人的工资 　　　　　　D. 车间机器设备用的电费
E. 车间管理部门用的电费
2. 下列属于成本项目的有（ ）。
A. 直接材料 　　B. 直接人工 　　C. 制造费用 　　D. 管理费用
E. 营业费用
3. 下列应在"营业费用"账户中核算的内容有（ ）。
A. 广告宣传费 　　　　　　　　　　B. 产品包装费
C. 运输途中支付的运输费 　　　　　D. 专门销售门市经费
E. 采购员的差旅费
4. 下列账户中，期末应将余额结转至"本年利润"账户的有（ ）。
A. 主营业务收入 　　B. 制造费用 　　C. 主营业务成本 　　D. 营业费用
E. 管理费用
5. 下列各账户中，期末余额可能在借方也可能在贷方的有（ ）。
A. 预收账款 　　B. 预付账款 　　C. 短期借款 　　D. 应收账款
E. 管理费用
6. 下列应计入材料采购成本的有（ ）。
A. 采购人员的差旅费 　　　　　　　B. 材料买价
C. 运输途中的合理损耗 　　　　　　D. 市内采购材料的运杂费
E. 材料入库前的挑选整理费
7. 下列账户中，属于留存收益的有（ ）。
A. 实收资本 　　B. 资本公积 　　C. 未分配利润 　　D. 盈余公积
E. 本年利润
8. 下列项目中，属于待摊费用项目性质的有（ ）。
A. 月初预付本月电费 　　　　　　　B. 年初预付全年财产保险费
C. 季初预付本季度仓库租金 　　　　D. 预付外单位贷款
E. 预交所得税
9. 在收付实现制原则下，可以不设置的账户是（ ）。
A. "待摊费用" 　　B. "累计折旧" 　　C. "预收账款" 　　D. "预提费用"
E. "预付账款"
10. 计提固定资产折旧时，与"累计折旧"账户对应的账户为（ ）。

A. 生产成本　　　　B. 制造费用　　　　C. 管理费用　　　　D. 待摊费用

E. 营业费用

11. 期间费用一般包括(　　)。

A. 财务费用　　　　B. 管理费用　　　　C. 营业费用　　　　D. 制造费用

E. 待摊费用

12. 对于"应付工资"账户,下列说法中正确的是(　　)。

A. 属于负债类账户　　　　　　　　　B. 其借方登记实际发放的工资

C. 其贷方登记应付职工的工资　　　　D. 应付工资按用途计入相关成本费用

E. 本账户只核算属于工资总额的款项

13. 根据权责发生制原则,下列各项中属本年度收入的有(　　)。

A. 本年度销售产品一批,货款下年初结算

B. 收到上年度所销产品的货款

C. 上年度已预收货款,本年度发出产品

D. 本年度出租厂房,租金已于上年预收

E. 本年度销售产品一批,货款收到存入银行

14. 下列项目中应记入"利润分配"账户借方的是(　　)。

A. 提取的盈余公积　　　　　　　　　B. 所得税费用

C. 年末转入的亏损额　　　　　　　　D. 分配给投资者的利润

E. 盈余公积弥补亏损

15. 某工业企业采购甲、乙两种材料,下列采购支出属于直接费用的有(　　)。

A. 甲、乙两种材料共同发生的运费　　B. 甲材料的买价

C. 甲、乙两种材料共同发生的装卸费　D. 乙材料的买价

E. 甲材料的包装费

三、判断题

1. "材料采购"账户期末如有借方余额,表示在途材料的实际成本。(　　)
2. 计提固定资产折旧,表明固定资产价值的减少,应记入"固定资产"账户的贷方。(　　)
3. 在权责发生制下,企业本期预收的销货款,本期应确认收入。(　　)
4. 年末,"本年利润"账户应结平,没有余额。(　　)
5. 企业职工工资和福利费都应计入产品生产成本。(　　)
6. "累计折旧"账户始终是贷方余额,因而它应属于负债类账户。(　　)
7. 生产车间机器设备的修理费用应记入"制造费用"账户的借方。(　　)
8. 车间管理部门领用的原材料应记入"管理费用"账户的借方。(　　)
9. "利润分配——未分配利润"明细账户的借方余额为历年累计未弥补亏损。(　　)
10. "生产成本"账户期末如有借方余额,为尚未加工完成的在产品成本。(　　)
11. 投资者投入的全部资金都应作为实收资本入账。(　　)
12. 资本公积的主要用途是转增资本。(　　)

四、业务题

习题一

某工业企业2012年2月购进A、B两种材料,有关资料如下:

材料名称	单价(元)	重量(千克)	买价(元)	运杂费(元)	增值税额(元)
A材料	4.00	80 000	320 000		54 400
B材料	2.00	40 000	80 000		13 600
合计		120 000	400 000	6 000	68 000

要求:按材料的重量分配运杂费,计算A、B材料的采购总成本和单位成本。

习题二

某工业企业生产A、B两种产品。A产品期初在产品成本为1 400元,本月发生材料费用35 000元,生产工人工资5 000元,月末在产品成本为1 000元,A产品本月完工400件;B产品期初在产品成本为1 400元,本月发生材料费用31 200元,生产工人工资4 000元,月末无在产品,完工产量为200件。本月共发生制造费用4 500元。

要求:
(1)计算A、B完工产品的总成本和单位成本,制造费用按生产工人工资比例分配。
(2)编制分配制造费用和完工产品入库的会计分录。

习题三

(一)目的:练习资金筹集业务的核算。

(二)资料:某工业企业发生以下经济业务。

1. 天地公司投入一批原材料,总成本200 000元。
2. 向银行借入3个月期借款100 000元存入银行。
3. 向银行借入3年期借款800 000元存入银行。
4. 从银行存款中支付本季度短期借款利息32 000元,本季度前2个月已预提短期借款利息21 000元。
5. 计提长期借款利息90 000元,其中,固定资产在建期间的借款利息70 000元,固定资产完工交付使用并已办理竣工手续后的利息20 000元。
6. 以银行存款偿还短期借款50 000元,长期借款100 000元。
7. 收到红利公司投入本企业商标权一项,投资双方确认的价值为200 000元。
8. 按规定将盈余公积金30 000元转作资本金。
9. 接受外商捐赠汽车1辆,价值120 000元。

(三)要求:根据上述资料,编制会计分录。

习题四

(一)目的:练习供应过程业务的核算。

(二)资料:某工业企业2011年10月份发生下列经济业务。

1. 购进1台设备,买价80 000元,运输费400元,包装费300元,所有款项均以银行存款支付,设备交付使用。

2. 向明光公司购进甲材料1 500千克,单价30元,计45 000元,增值税7 650元;乙材料2 000千克,单价15元,计30 000元,增值税5 100元,全部款项以银行存款支付。

3. 用银行存款支付上述甲、乙材料的运杂费7 000元。

4. 向伟人公司购进丙材料3 000千克,单价25元,计75 000元,增值税12 750元,款项尚未支付。

5. 用现金支付丙材料的运费及装卸费3 000元。

6. 甲、乙、丙三种材料发生入库前的挑选整理费3 250元(按材料重量比例分摊),用现金支付。

7. 本期购进的甲、乙、丙材料均已验收入库,现结转实际采购成本。

(三)要求:根据上述经济业务编制会计分录(运杂费和挑选整理费按材料重量分摊)。

习题五

(一)目的:练习产品生产业务的核算。

(二)资料:某工业企业2011年10月份发生以下经济业务。

1. 本月生产领用材料情况如下:

用　途	甲材料（元）	乙材料（元）	合　计（元）
A产品	32 000	45 000	77 000
B产品	68 000	38 000	106 000
车间一般耗用	2 000	500	2 500
合　计	102 000	83 500	185 500

2. 结算本月应付工资68 000元,其中,生产A产品生产工人工资30 000元,生产B产品生产工人工资20 000元,车间管理人员工资10 000元,厂部管理人员工资8 000元。

3. 按工资总额14%计提职工福利费。

4. 从银行存款提现金68 000元。

5. 用现金发放上月职工工资68 000元。

6. 用银行存款支付厂部第四季度的报纸杂志费660元。

7. 用银行存款支付本月厂部应负担的保险费220元。

8. 预提车间机器设备的大修理费1 200元。

9. 用银行存款支付本月水电费计5 200元,其中各车间分配3 700元,厂部分配1 500元。

10. 计提本月固定资产折旧费4 830元,其中生产用固定资产折旧费为3 800元,厂部固定资产折旧费1 030元。

11. 按生产工人工资的比例分摊并结转本月制造费用。

12. 本月投产A产品100件,全部完工;B产品300件,全部未完工。A产品已全部完工入库,结转完工产品成本。

(三)要求:根据上述经济业务编制会计分录。

习题六

(一)目的:练习销售过程和财务成果业务的核算。

(二)资料:某工业企业2011年10月份发生以下经济业务:

1. 销售A产品10件,单价1 920元,货款19 200元,销项税额3 264元,款项已存入银行。

2. 销售 B 产品 150 件,单价 680 元,计 102 000 元,销项税额 17 340 元,款项尚未收到。
3. 用银行存款支付销售费用计 1 350 元。
4. 预提本月银行借款利息 1 200 元。
5. 结转已销产品生产成本:A 产品 12 476 元,B 产品 69 000 元。
6. 计算应交城市维护建设税 1 100 元,教育费附加 610 元。
7. 销售丙材料 200 千克,单价 26 元,计 5 200 元,货款已存入银行,其采购成本为 4 900 元。
8. 盘盈 1 台设备,其重置完全价值 8 000 元,估计折旧额 5 200 元,经批准作营业外收入处理。
9. 以现金 260 元支付延期提货的罚款。
10. 月末将"主营业务收入"、"其他业务收入"、"营业外收入"账户结转"本年利润"账户。
11. 月末将"主营业务成本"、"主营业务税金及附加"、"其他业务支出"、"营业费用"、"管理费用"(账户余额为 7 600 元)、"财务费用"、"营业外支出"结转到"本年利润"账户。

(三)要求:根据以上经济业务编制会计分录。

习题七

(一)目的:练习期末"本年利润"、"利润分配"账户结转。
(二)资料:某工业企业年末结转"本年利润"账户余额之前,"本年利润"总账贷方余额 1 000 000 元。
1. 计算并结转本年应交所得税,税率为 33%(不考虑纳税调整事项)。
2. 将本年实现的净利润转入"利润分配"账户。
3. 按净利润的 10% 提取法定盈余公积。
4. 按净利润的 5% 计提法定公益金。
5. 该企业决定向投资者分配利润 15 000 元。
6. 将"利润分配——提取法定盈余公积"、"利润分配——提取公益金"、"利润分配——应付利润"明细账余额结转"利润分配——未分配利润"账户。

(三)要求:编制有关会计分录。

模块六 会计账簿

【模块要点】

会计账簿的设置和登记是会计核算的一个重要环节。通过本章的学习,应明确会计账簿的作用和种类,掌握各种账簿的设置和登记方法,熟练掌握登记账簿的规则和错账的更正方法以及如何进行对账和结账,了解账簿的更换和保管。

情景一 会计账簿概述

一、会计账簿的概念

原始凭证是用来证明经济业务已经发生或完成的情况,记账凭证是对审核无误的原始凭证进行归类整理后确定会计分录,作为记账的直接依据。所以,填制和审核会计凭证是加工处理会计信息的第一个环节,第二个环节就是设置和登记会计账簿。所谓账簿,就是由具有一定格式而又相互联系的账页组成,用以连续、系统、全面地记录各项经济业务的簿籍。

账簿和账户既有联系又有区别。账簿和账户所反映的经济业务内容是一致的,账户只是在账簿中按规定的会计科目设置的户头,而账簿是连续、系统、全面地进行分类记录、积累和贮存会计信息资料的载体。簿籍是账簿的外表形式,账户记录才是账簿的内容。

二、会计账簿的作用

在整个会计核算体系中,账簿处于中间环节,对于会计凭证和会计报表具有承前启后的作用。会计凭证所记载的经济业务,需要通过账簿加以归类整理,而会计报表所提供的各项指标,需要依据账簿记录才能填列,会计账簿记录是编制会计报表的直接依据。所以,科学地设置和正确地登记账簿,对于完成会计工作目标有着重要的作用。

(一)及时提供系统、完整的会计核算资料

通过设置和登记账簿,可以把记录在会计凭证上的大量的、分散的会计核算资料,按不同账户进行分类、汇总和整理,使之系统化,从而完整地提供各项资产、负债和所有者权益的增减变动及结余情况,正确地计算和反映成本费用、经营成果的形成及分配情况,以满足经营管理的需要。

(二)全面反映财产物资的增减变化

通过设置和登记账簿,能够连续、系统地反映各项财产物资的增减变化及结存情况;通过账实核对,可以检查账实是否相符,从而有利于保证各项财产物资的安全完整,促进资金的合理使用。

(三)为考核经营成果和进行经济活动分析提供依据

通过设置和登记账簿,能够详细提供经营成果的资料以及进行经济活动分析的其他有关资料,据此可以找出差距和潜力,提出改进措施,不断提高经济效益。

(四)为编制会计报表提供依据

为总结一定时期会计核算工作的结果,必须按期进行结账和对账工作,核对无误的账簿记录是编制会计报表最主要的依据。

三、会计账簿的设置原则

会计账簿的设置,包括确定账簿的种类、设计账页的格式及内容和规定账簿的登记方法等。每个单位都应根据本身业务的特点和经营管理的需要,设置一定种类和数量的账簿。一般来说,应遵循以下几项原则:

(一)满足需求

各单位应当按照国家统一规定的会计制度和本单位经济业务及经营管理的需要设置账簿,以满足单位外部各有关方面了解本单位财务状况和经营成果的需求,满足单位内部加强经营管理的需求。

(二)讲求科学

账簿体系要科学严密、层次分明。账簿之间要相互独立又相互补充,要相互衔接又相互制约,清晰地反映账户的关系,以便提供完整、系统的会计资料。

(三)适当简化

账簿设置应在保证会计记录系统完整的前提下力求简化。反对账簿重叠,过于繁琐,以节约人力物力、提高工作效率。账簿格式的设计,要为核算经济业务的内容和提供核算指标服务,力求简明实用,避免繁琐重复。

四、会计账簿的种类

每个单位所设置的账簿是多种多样的,功能各异,结构不同。为便于了解和运用各种账簿,应按不同的标准进行分类。会计账簿的分类如图6—1所示。

```
                              ┌ 订本式账簿
                  ┌ 按外表形式分 ┤ 活页式账簿
                  │           └ 卡片式账簿
                  │           ┌ 三栏式账簿
                  │           │ 数量金额式账簿
                  │ 按账页格式分 ┤ 多栏式账簿
        会计账簿 ┤           └ 横线登记式账簿
                  │                      ┌ 普通日记账
                  │           ┌ 序时账簿 ┤           ┌ 现金日记账
                  │           │         └ 特种日记账 ┤
                  │ 按用途分  ┤                      └ 银行存款日记账
                              │         ┌ 总分类账簿
                              │ 分类账簿 ┤
                              │         └ 明细分类账簿
                              └ 备查账簿（辅助账簿）
```

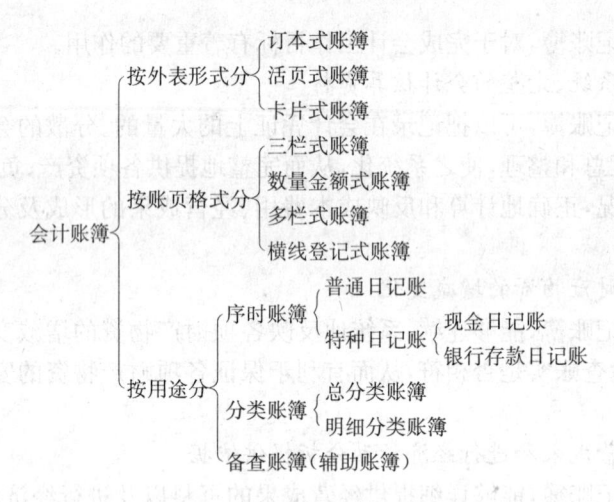

图 6-1 会计账簿的分类

（一）按外表形式分类

会计账簿按外表形式，分为订本式账簿、活页式账簿和卡片式账簿。

1. 订本式账簿

这是将印有顺序编号的若干账页固定装订成册的账簿。其优点是可以防止账页散失和账页被抽换，比较安全。缺点是由于账页已被固定装订，不能随实际业务需要而增减。所以，必须为每一账户预留若干空白账页，如预留账页不够用则会影响账户的连续记录，预留账页过多又会造成浪费。同一本账在同一时间只能由一人登记，因而不便于分工记账。订本式账簿一般用于具有统驭性和重要的账簿，如总分类账、现金日记账和银行存款日记账等。

2. 活页式账簿

这是将若干零散账页暂时装订在活页账夹内的账簿。其优点是可以根据实际业务需要增减账页，使用灵活，并便于分工记账。缺点是账页容易散失和被抽换。所以，在采用活页账时，必须将空白账页连续编写分号；会计期末，加写目录并按实际使用的账页连续编写总号，固定装订成册后归档保管。活页式账簿一般适用于各种明细账。

3. 卡片式账簿

这是由具有不同于一般账页格式的卡线表格式的账页所组成的账簿。具体而言，卡片式账簿一般是由分散的卡片所组成，每一卡片用正面和背面两种不同的格式来记录同一项财产物资的使用等情况。在使用中可不加装订，而存放在卡片盒或卡片夹中。使用时可以随时取放，实际上它是一种特殊的活页账。卡片式账簿除了具有一般活页账的特点外，它还可以跨年度使用，不需要每年更换新账。卡片式账簿多用于记录内容比较复杂的财产明细账，如固定资产卡片账、低值易耗品卡片账等。

（二）按账页格式分类

会计账簿按账页格式，可分为三栏式账簿、数量金额式账簿、多栏式账簿和横线登记式账簿等。

1. 三栏式账簿

这是由设置"借方、贷方、余额"三个金额栏的账页组成的账簿。三栏式账簿的账页格式是最基本的账页格式,其他账页格式都是据此增减栏目而来,如表6-1所示。

表6-1　　　　　　　　　　　明细分类账(三栏式)

会计科目　　　　　　　　　　　　　　　　　　　　　　　　　　　　　　第　页

年		凭证号	摘　要	对方科目	借　方	贷　方	借或贷	余　额
月	日							

2. 数量金额式账簿

又称三大栏式账簿,是指在"收入、发出、结存"三大栏的各栏内,分别设有"数量、金额"等小栏目的账页组成的账簿,如表6-2所示。

表6-2　　　　　　　　　　　明细分类账(数量金额式)

会计科目　　　　　　　　　　　　　　　　　　　　　　　　　　　　　　第　页

年		凭证号	摘要	收　入			发　出			结　存		
月	日			数量	单价	金额	数量	单价	金额	数量	单价	金额

3. 多栏式账簿

这是在借方或贷方金额栏内再设置多个金额栏的账页组成的账簿,如表6-3、表6-4、表6-5所示。

表6-3　　　　　　　　　　　明细分类账(多栏式)

会计科目　　　　　　　　　　　　　　　　　　　　　　　　　　　　　　第　页

年		凭证号	摘要	借　方			贷　方			余额
月	日					合计			合计	

模块六　会计账簿

137

表 6-4　　　　　　　　　　　　明细分类账(多栏式)

会计科目　　　　　　　　　　　　　　　　　　　　　　　　　　　　第　　页

年		凭证号	摘要	借　方						贷方	余额
月	日								合计		

表 6-5　　　　　　　　　　　　明细分类账(多栏式)

会计科目　　　　　　　　　　　　　　　　　　　　　　　　　　　　第　　页

年		凭证号	摘要	借方	贷　方						余额
月	日									合计	

4. 横线登记式账簿

这是在账页的同一横行内登记同一项经济业务的来龙去脉的账簿。一般适用于要求按每笔金额结算的应收、应付款项的明细核算,其格式略。

(三)按用途分类

会计账簿按其用途,分为序时账簿、分类账簿和备查账簿。

1. 序时账簿

序时账簿(也称日记账)是对各项经济业务按其发生的时间顺序,逐日逐笔进行及时登记的账簿。序时账簿按其所记录的内容不同,分为普通日记账和特种日记账。

(1)普通日记账,是根据各种经济业务取得的原始凭证,直接以会计分录的格式进行序时登记的账簿。普通日记账具有会计凭证的作用,它是过入分类账的依据。因此,普通日记账也称分录簿。由于它只有"借方、贷方"两个金额栏,也称两栏式日记账。

中西会计的会计分录载体不同,我国会计采用记账凭证,而西方会计则采用普通日记账,如表 6-6 所示。

表 6-6　　　　　　　　　　　　普通日记账

　　　　　　　　　　　　　　　　　　　　　　　　　　　　　　　　第　　页

年		凭证号	摘　要	会计科目	借方金额	贷方金额	过账
月	日						
				制造费用	1 000		√
				银行存款		1 000	√
				银行存款	900		√
				库存现金		900	√
				主营业务成本	6 000		√
				库存商品		6 000	√

(2)特种日记账,是在普通日记账的基础上发展而来的。特种日记账是专门登记某一类经济业务的日记账,如现金日记账、银行存款日记账、购货日记账、销货日记账等。在会计实务中,通常只对现金和银行存款设置日记账进行序时核算,以加强对货币资金的管理,如表6-7所示。

表6-7　　　　　　　　　　特种日记账

会计科目:库存现金　　　　　　　　　　　　　　　　　　　　　　　第　　页

年		凭证号	摘　要	对方科目	收入	支出	余额
月	日						

2.分类账簿

分类账簿是对各项经济业务进行分类登记的账簿。分类账簿按其反映内容的详细程度不同,又分为总分类账簿和明细分类账簿。

(1)总分类账簿(简称总账)是根据总分类科目开设的账户,用来分类登记全部经济业务,提供总括核算资料的分类账簿。

(2)明细分类账簿(简称明细账)是根据总分类科目设置,并按其所属二级科目或明细科目开设的账户,用来登记某一类经济业务,提供明细核算资料的分类账簿。

在实际工作中,经济业务比较简单、总分类科目为数不多的单位,为了简化记账工作,可以设置兼有序时账簿和分类账簿作用的联合账簿。日记总账就是典型的联合账簿。

3.备查账簿

备查账簿又称辅助账簿,是对序时账簿和分类账簿等主要账簿进行补充登记、提供备查资料的账簿,如租入固定资产登记簿、受托加工材料登记簿、代销商品登记簿、经济合同执行情况登记簿等。备查账簿的内容千差万别,其账页也没有固定格式,可根据实际需要灵活确定。备查账簿与主要账簿之间不存在严密的依存、勾稽关系。每个单位可根据实际需要确定是否设置备查账簿。

五、会计账簿的基本内容

账簿的格式尽管多种多样,但一般都应具备以下基本内容:

(1)封面。封面应标明账簿名称,如总账、债权债务明细账等。

(2)扉页。扉页应填列"账簿启用及经管人员一览表"及"账户目录"。

(3)账页。账页是账簿的主要内容,一般包括:①账户名称(总账科目、二级科目或明细科目);②日期栏;③凭证号栏;④摘要栏;⑤金额栏;⑥页次栏。

情景二　设账和记账

账簿所记录的经济业务不同,其结构和登记方法也不同。本节介绍各种账簿的设置与登记。

一、记账规则

（一）启用账簿的规则

为了保证账簿的合规性和账簿资料的完整性,明确记账责任,各科账簿的登记都要有专人负责。

(1)启用账簿时,必须在账簿扉页上填列"账簿启用和经管人员一览表",详细填写有关项目后加盖单位公章,并由会计主管人员和记账人员签章。同时,按"会计科目表"的科目排列顺序填写"账户目录"。

(2)更换记账人员时,应在会计主管的监督下办理交接手续,并在交接记录内填写有关项目后,由交接双方和会计主管签章。

（二）登记账簿的规则

1. 过账方法

会计人员应根据审核无误的会计凭证及时登记账簿,然后,在记账凭证上画过账符号"√"或注明过入账簿的页数,表示已经过账,防止重记、漏记,也便于查阅、核对。

2. 记账数字

为了使账簿记录清晰并防止篡改,必须用蓝黑色或黑色墨水钢笔记账,不得使用圆珠笔(复写账簿除外)或铅笔记账。

红色金额数字在会计工作中表示负数,是蓝色的抵减数字,所以要慎用红字。红色墨水钢笔只限在下列情况使用:

(1)采用红字更正法冲销错账记录;

(2)使用红线画线注销或画线结账;

(3)采用红蓝字登记法,在不设借方栏或贷方栏的多栏式明细账中,登记减少发生额;

(4)在没有注明余额方向的三栏式明细账中,登记负数余额;

(5)会计制度中规定使用红字登记的其他记录。

3. 基本栏目

(1)日期栏,登记记账凭证的填制日期。年栏,可填写两位数字;月栏,只在每页第一行、办理月结和变更月份时填写;日栏,在每页第一行、变更日期和办理月结时填写,日期与上行相同时可以不予填写。

(2)凭证号栏,一般登记记账凭证的分号,如"收×、付×、转×"等。如果采用汇总方式登记总账,则可以写"科汇×"或"汇收×、汇付×、汇转×"。

(3)摘要栏,红字居中书写(也可以使用红字印章)的有"月初余额"和"本月合计"、"承前页"和"过次页"、"上年结转"和"结转下年"等。摘要文字可紧靠左线书写。记账的文字要压住底线书写,字高约占格高的1/2。摘要内容并不是一律照抄记账凭证的摘要写法,要根据不同的账簿、不同的记账依据,填写简明清楚的业务摘要。

(4)对方科目栏,填写该笔会计分录中所登记科目的反向科目名称。例如,借:"银行存款",贷:"主营业务收入"、"应交税费"。"银行存款"的对方科目是"主营业务收入"和"应交税费";而"应交税费"的对方科目只是"银行存款"。

(5)金额栏,其中的借贷发生额栏根据规定的记账依据,或登记一方,或两方同时登记;余额栏中的"借或贷"和"余额"应同时登记(没有余额方向栏的账页除外),缺一不可。

4. 连续登记

记账必须逐行逐页连续登记,不得跳行隔页登记;否则,应将空行空页画线注销。不得任意撕毁或抽换账页,以防舞弊。

每页登记完毕时,应办理转页手续。即在最后一行的摘要栏注明"过次页",并在次页第一行的摘要栏注明"承前页",同时将前页的余额结转到次页。

对需要结计"本月发生额"的账户,本页最后一行发生额合计数,应是自月初起至本页止的累计数。

对需要结计"本年累计发生额"的账户,本页最后一行发生额合计数,应是自年初起至本页止的累计数。

5. 错账更正

发现错账,不得随意涂改,不许挖补刮擦或用化学药水消退字迹,而只能按规定的方法更正错账。更正错账的方法有画线更正法、红字更正法和补充登记法。

二、日记账的设置与登记

为了加强对货币资金的管理,各单位一般应设置现金日记账和银行存款日记账两本特种日记账,以序时地反映其收入、支出和每日的结存情况。有外币业务的企业,应分别设置人民币和各种外币日记账。

现金日记账和银行存款日记账是由出纳员根据审核后的收、付款凭证逐日逐笔登记的,所以,这两本账也称出纳账。出纳账采用订本式账簿,其账页格式有三栏式和多栏式等。

(一)三栏式出纳账的格式和登记方法

出纳账一般采用"收入"、"支出"和"余额"三栏式格式。为了清晰地反映收付款业务的对应关系,在金额栏前可设"对方科目"栏。银行存款日记账在"摘要"栏后还应设"结算凭证种类号数"栏,以便与开户银行对账。现金日记账是根据现金收款凭证、现金付款凭证以及从银行提取现金的银行付款凭证登记的。登记现金日记账要做到日清月结,即每日业务终了,必须结出当天余额,并与库存现金实存数相核对(但不必每笔业务都要结出余额,而应根据需要,每隔几笔结算一次);每月业务终了,要将其月末余额与现金总账的月末余额相核对,如表6-8所示。

表6-8　　　　　　　　　　　现金日记账

年		凭证号	摘要	对方科目	收入 千百十万千百十元角分	支出 千百十万千百十元角分	借或贷	余额 千百十万千百十元角分
月	日							

银行存款日记账是根据银行存款收款凭证、银行存款付款凭证以及将现金存入银行的现金付款凭证登记的。登记方法与现金日记账基本相同，但对于结算凭证编号栏中的结算凭证种类，应根据收付款凭证所附的银行结算凭证登记，并可以简写为"现支"（现金支票）、"转支"（转账支票）、"信汇"（信汇凭证）、"现存"（现金存款单）、"进账单"（转账存款的进账单）、"委收"（委托银行收款）等。结算凭证号数，可根据银行结算凭证的编号登记。每月业务终了，要将其月末余额与开户银行对账单的月末余额相核对，还要与银行存款总账的月末余额相核对，如表6-9所示。

（二）多栏式出纳账的格式和登记方法

在收付款业务较多的企业，为了清晰地反映现金、银行存款与有关科目的对应关系并便于汇总过入总账，可以采用多栏式出纳账。其格式有两种：一是收付仍为一本账，二是收付分设两本账。

1. 收付一本账的多栏式出纳账

在这种设账方式下，企业仍设两本出纳账——现金日记账和银行存款日记账，但将其"收入"和"支出"两个发生额栏目，各按对方科目开设若干个专栏，以进行序时、分类的核算。月末，将各专栏的发生额进行汇总并据以登记总账。所以，多栏式出纳账既能全面、清晰地反映现金或银行存款收入与支出的来龙去脉，又能简化总账的登记工作（如表6-10所示）。

2. 收付两本账的多栏式出纳账

如果现金和银行存款收付款业务的对应科目较多，则多栏式出纳账由于专栏增多而使篇幅有限的账页容纳不下，为此，可将多栏式出纳账的"收入"与"支出"分开设账。在这种设账方式下，企业要设置四本出纳账——现金收入日记账、现金支出日记账、银行存款收入日记账、银行存款支出日记账。

其登记方法是：发生收付款业务时，应分情况记入"收入"或"支出"日记账的对应栏目内，并加计出相应的合计栏数额；每日业务终了，要将支出日记账的本日支出合计记入收入日记账的"支出合计"栏，并结出本日余额填入"余额"栏。

表6-9

银行存款日记账

2011年		凭证号	摘要	对方科目	结算种类	凭证号数	收入 千百十万千百十元角分	支出 千百十万千百十元角分	借或贷	余额 千百十万千百十元角分
月	日									
5	1		月初余额							8 0 0 0 0 0 0 0
	3	付5	存销售材料款	库存现金	现存	324	6 0 0 0 0 0			
		付4	提备用金	库存现金	现支	573		5 0 0 0 0		
		付7	向武钢购圆钢	在途物资	转支	241		9 0 0 0 0 0		7 8 9 5 7 0 0 0
	9			应交税费				1 5 3 0 0		
	14	付10	收华光厂账款	应收账款	信汇	043	7 0 0 0 0 0			8 5 9 5 7 0 0 0
			购买公用品	管理费用	转支	242		1 2 0 0 0 0		
	27	收32	销售甲产品	主营业务收入 进账		070	8 0 0 0 0 0			8 5 8 3 7 0 0 0
				应交税费			1 3 6 0 0 0			
								2 3 0 0 0		9 5 1 9 7 0 0 0
5	31		本月合计				1 6 4 2 0 0 0	1 2 2 3 0 0 0		9 5 1 9 7 0 0 0

表 6-10

现金日记账

年		凭证号	摘要	应贷科目				收入合计	应借科目				支出合计	余额
月	日			银行存款	其他应收款	主营业务收入	其他业务收入		银行存款	其他应收款	制造费用	管理费用		

三、分类账的设置与登记

(一)总分类账的格式和登记方法

为了全面、总括地反映经济活动和财务收支情况,并为编制会计报表提供资料,各单位都要设置总分类账。总分类账采用订本式账簿,按照会计科目的编号顺序设立账户,并适当估计本年度内各种经济业务的发生笔数,为每个账户预留若干账页。其账页格式有三栏式和多栏式。

总分类账一般采用三栏式。在采用汇总记账凭证记账程序时,为了清晰地反映每笔经济业务的对应关系,要在发生额的两个栏目内分别设置"对方科目"栏。

总分类账由总账会计负责登记,其登记依据和方法取决于所采用的记账程序。总分类账既可以直接依据记账凭证逐笔登记,也可以将记账凭证定期汇总后登记。

(二)明细分类账的格式和登记方法

为了满足经营管理的需要,各单位应在设置总分类账的基础上,按照二级科目或明细科目开设明细分类账,提供有关经济业务的详细资料。明细分类账一般采用活页式账簿,比较重要的明细分类账也可以采用订本式账簿,特殊的业务还可以采用卡片式账簿。其账簿格式多种多样,有三栏式、数量金额式、多栏式和横线登记式等,以满足复杂多样的明细分类核算。

1. 三栏式明细分类账

三栏式明细分类账的格式是在账页内只设借方、贷方和余额三个金额栏。这种格式适用于只进行金额核算而不进行数量核算的债权、债务结算科目的明细分类核算,如"应收账款"、"应付账款"等账户的明细核算。

2. 数量金额式明细分类账

数量金额式明细分类账的格式是在账页内设有收入、发出和结存三大栏,在三大栏内各设"数量、金额"等几个小栏目。这种格式适用于既要进行金额核算,又要进行实物数量核算的各种财产物资科目,如"原材料"、"库存商品"等账户的明细核算。

3. 多栏式明细分类账

多栏式明细分类账的格式,是根据经济业务的特点和经营管理的需要,在同一账页内按该明细科目的有关明细项目分设专栏,集中反映各明细项目的核算资料。专栏的多少,可按具体科目的实际需要进行设置。多栏式账页格式又可细分为以下三种:(1)借贷两方多栏式;(2)借方多栏式;(3)贷方多栏式。多栏式明细账适用于只记金额,同时又需要了解其构成内容的详细资料的费用、成本、收入和利润等科目。

由于多栏式明细账所记载的经济业务大多发生在借或贷的某一方,所以,为了简化账页格式,可不按借、贷、余三部分设置金额栏,而是在发生经济业务较多的一方,按会计科目的明细项目分设专栏,发生经济业务很少的一方则不设金额栏,记账时采用红蓝字登记法。所谓红蓝字登记法,就是在只设借或贷一个方向发生额栏的多栏式明细账中,用蓝字登记该方发生额,而用红字登记反方发生额的记账方法。

明细分类账除了以上三种基本格式外,还可以根据不同的核算内容和管理要求采用其他格式。如固定资产明细账采用卡线表格式,应付职工薪酬明细账可用工资单副联代替,"在途物资"、"其他应收款——备用金"等账户的明细核算可采用横线登记式。还有一种对比式明细账页,特点是在一张账页内,通过相关数字的对比,可以显示出对比的结果。对比式明细账适用于固定资产清理等账户的明细核算。"固定资产及累计折旧明细账"就是一张对比式明细账页。

四、总分类账和明细分类账的平行登记

(一)总分类账和明细分类账的关系

登记总分类账和明细分类账的原始依据相同,核算内容相同,但核算指标的详细程度不同。总分类账户对其所属的明细分类账户起着统驭和控制的作用,明细分类账户对其从属的总分类账户起着补充和说明的作用。所以,总分类账又称统驭账户,明细分类账又称被统驭账户或从属账户。统驭账户和从属账户所提供的核算资料相互补充,既提供总括核算指标,又提供详细核算指标,从不同的角度反映相同的经济业务。

(二)平行登记的方法

总分类账与明细分类账在反映会计核算指标上具有统驭和从属的关系,但在登记账簿的方法上却具有平行的关系。所谓平行的关系,是指总分类账和明细分类账的记账依据相同,都是以会计凭证为依据;它们的记账程序相同,都是根据会计凭证分别在总分类账和明细分类账中各自独立地进行登记;它们的记账结果应核对相符。所以,总分类账和明细分类账必须进行平行登记。平行登记,就是将每项经济业务根据会计凭证既在总分类账中登记,又在其所属的明细分类账中登记,在这两类不同账户中所登记的方向一致、金额相等、结果相符。通过平行登记,才能使总分类账和明细分类账的记录形成统驭和从属的关系。

1. 平行登记的要点

(1)同期间

对每项经济业务,应在同一会计期间内依据相同的会计凭证,既记入有关的总分类账户,又记入其所属的明细分类账户。

同期间登记并不是同时间登记,在实际工作中,一般应在每日及时登记明细分类账,定期登记总分类账。

(2)同方向

每项经济业务记入总分类账和明细分类账的方向要相同。如果记入总账的借方,也要相应地记入明细账的借方;如果记入总账的贷方,也要相应地记入明细账的贷方。

有些明细账只设置一个方向的发生额栏目,可以用红字在该栏内登记反向记录,在这种特殊的情况下,应根据实际的记账方向而不应根据所在栏目标明的借贷方向来确定。

(3)同金额

每项经济业务记入总分类账的金额必须与记入所属各有关明细分类账的金额之和相等。总账记入的是总括数字,明细账记入的是明细数字。在设立二级账的情况下,总账、二

级账和明细账都应进行平行登记。

利用平行登记的结果相等这种关系,可以检查总账、二级账和明细账记录的完整性和正确性。这也是会计核算工作中内部牵制制度的一个组成部分。

2. 平行登记的检查

在会计期末,为了检查有关总分类账与其所属的明细分类账的记录是否正确,应按不同账户分别编制"明细分类账户本期发生额及余额表",并与其从属的总分类账户相核对。一般来说,平行登记的结果是:总分类账户的本期发生额等于所属明细分类账户的本期发生额合计,总分类账的期末余额等于所属的明细分类账户的期末余额合计。

"明细分类账户本期发生额及余额表"是根据各明细分类账户的本期记录编制的。它共有两种格式:(1)数量金额的格式(参见表6-17);(2)只有金额的格式(参见表6-18)。以上两种格式的表格与数量金额明细和三栏式明细账的账页格式分别对应。编表时可按以下顺序进行:①填写各明细账户的名称;②填入各明细分类账户的期初余额、本期发生额、期末余额;③计算出金额栏合计数。编表后,可以根据该表进行总分类账与明细分类账的核对。如果核对相符,说明平行登记的结果是正确无误的;如果不符,说明记账有差错,必须查明原因后进行更正。

(三)平行登记举例

现以"原材料"和"应付账款"两个账户为例,说明总账与所属明细账的平行登记方法。

1. 资料

(1)2011年1月1日,"原材料"和"应付账款"账户的期初余额如下:

原材料总账　　20 000元　　甲材料明细账　　10 000千克　　单价0.50元　　5 000元

乙材料明细账　　15 000只　　单价1.00元　　15 000元

应付账款总账　　40 000元　　E工厂明细账　　12 000元　　F工厂明细账　　28 000元

(2)1月份发生的有关经济业务如下(此处仅说明总账与明细账的平行登记,故暂不考虑税金):

①购入甲材料800千克,每千克0.50元;乙材料600只,每只1.00元。以现金支付货款1 000元,材料已验收入库。

②以银行存款偿还E工厂货款1 000元、F工厂货款2 000元。

③购入甲材料2 000千克,每千克0.50元;乙材料4 000只,每只1.00元。共计货款5 000元。其中,甲材料是向E工厂购买,货款尚未支付;乙材料是向F工厂购买,货款已用银行存款支付,材料已验收入库。

④以银行存款偿还E工厂货款2 000元、F工厂货款2 500元。

2. 要求

(1)设账。根据资料(1)开设"原材料"和"应付账款"总分类账户及所属各明细分类账户,填入期初余额。

(2)编制分录并记账。根据资料(2)编制会计分录,并根据分录登记"原材料"和"应付账款"总分类账户及所属各明细分类账户。

(3)结账和对账。月末,结出各账户的本期发生额和期末余额。编制"原材料"和"应付账款"明细分类账户本期发生额及余额表,并分别与"原材料"和"应付账款"总分类账户的本期发生额及期末余额进行核对。

3.解题

(1)设账(见表6-11~表6-16)。

表6-11　　　　　　　　　　　　　总分类账

账户名称:原材料　　　　　　　　　　　　　　　　　　　　　　　　　　　　　　单位:元

2011年		凭证号	摘要	借方	贷方	借或贷	余额
月	日						
1	1	略	月初余额			借	20 000
		略	①购入甲、乙材料	5 000	1 000	借	21 000
			③购入甲、乙材料			借	26 000
1	31	略	本月合计	6 000		借	26 000

表6-12　　　　　　　　　　　　原材料明细分类账

账户名称:甲材料　　　　　　　　　　　　　　　　　　　　　　　　　　　　　计量单位:千克

2011年		凭证号	摘要	收入			发出			结存		
月	日			数量	单价	金额	数量	单价	金额	数量	单价	金额
1	1	略	月初余额							10 000	0.50	5 000
		略	①购入	800	0.50	400				10 800	0.50	5 400
			③购入	2 000	0.50	1 000				12 800	0.50	6 400
1	31	略	本月合计	2 800	0.50	1 400				12 800	0.50	6 400

表6-13　　　　　　　　　　　　原材料明细分类账

账户名称:乙材料　　　　　　　　　　　　　　　　　　　　　　　　　　　　　　计量单位:只

2011年		凭证号	摘要	收入			发出			结存		
月	日			数量	单价	金额	数量	单价	金额	数量	单价	金额
1	1	略	月初余额							15 000	0.50	15 000
		略	①购入	600	1.00	600				15 600	1.00	15 600
			③购入	4 000	1.00	4 000				19 600	1.00	19 600
1	31	略	本月合计	4 600	1.00	4 600				19 600	1.00	19 600

表 6-14　　　　　　　　　　　　　　　总分类账

账户名称：应付账款　　　　　　　　　　　　　　　　　　　　　　　　　　　　单位：元

2011年		凭证号	摘　要	借　方	贷　方	借或贷	余　额
月	日						
1	1	略	月初余额			贷	40 000
		略	②偿还贷款	3 000		贷	37 000
			③购料		1 000	贷	38 000
			④偿还贷款	4 500		贷	33 500
1	31	略	本月合计	7 500	1 000	贷	33 500

表 6-15　　　　　　　　　　　　　　应付账款明细分类账

账户名称：E 工厂　　　　　　　　　　　　　　　　　　　　　　　　　　　　　单位：元

2011年		凭证号	摘　要	借　方	贷　方	借或贷	余　额
月	日						
1	1	略	月初余额			贷	12 000
		略	②偿还贷款	1 000		贷	11 000
			③购料		1 000	贷	12 000
			④偿还贷款	2 000		贷	10 500
1	31	略	本月合计	3 000	1 000	贷	10 000

表 6-16　　　　　　　　　　　　　　应付账款明细分类账

账户名称：F 工厂　　　　　　　　　　　　　　　　　　　　　　　　　　　　　单位：元

2011年		凭证号	摘　要	借　方	贷　方	借或贷	余　额
月	日						
1	1	略	月初余额			贷	28 000
		略	②偿还贷款	2 000		贷	26 000
			④偿还贷款	2 500		贷	23 500
1	31	略	本月合计	4 500		贷	23 500

(2) 根据资料(2)编制会计分录如下：

①借：原材料——甲材料　　　　　　　　　　　　　　　　　　　　400
　　　　　　——乙材料　　　　　　　　　　　　　　　　　　　　600
　　贷：库存现金　　　　　　　　　　　　　　　　　　　　　　1 000
②借：应付账款——E 工厂　　　　　　　　　　　　　　　　　　1 000

　　　　　——F工厂　　　　　　　　　　　　　　　　　　　2 000
　　　　贷:银行存款　　　　　　　　　　　　　　　　　　　　3 000
　　③借:原材料——甲材料　　　　　　　　　　　　　　　　　1 000
　　　　　——乙材料　　　　　　　　　　　　　　　　　　　4 000
　　　　贷:应付账款——E工厂　　　　　　　　　　　　　　　1 000
　　　　　　银行存款　　　　　　　　　　　　　　　　　　　4 000
　　④借:应付账款——E工厂　　　　　　　　　　　　　　　　2 000
　　　　　　——F工厂　　　　　　　　　　　　　　　　　　2 500
　　　　贷:银行存款　　　　　　　　　　　　　　　　　　　　4 500
根据以上会计分录登记有关账簿。

(3)月末,结出各账户的本期发生额和期末余额,并编制"明细分类账户本期发生额及余额表",核对平行登记的结果是否正确,如表6－17和表6－18所示。

表6－17　　　　　　　原材料明细分类账户本期发生额及余额表

2011年1月　　　　　　　　　　　　　　　　　　　　　　　　　单位:元

明细账	计量单位	单价(元)	期初余额		本期发生额				期末余额	
						收入		发　出				
			数量	金额	数量	金额	数量	金额	数量	金额
甲材料	千克	0.50	10 000	5 000	2 800	1 400			12 800	6 400
乙材料	只	1.00	15 000	15 000	4 600	4 600			19 600	19 600
合　计	—	—	—	20 000	—	6 000	—		—	26 000

表6－18　　　　　　　应付账款明细分类账户本期发生额及余额表

2011年1月　　　　　　　　　　　　　　　　　　　　　　　　　单位:元

明细账	期初余额		本期发生额		期末余额	
	借方	贷方	借方	贷方	借方	贷方
E工厂		12 000	3 000	1 000		10 000
F工厂		28 000	4 500			23 500
合　计		40 000	7 500	1 000		33 500

五、查找和更正错账的方法

　　由于各种原因,记账错误是难以完全杜绝的。为了保证账簿记录正确无误,需要根据会计核算的特点,探寻常见错账的产生原因及规律,总结出有效的查错方法,以便能够及时地查找错账并按规定的方法予以更正。

(一)错账的两种情况

1. 影响借贷平衡的错账

通常有倒码、错位、反方等。(1)倒码就是相邻数字颠倒,如56错记为65;(2)错位就是多记或少记位数,如200错记为2 000,或6 000错记为600;(3)反方就是记错借贷方向,如将借方发生额错记到贷方,出现一方重记,而另一方未记;(4)借贷两方一方记账,另一方漏账。以上错账在试算平衡时能够发现。

2. 不影响借贷平衡的错账

主要有:(1)重记整笔业务;(2)漏记整笔业务;(3)串户,即把甲账户发生额错记入乙账户中;(4)几种错误交织,差数相互抵消。以上错账在试算平衡时不易发现。

(二)查找错账的方法

1. 全面查账法

实际工作中,错账往往不止一笔一数,特别是在日久未对账时,账目不平衡,常常是由很多错误造成的。在这种情况下,可采用全面查账法查找错账。全面查账法有以下几种:

(1)顺查法

顺查法是按照记账程序,从原始凭证开始,逐笔查到试算表的一种检查方法。首先,检查记账凭证和所附的原始凭证记录的各项内容是否相符、计算上有无差错等;然后,将记账凭证和所附的原始凭证同有关总账、日记账、明细账逐笔查对;最后,检查试算表是否抄错。

(2)逆查法

逆查法是从试算表追溯到原始凭证,其检查顺序与记账顺序相反。首先,检查本期发生额及余额的计算有无差错;然后,逐笔核对账簿记录是否与记账凭证相符。

2. 个别抽查法

(1)差额法

适用于查找总账与所属明细账之间产生的漏记或重记错误。总账与所属明细账试算出现差额,可能是因漏记或重记产生的。如果是漏记,则哪方数额小,漏记就在哪方;如果是重记,则哪方数额大,重记就在哪方。

(2)除2法

适用于查找反方错误。记账如果出现反方记录,即借贷两笔发生额记入同一方向,使得一方的合计数加大,而另一方的合计数减少,其差额正好是应记正确数字的2倍。将差额除以2,所得商数可能就是记错的数字。例如,差数为36元,则36÷2=18,可以查找是否有一笔18元的账,借贷金额记在同一方向了。但需注意的是,如果是单方面漏记账,则差数为漏记金额也是有可能的。

(3)除9法

适用于查找倒码、错位的错账,因数字倒码或错位造成的正误差数都是9的倍数。

①发生倒码错误可以借助于"邻位数字颠倒便查表"(见表6-19)去查实。

表6-19　　　　　　　　　　邻位数字颠倒便查表

大数颠倒成小数							差额	小数颠倒成大数						
89	78	67	56	45	34	23	12	01	9	10	21	32	43	54	65	76	87	98
	79	68	57	46	35	24	13	02	18	20	31	42	53	64	75	86	97
		69	58	47	36	25	14	03	27	30	41	52	63	74	85	96
			59	48	37	26	15	04	36	40	51	62	73	84	95
				49	38	27	16	05	45	50	61	72	83	94
					39	28	17	06	54	60	71	82	93
						29	18	07	63	70	81	92
							19	08	72	80	91
								09	81	90

②发生错位错误,可将正误的差数除以9或9的倍数,即可得到正确数或错误数。为此,应注意两点:一是如果错移一位,则差数除以9;如果错移两位,则差数除以99,以此类推。二是小数错位成大数时,其商数是正确数;当大数错位成小数时,其商数是错误数。

例如,将380错记为38,其差数342除以9得38,38就是错误数。如果将68错记为6 800,其差额6 732除以99得68,68就是正确数。

查找错账时,对于已经查过的数字,分别标上正确或错误记号,并把错账的账页号码、记账日期、凭证字号、业务内容及差错情况进行详细记录,在查清错账后,要及时更正错账。

（三）更正错账的方法

产生错账的原因和具体情况不同,更正错账的方法也不同。更正错账的方法一般有划线更正法、红字更正法和补充登记法。

1. 划线更正法

如果记账凭证正确,只是由于过账时发生差错,而使账簿记录出现错误,应采用划线更正法进行更正。一般做法是:(1)在错误记录上划一条红线注销。若文字错误,则可以只注销错字,但若数字错误,则必须将整个数字全部注销。被注销的记录仍要清晰可辨,以备查考。(2)记账人员在注销处加盖个人名章,以明确责任。(3)登记正确的记录。划线更正法举例如下:

【例6-1】 对账时发现有一笔经济业务的发生额为8 400元,过账时误记为4 800元,则更正如下:8 400

4 800(盖上印章)

2. 红字更正法

红字更正法也称红字冲账法,一般有以下两种做法:

(1)全部冲销

如果记账凭证中的科目错误或借贷方向错误,并已过账,应采用红字更正法全部冲销。

具体做法是：①填制一张与错误记账凭证内容相同的红字金额记账凭证并据以入账，冲销错误记录。在红字金额凭证的摘要栏注明"注销×月×日第×号凭证"。②用蓝字填制一张正确的记账凭证并据以入账，更正错账记录。在蓝字更正凭证的摘要栏注明"重填×月×日第×号凭证"。

【例6—2】 车间修理办公用具时领用材料计500元。编制记账凭证时，将借方科目误写为"管理费用"，并已登记入账。错误分录如下：

借：管理费用　　　　　　　　　　　　　　　　　500
　　贷：原材料　　　　　　　　　　　　　　　　　　　500

更正分录如下：

①用红字金额全部冲销错误记录。

借：管理费用　　　　　　　　　　　　　　　　　|500|
　　贷：原材料　　　　　　　　　　　　　　　　　　　|500|

②重新编制正确分录。

借：制造费用　　　　　　　　　　　　　　　　　500
　　贷：原材料　　　　　　　　　　　　　　　　　　　500

（注：方框表示红字）

将以上更正分录过账后，错账就得到了更正，如表6—20所示。

表6—20

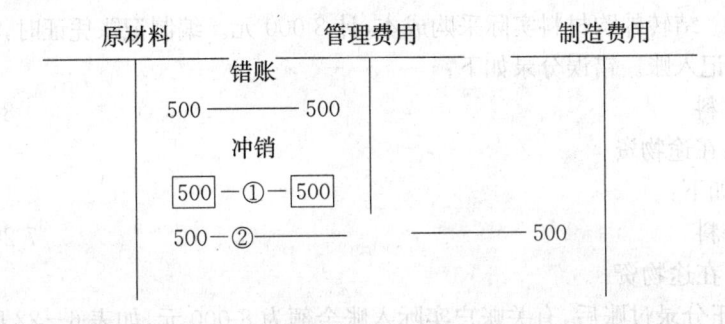

原材料	管理费用	制造费用
错账		
500 ——— 500		
冲销		
|500|—①—|500|		
500—②	——— 500	

必须注意：以上类型的错账只能采用红蓝数字相互抵消的办法进行更正，而不宜采用"借：制造费用，贷：管理费用"的借贷转销的办法来更正。原因是：①账户余额虽然得到更正，但虚增了发生额；②转销分录的账户对应关系得不到正常解释，容易使人产生误解。

（2）部分冲销

如果记账凭证中的科目、方向都没有错误，只是错误金额大于应记金额并已过账，应采用红字更正法进行部分冲销。具体做法是：填制一张科目和方向与错误凭证相同，但金额是多记差额的红字金额凭证并据以入账，冲销多记的金额。在部分冲销凭证的摘要栏注明"冲销×月×日第×号凭证多记金额"。

【例6—3】 结转外购材料实际采购成本，计8 000元。编制记账凭证时，将金额误写为

80 000元，并已登记入账。错误分录如下：

　　　借：原材料　　　　　　　　　　　　　　　　　　　　　　　　80 000
　　　　　贷：在途物资　　　　　　　　　　　　　　　　　　　　　　　80 000

更正分录如下：

　　　借：原材料　　　　　　　　　　　　　　　　　　　　　　　　72 000
　　　　　贷：在途物资　　　　　　　　　　　　　　　　　　　　　　　72 000

将以上更正分录过账后，有关账户实际入账金额为8 000元，如表6－21所示。

表6－21　　　　　　　　　用部分冲销法更正分录

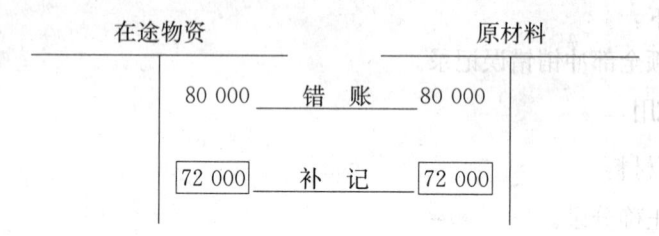

在途物资		原材料
80 000	错账	80 000
72 000	补记	72 000

3. 补充登记法

如果记账凭证中的科目、方向没有错误，只是错误金额小于应记金额并已过账，应采用补充登记法进行更正。具体做法是：填制一张科目和方向与错误凭证相同，但金额是少记差额的蓝字金额凭证并据以入账，补记少记的金额。在补充登记凭证的摘要栏注明"补记×月×日第×号凭证少记金额。"

【例6－4】 结转外购材料实际采购成本，计8 000元。编制记账凭证时，将金额误写为800元，并已登记入账。错误分录如下：

　　　借：原材料　　　　　　　　　　　　　　　　　　　　　　　　　　800
　　　　　贷：在途物资　　　　　　　　　　　　　　　　　　　　　　　　800

更正分录如下：

　　　借：原材料　　　　　　　　　　　　　　　　　　　　　　　　7 200
　　　　　贷：在途物资　　　　　　　　　　　　　　　　　　　　　　　7 200

将以上更正分录过账后，有关账户实际入账金额为8 000元，如表6－22所示。

表6－22　　　　　　　　　用补充登记法更正分录

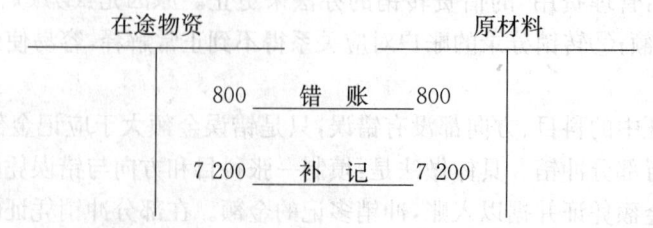

在途物资		原材料
800	错账	800
7 200	补记	7 200

现将错账类型及相应的更正步骤总结如表6－23所示。

表 6-23　错账类型及更正步骤

错账类型			更正方法	更正步骤
记账凭证正确,过账发生错误			划线更正法	①划线注销错误记录 ②更正人盖章 ③登记正确记录
记账凭证错误并据以过账	科目等错误		红字更正法	全部冲销	①填制红字金额凭证 ②填制正确记账凭证登记入账
	金额错误	金额多记		部分冲销	填制红字金额凭证冲销多记金额,填制蓝字金额凭证补记少记金额
		金额少记	补充登记法	填制蓝字金额凭证补记少记金额

情景三　对账和结账

一、对账

对账是指通过核对账簿记录检查账簿是否正确的一种方法。账簿记录是否正确无误,并不完全取决于账簿本身,还涉及记录记账的依据——会计凭证,以及记账的对象——实际情况。所以,对账包括账簿与凭证的核对、各种账簿之间的核对、账簿与实际情况的核对。

在实际工作中,由于各种原因,难免会发生记账差错或账实不符等情况,归纳起来,一般有两个主要原因:一是自然原因,如因财产物资的本身性质和自然条件变化所引起的溢余或短缺等;二是人为原因,如有关人员业务不熟、工作失职,甚至营私舞弊等。为了保证账簿记录的真实、正确和完整,必须做好对账工作。对账不一定都在期末结账时进行,有些重要的数字或者集中核对工作量太大的业务,也可以在平时经常进行核对。但不论平时是否核对账簿记录,在结账时都必须进行一次全面的核对。

对账的主要内容如下:

（一）账证核对

账证核对是指各种账簿记录与有关会计凭证的核对。在实际工作中,由于凭证数量太多,要在结账时全部加以核对是不可能的。一般是在日常编制凭证和记账过程中通过复核来进行的,在期末结账时也可进行重点的抽查核对。账证核对相符是保证账账相符、账实相符的基础。

（二）账账核对

账账核对是指各种账簿之间有关数字的核对。主要内容包括以下几个方面:

1. 总账借方与贷方的核对（全部账户的试算平衡）

总分类账中全部账户的本期借方发生额合计与贷方发生额合计、全部账户的期末借方余额合计与期末贷方余额合计,应分别核对相符。

2.总账与日记账的核对

总分类账中库存现金、银行存款账户的本期发生额合计和期末余额应与现金、银行存款日记账的相应数字核对相符。

3.总账与明细账的核对(平行登记的结果检查)

总分类账的本期发生额和期末余额应与所属的各明细分类账的本期发生额合计和期末余额合计核对相符。

4.各部门财产物资明细账的核对

会计部门有关财产物资明细分类账的余额,与财产物资保管部门或使用部门相应的明细分类账的余额核对相符。

以上各种账簿之间的核对,可以直接核对,也可以通过编表核对。

(三)账实核对

账实核对是指各种财产物资和债权债务的账面余额与实存数额进行核对,主要内容包括以下几个方面:

1.账款核对

现金日记账的账面余额应与库存现金实存数额核对相符。

2.账单核对

银行存款日记账的账面余额应与开户银行的对账单核对相符。

3.账物核对

各种财产物资明细分类账的账面余额应与财产物资的实存数额核对相符。

4.账人核对

各种应收、应付款明细分类账的账面余额应与有关债务人、债权人核对相符。

以上各种账实核对,一般是通过财产清查的方法进行的。财产清查是会计核算的专门方法之一,其具体内容将在"模块八"中详述。

二、结账

结账是在本期发生的经济业务全部入账的基础上,计算各账户本期发生额和余额,结束本期账簿记录的方法。

结账的内容和程序如下:

(1)将本期日常发生的经济业务全部入账。不能为赶编会计报表而提前结账,也不能先编报表后结账。如发现漏账、错账,应及时补记、更正。

(2)按照权责发生制的要求,编制期末账项调整的记账凭证,并据以入账。

(3)按照配比原则的要求,编制结转已售产品成本等的记账凭证,并据以入账。

(4)结转各费用(成本)类账户和收入类账户,编制结账分录并据以入账,以确定本期财务成果。

(5)结转"本年利润"和"利润分配"账户。

(6)核对账目,保证账证相符、账账相符和账实相符。

(7)在本期全部经济业务登记入账并核对相符的基础上,分别按规定结出各种日记账、总分类账、明细分类账的本期发生额和期末余额,并画线结账。

会计期末采用画通栏红线的方法进行结账。画结账红线的目的是为了在繁多的账户记录中突出有关数额,并明确画清各期记录的界线。由于各种账户所提供的指标作用不同,月结方法的繁简也不同:

①对于本月没有发生额的账户,不必进行月结(不画结账红线)。

②对于所有总账以及应收款明细账、应付款明细账、财产物资明细账,只需在本月最后一笔记录下面画一条通栏单红线,表示"本期记录到此结束",如表6-24所示。

③对于现金日记账和银行存款日记账,应在本月最后一笔记录下面画一条通栏单红线,并在下一行的摘要栏中用红字居中书写"本月合计",同时在该行结出本月发生额合计及余额,然后在"本月合计"行下面再画一条通栏单红线,如表6-25所示。

④对于应交税费明细账、成本类明细账和损益类明细账,从2月末开始,按月结出本年累计发生额,如表6-26所示。

⑤年末结账。在各账户的本年最后一笔记录下面画通栏双红线,表示"年末封账"。

情景四　账簿的更换与保管

一、账簿的更换

为了保持账簿资料的连续性,每年年末都要更换新账。

(1)总账、日记账和大部分明细账,每年更换一次。年初,要将旧账各账户年末余额直接转记到新账各账户的第一行中,并在"摘要"栏内加盖"上年结转"戳记。上年旧账各账户最后一行"摘要"栏内加盖"结转下年"戳记,并将其下面的空行画一条斜红线注销。旧账余额过入新账时,无需编制记账凭证。

(2)对于数额变动较小、内容格式特殊的明细账,如固定资产明细账,可以连续使用多年,而不必每年更换新账。

二、账簿的保管

会计凭证、会计账簿和会计报表都是企业的会计档案和历史资料,必须妥善保管,不得销毁和丢失。

正在使用的账簿,应由经管账簿的会计人员负责保管。年末结账后,会计人员应将活页账簿的空白账页抽出,并在填写齐全的"账簿启用及经管人员一览表"、"账户目录"前加上封面,固定装订成册。经统一编号后,与各种订本账一起归档保管。各种账簿的保管年限和销毁的审批程序,应按会计制度的规定严格执行。

表 6—24 应付账款明细账

2012年		凭证号	摘要	借方 千百十万千百十元角分	贷方 千百十万千百十元角分	借或贷	余额 千百十万千百十元角分
月	日						
1	1		上年结转			贷	1 6 0 0 0 0
	4	付5	还账款	1 3 0 0 0 0		贷	3 6 0 0 0
	28	转7	欠料款		4 5 0 0 0 0	贷	4 8 0 0 0 0
							一条单红线

表 6—25 现金日记账

2012年		凭证号	对方科目	收入 千百十万千百十元角分	支出 千百十万千百十元角分	核对号	金额 千百十万千百十元角分
月	日						
1	1		上年结转				8 0 0 0 0
	7	付1	银行存款		3 0 0 0 0		5 0 0 0 0
	19	付3	其他应收款	4 0 0 0 0			9 0 0 0 0
	31		本月合计	4 0 0 0 0	3 0 0 0 0		9 0 0 0 0
							一条单红线 两条红线

表6-26

应交税费明细账

2012年		凭证号	摘要	借方								贷方								借或贷	金额							
月	日			千	百	十	万	千	百	十	元	角	分	千	百	十	万	千	百	十	元	角	分		千	百	十	万	千	百	十	元	角	分
2	29	转28	计算应交税额															3	6	0	0	0	0	贷					3	6	0	0	0	两条单红线
2	29		本年累计					7	1	0	0	0	0					7	1	0	0	0	0	贷					3	6	0	0	0	0

信息搜索

1. 简述会计账簿的作用。
2. 会计账簿按账页格式可划分为几类？各有何特点？
3. 总分类账簿和明细分类账簿在格式上一般有何区别？为什么？
4. 更正错账一般有几种方法？分别适用于哪种错账？
5. 什么是对账？对账包括哪些内容？
6. 什么是结账？结账包括哪些程序？
7. 试述总分类账户和明细分类账户的联系和区别，并说明两者间平行登记的要点。

【练习题】

一、单项选择题

1. 企业设置的日记，按账簿的用途分类属于(　　)。
   A. 序时账簿　　　B. 订本账簿　　　C. 联合账簿　　　D. 备查账簿
2. 企业设置的总账按用途分类属于(　　)。
   A. 备查账簿　　　B. 分类账簿　　　C. 联合账簿　　　D. 序时账簿
3. 总分类账簿应采用(　　)。
   A. 活页账簿　　　B. 卡片账簿　　　C. 订本账簿　　　D. 联合账簿
4. 材料明细账的外表形式一般采用(　　)账簿。
   A. 订本式　　　B. 活页式　　　C. 三栏式　　　D. 多栏式
5. 固定资产明细账的外表形式一般是(　　)。
   A. 三栏式　　　B. 数量金额式　　　C. 多栏式　　　D. 卡片式
6. 在结账之前，若发现账簿记录有错误，而记账凭证有错误，则采用(　　)进行更正。
   A. 划线更正法　　　B. 红字更正法　　　C. 补充登记法　　　D. 直接冲销法
7. 记账后，发现记账凭证中的应借、应贷会计科目有错误，应采用(　　)进行更正。
   A. 划线更正法　　　B. 红字更正法　　　C. 补充登记法　　　D. 直接冲销法
8. 记账后，发现记账凭证和账簿中所记金额大于应记金额，而应借、应贷的会计科目并无错误，应采用(　　)进行更正。
   A. 划线更正法　　　B. 红字更正法　　　C. 补充登记法　　　D. 直接冲销法
9. 记账后，发现记账凭证和账簿中所记金额小于应记金额，而应借、应贷的会计科目并无错误，应采用(　　)进行更正。
   A. 划线更正法　　　B. 红字更正法　　　C. 补充登记法　　　D. 直接冲销法
10. 新的会计年度开始，可以继续使用不必更换新账的有(　　)。
    A. 多栏式日记账　　　B. 银行存款日记账
    C. 固定资产卡片账　　　D. 管理费用明细账

二、多项选择题

1. 企业从银行提取现金1 000元，此项业务应在(　　)中登记。

A. 现金日记账 B. 银行存款日记账
C. 总分类账 D. 明细分类账
2. 账簿按其用途,可以分为( )。
A. 序时账簿 B. 订本账簿 C. 分类账簿 D. 备查账簿
E. 活页账簿
3. 账簿按其外表形式,可以分为( )。
A. 订本账簿 B. 活页账簿 C. 三栏账簿 D. 卡片账簿
E. 多栏账簿
4. 任何会计主体都必须设置的账簿有( )。
A. 日记账簿 B. 辅助账簿 C. 总分类账簿 D. 备查账户
E. 明细分类账簿
5. 现金、银行存款日记账的账页格式主要有( )。
A. 三栏式 B. 多栏式 C. 数量金额式 D. 两栏式
E. 订本式

三、判断题

1. 账簿是以原始凭证为依据,由具有一定格式而又相互联系的账页所组成,用来全面、系统、连续记录反映经济业务的簿籍。（ ）
2. 活页式账簿主要适用于各种日记账。（ ）
3. 总分类账是分类连续反映企业经济业务总括情况的账簿,总分类账一般采用借、贷、余三栏式的订本账。（ ）
4. 普通日记账的优点在于可全面、连续地记录一个单位的经济业务的情况,过账工作简单;缺点是不便于分工记录。（ ）
5. 银行存款日记账是用来逐日逐笔序时登记银行存款的收入、支出和结存情况的账簿,它是由记账员根据审核后的银行存款收款凭证和付款凭证时逐笔登记。（ ）
6. 账页记满时,应在该账页的最后一行,加记本页发生额及余额,在摘要栏注明"过次页",并在次页第一行摘要栏注明"承前页"字样,同时记入前页发生额和余额。（ ）
7. 新的会计年度开始时,必须更换全部账簿。（ ）
8. 在填制记账凭证时,误将7 800元记为8 700元,并已登记入账。月终结账前发生错误,更正时应采用划线更正法。（ ）
9. 卡片式账簿的优点是实用性强,能够避免账页散失,防止不合法地抽换账页。（ ）
10. 总分类账、现金及银行存款日记账一般都采用活页式账簿。（ ）

四、业务题

习题一

(一)目的:练习错账的更正方法。
(二)资料:某企业将账簿与记账凭证进行核对,发现下列经济业务的凭证内容或账簿记录有错误。
(1)开出转账支票一张200元,支付管理部门零星开支。原记账凭证为:
　　借:管理费用　　　　　　　　　　　　　　　　　　　　　　　　　200
　　　　贷:现金　　　　　　　　　　　　　　　　　　　　　　　　　　　200
(2)签发转账支票4 000元,预付后三季度的报刊订阅费。原记账凭证为:

  借:待摊费用   400
    贷:银行存款   400

(3)签发转账支票6 000元,预付后三季度房租。原记账凭证为:

  借:待摊费用   9 000
    贷:银行存款   9 000

(4)用现金支付管理部门零星购置费78元。原记账凭证为:

  借:管理费用   78
    贷:现金   78

(三)要求:更正错账。

习题二

(一)目的:练习错账的更正方法。

(二)资料:某工厂2012年7月1日现金日记账的期初余额为960元,该厂7月份发生下列有关经济业务:

(1)1日,车间技术员李英借支差旅费300元,以现金支付。

(2)1日,厂长江海预借差旅费600元,以现金支付。

(3)2日,开出现金支票,从银行提取现金650元备用。

(4)2日,以现金购买财务科办公用品100元。

(5)3日,以现金支付工厂行政管理部门设备修理费170元。

(6)10日,以现金支付法律咨询费160元。

(7)11日,开出现金支票,从银行提取现金29 000元,备发工资。

(8)12日,以现金29 000元发放工资。

(9)18日,以现金60元购买车间办公用品。

(10)19日,职工江英缴来工具赔偿费120元。

(11)23日,用现金支付采购材料运杂费80元。

(12)27日,外单位职工以现金支付借打长途电话费6元。

(13)30日,车间技术员李英报销差旅费260元,其余40元以现金退付。

(14)30日,厂长江海报销差旅费660元,多余部分以现金补付。

(三)要求:

(1)设置三栏式现金日记账,将7月1日期初余额记入现金日记账。

(2)根据以上业务记入现金日记账,并结出余额。

模块七 财产清查

【模块要点】

财产清查是会计核算方法之一,是保证会计核算资料的客观、真实以及企业财产物资安全、完整的必要手段。通过本章的学习,应明确财产清查的重大意义和作用,了解财产清查的方法和种类,重点掌握财产清查的会计处理。

情景一 财产清查的意义和种类

一、财产清查的意义

财产清查就是通过对财产物质、现金的实地盘点和对银行存款、债权、债务的查对,来确定其实有数与账面结存数是否相符的一种专门方法。

财产清查是会计核算方法之一,为了保证会计核算资料的客观真实性,保护企业财产物质的安全完整,在会计核算中要经常对账簿记录、会计凭证进行日常审核和定期核对。但账簿记录的正确还不能保证账簿记录与实际业务相一致,因为有很多客观原因会使财产物质的账面结存与实际结存不一致,产生各种差异。例如,某些财产物质在保管的过程中由于受自然界各种因素的影响,往往会发生数量上的损耗、升溢或质量等级的变化;某些财产物质在收发计量时,由于计量器具的不准确造成的"缺斤少两",或由于整进零出造成的"分斤折两",或因人力不可抗拒的自然因素造成的数量变化等。除了这些自然因素外,还有一些人为原因,如管理不善或工作人员失职造成的损坏、霉变、偷窃、贪污、营私舞弊,以及工作责任心不强出现的错记、漏记、多记等情况。为了保证会计账簿记录的真实、准确,为企业管理提供可靠的信息资料,就必须通过财产清查,对各项财产物质定期或不定期地进行盘点核对,以保证账实相符。

财产清查的意义可概括为以下几个方面：

(一)保证会计核算资料的真实可靠

通过财产清查,可以确定各项财产物质的实有数,并通过实有数与账存数之间的相互核对,确定账实相符的程度,查明发生盈亏的原因及责任,以便及时调整账簿记录,做到账实相符,保证会计核算资料的真实可靠。

(二)有利于挖潜增效,加速资金周转

通过财产清查,可以了解掌握企业各项实物资产的储存、利用、保管的情况,及时处理积压闲置的资产,调剂余缺,充分挖掘财产物质的潜力,增产增效,加速资金周转。

(三)建立健全规章制度,提高企业的管理水平

通过财产清查,可以查明企业管理上存在的漏洞,从而建立健全各种规章制度,以杜绝一切违反财经纪律和结算制度的现象,进而保护国家财产物质的安全完整,并提高企业管理水平。

二、财产清查的种类

财产清查,由于清查的对象和范围的不同,以及清查时间的不一致,可以有以下分类：

(一)按清查对象和范围可分为全面清查和局部清查

1. 全面清查

全面清查是指对企业全部财产物质所进行的盘点和核对。一般包括以下内容：

(1)现金、银行存款和银行借款等货币资金；

(2)固定资产、原材料、在产品、半成品、产成品以及其他物资；

(3)在途的各种材料物资,货币资金等；

(4)各种往来结算款项,预算缴拨款项；

(5)委托其他单位代保管、代加工的各项材料物资等。

全面清查,由于涉及的范围广、内容多、参加的人员多、花费的时间也长,因此不宜经常进行。一般在下述情况下,需要进行全面清查：

(1)年终决算前,为了确保年终决算会计资料的真实性,要进行一次全面清查；

(2)单位撤销、倒闭、合并或改变隶属关系时,要进行一次全面清查；

(3)开展清产核资时,要进行一次全面清查；

(4)单位主要负责人调离工作岗位时,要进行一次全面清查。

2. 局部清查

局部清查就是根据需要,只对部分财产物资进行的盘点核对。例如,一般情况下,企业对那些流动性较大的财产,如现金、原材料、产成品及贵重物品进行的清查盘点。

由于局部清查涉及范围小,参与的人员也少,因此企业经常进行的都是局部清查。局部清查一般包括以下内容：

(1)对于现金,应由出纳员在每日业务终了时清点核对。

(2)对银行存款、银行借款应由出纳员每月与银行核对一次对账单。

(3)对于原材料、产成品、在产品及在途材料、贵重物品,应每月清查盘点一次。

(4)对各种债权、债务每年至少要同对方核对一至两次,若发现问题,则及时解决,避免坏账损失。

(二)按清查时间可分为定期清查和不定期清查

1. 定期清查

定期清查是指根据事先计划安排好的时间,对企业财产物资进行的清查。这种清查一般是在年末、季末、月末结账前进行,以保证账实相符,会计报表真实可靠。定期清查可以是局部清查,也可以是全面清查,通常情况下,企业在年末进行全面清查,而在平时季末、月末进行局部清查。

2. 不定期清查

不定期清查就是事先不规定清查时间,而是根据需要随时组织的清查。不定期清查通常在下列情况下进行:

(1)企业更换保管、出纳人员时,要对其保管的物资进行清查,以明确经济责任;

(2)发生自然灾害或意外损失时,对受损物品进行清查,以查明受损情况;

(3)上级主管部门、财政、审计对本单位进行财会检查时;

(4)进行临时性的清产核资时。

不定期清查,既可以是全面清查,也可以是局部清查,要视具体情况来确定。

三、财产清查前的准备工作

财产清查是一项复杂、细致的工作,涉及面较广,参与的人员较多,尤其是全面清查时。因此,为了做好企业财产清查工作,事先必须做好各方面的准备工作。

(一)组织准备

企业在进行财产清查时,尤其是全面清查时,应成立由总会计师、单位主要负责人牵头的包括财会、业务、仓库等有关部门、人员参加的财产清查领导小组,具体负责财产清查事宜,其主要任务如下:

(1)事先制定财产清查的目的、任务,确定清查范围、时间、路线,掌握清查进度。

(2)在清查过程中,随时掌握清查情况,督促检查,随时解决清查中出现的问题。

(3)在清查结束后,及时进行总结,形成书面文件,将清查结果上报有关部门。

(二)业务准备

为做好财产清查,各业务部门要积极配合,特别是财会和财产物资管理部门,要认真做好以下工作:

(1)会计部门和人员,应在清查前,将账簿记录整理完全,结出余额,保证账证、账账相符,为清查提供可靠的资料。

(2)财产物质管理部门和有关人员,应将保管的物品整理码放好,并标明物品的品种、规格、数量,与保管明细账核对清楚,结出账面余额,以便盘点核对。

(3)准备好必要的计量器具,检查调试好,以保证计量准确。

(4)对银行存款、借款及结算款项,事先取得对账单,以便查对。

(5)准备印制好有关表格、账册,以备清查时使用。

情景二 财产清查的方法

一、财产物质的盘存制度

财产物质的盘存制度有"永续盘存制"和"实地盘存制"两种。在不同的盘存制度下,企业各项财产物资在账簿中的记录方法和清查盘点的目的是不同的。

（一）永续盘存制

永续盘存制,又称账面盘存制,它是平时对各项财产物资的增加数和减少数,都要根据会计凭证记入有关账簿,并随时在账簿中结出各种财产物质的账面结存数额。其目的是以账存数控制实存数。

在永续盘存制下,期末账面结存数的计算公式如下：

$$期初结存数＋本期增加数－本期减少数＝期末结存数$$

采用永续盘存制,日常核算的工作量较大,但手续严密,通过账簿连续记录,可以随时了解财产物资的收、发、存情况,发现问题可以及时处理,堵塞管理上的漏洞,有利于加强财产物质的管理。截至本章止,各章有关财产物资的登记都是按永续盘存制处理的。

（二）实地盘存制

实地盘存制与永续盘存制不同,采用实地盘存制的企业,平时在账簿记录中,只登记财产物资的增加数,不登记减少数；月末,通过对财产物资的实地盘点来作为账面结存,然后再倒挤出本期减少数,据以登记账簿。在实地盘存制下,本期减少数的计算公式如下：

$$期初结存数＋本期增加数－期末实地盘存数＝本期减少数$$

由此可见,在实地盘存制下,月末对财产物资进行清查盘点的目的在于确定期末账面结存,并倒挤出本期减少数,有悖于财产清查的初衷。同时,采用实地盘存制,虽然核算工作较简单,但手续不严密,可能掩盖财产物资管理上存在的问题,致使成本核算不真实。因此,除非有特殊情况,一般企业不采用实地盘存制。

综上所述,不论财产物资账面结存数的确定采用哪一种方法,对财产物资都必须定期或不定期地进行清查盘点。

二、财产清查的方法

（一）财产物资的清查

财产物资的清查,是指对固定资产、原材料、产成品、在产品等实物,在数量和质量上所进行的清查。由于各种财产物资的形态、体积、重量、堆放方式等都不尽相同,因此,所采用的清查方法也不尽相同。通常采用的方法有以下两种：

1. 实地盘点法

这种方法主要是通过对财产物资的逐一清点、计件、过磅等方法来确定其实存数量,其适用范围较广,适用于大多数财产物资。

2. 技术推算盘点法

这种方法主要适用于一些体积较大、笨重、不易搬动和逐一点数过磅的财产物资。它主要通过计尺、量方等技术推算手段来确定某些财产物资的实存数量。

盘点时,除了清点财产物资的实有数外,还要检查其质量,通过采用物理或化学的方法来重新确定等级,同时要查明财产物资在保管上存在的问题。

为了明确经济责任,在进行盘点清查时,保管人员必须在场,对于盘点结果,应如实登记在盘存单上,并由盘点人员和保管人员签字盖章。盘存单,既是记录盘点结果的书面证明,也是反映财产物资实存数的原始凭证。其一般格式如表7-1所示。

表7-1　　　　　　　　　　　　盘 存 单　　　　　　　　　　　　编号:

盘点时间:　　　　　　　　　　财产类别:　　　　　　　　　　存放地点:

编号	名称	规格	计量单位	数量	单价	金额	备注

盘点人:　　　　　　　　　　保管人:

盘存单一式三份,一份由清点人员留存备查,一份交实物保管人员保存,一份交财会部门与账面记录相核对。

为了查明实存数与账存数是否一致,确定盘亏或盘盈情况,还要根据盘存单和有关账簿的记录,编制"账存实存对比表",通过对比,揭示账面结存数与实际结存数之间的差异。该表既是用以调整账簿记录的重要原始凭证,又是分析产生差异的原因、明确经济责任的依据。账存实存对比表的一般格式如表7-2所示。

表7-2　　　　　　　　　　　账存实存对比表

财产类别:　　　　　　　　　　年　月　日　　　　　　　　　　编号:

编号	名称及规格	计量单位	单价	实存 数量	实存 金额	账存 数量	账存 金额	对比结果 盘盈	对比结果 盘亏	备注

在实际工作中,为了简化编表工作,账存实存对比表通常只列账实不符的财产物资,对于账实完全相符的财产物资并不列入。这样的账存实存对比表,主要是反映盘盈盘亏情况,因而也称"盘点盈亏报告表"。

委托外部加工、保管的财产物资也在清查之列,可采用询证的方法与对方单位联系核实,如有不符,同样要查明原因,按规定进行处理并及时调整账面,以达到账实相符。

(二)现金的清查

现金的清查主要采用实地盘点法,即通过清点票数来确定现金的实存数,然后以实存数与现金日记账的账面余额进行核对,以查明盈亏情况。库存现金的盘点应当由清查人员会同出纳人员共同负责,一般在当天业务结束或开始之前进行,注意清查时不得以"白条子"抵充库存现金,盘点结果填入"现金盘点报告表",并由清查人员和出纳人员签章。"现金盘点报告表"兼有盘存单和实存账存对比表的作用,是反映现金实有数和调整账簿记录的重要原始凭证。其一般格式如表7—3所示。

表7—3　　　　　　　　　　现金盘点报告单

单位名称:　　　　　　　　　　年　　月　　日

实存余额	账存余额	对比结果		备 注
		盘盈	盘亏	

盘点人:　　　　　　　　　　　　出纳:

(三)银行存款的清查

银行存款的清查,是采用与开户银行核对账目的方法进行的,即将本单位的银行存款日记账与开户银行转来的对账单逐笔进行核对,检查账账是否相符。

银行对账单上的余额,常与企业银行存款日记账上的余额不一致,其原因有两点:一是由于某一方记账有错误。譬如,有的企业同时在几家银行开户,记账时会发生银行之间串户的错误,同样,银行也可能把各存款单位的账目相互混淆。二是存在未达账项。所谓未达账项,是指由于企业与银行之间对于同一项经济业务,取得凭证的时间不同,导致记账时间不一致,而发生的一方已取得结算凭证并已登记入账、另一方由于尚未取得结算凭证尚未入账的款项。产生未达账项的原因有以下四种情况:

1. 企业已收,银行未收款

例如，企业收到销售支票，送存银行后，登记银行存款增加，可银行由于尚未收妥该笔款项，尚未记账，因而形成企业已收款入账、银行尚未收款入账的情况。

2. 企业已付，银行未付款

例如，企业开出支票支付某笔款项，并根据有关单据登记银行存款减少，此时银行由于尚未接到该笔支付款项的凭证，未记减少，因而形成企业已付款记账、银行尚未付款记账的情况。

3. 银行已收，企业未收款

例如，银行代企业收入一笔外地汇款，银行已记存款增加，而企业由于尚未收到汇款凭证，未记增加，因而形成银行已收款入账、企业尚未收款入账的情况。

4. 银行已付，企业未付款

例如，银行代企业支付某种费用，银行已记存款减少，而企业尚未接到有关凭证，未记减少，因而形成银行已付款记账、企业尚未付款记账的情况。

上述任何一种未达账项的存在，都会使企业银行存款日记账余额与银行对账单余额不一致。因此，在与银行核对对账单时，应首先检查是否存在未达账项，如确有未达账项存在，即编制"银行存款余额调节表"，待调整后，再确定企业与银行双方记账是否一致，以及双方账面余额是否相符。

银行存款余额调节表的编制方法有多种，现以补记法为例，说明如下：

【例7－1】 某企业6月30日银行存款日记账余额为62 000元，而银行对账单余额为55 000元，经过逐笔核对，发现有下列未达账项：

(1)企业送存银行转账支票一张，系销售收入20 000元，银行尚未入账。

(2)企业开出现金支票一张，支付办公费2 500元，银行尚未收到支票，未入账。

(3)银行代企业收取前欠销售款12 000元，已入账，而企业尚未收到银行收款通知，未入账。

(4)银行代企业支付本月水电费1 500元，银行已付款入账，而企业尚未收到付款通知，未入账。

根据上述资料，编制"银行存款余额调节表"(如表7－4所示)，调整双方余额。

表7－4　　　　　　　　　　　银行存款余额调节表

2012年6月30日　　　　　　　　　　　　　　　　单位：元

项　目	金　额	项　目	金　额
企业存款日记账余额	62 000	银行对账单余额	55 000
＋(3)收回前欠销售款	12 000	＋(1)销售收入款	20 000
－(4)水电费	1 500	－(2)办公费	2 500
调整后余额	62 500	调整后余额	62 500

该补记法是企业与银行双方都在本身账面余额的基础上,补记上对方已记账,而本身尚未记账的未达账项,登记后看双方余额是否一致,如调整后余额相等,则说明双方记账无错,否则说明双方记账有误,应进一步查找。

需要说明的是,该调节表只起调节试算企业与银行双方之间账目是否相符的作用,而不能作为调整账面余额的凭证,也不能据此更正账面记录。至于产生的未达账项,须等双方接到有关凭证后,才能据以登账。该调节表上调整后的存款余额,为企业存放在银行的可实际动用的存款数额。

对于银行借款的清查,也可采用此方法进行。

(四)结算往来款项的清查

往来款项的清查盘点,适用于询证法。即企业应在清查日截止时,将有关往来款项的全部结算凭证登记入账,并编制对账单一式两联,送交对方进行核对。对方将核对结果,不论正确与否,均需在对账单上注明,盖章寄回。对清查过程中有争议或确实无法收回的款项,要及时处理,避免坏账损失。

情景三 财产清查结果的处理

财产清查的结果,必须严格遵循国家财务制度的有关规定,严肃认真处理。对财产清查中发现的盘盈盘亏等情况,一般分以下两个步骤进行账务处理:

第一步,将清查核实后的盘盈盘亏情况形成书面材料,上报有关部门办理报批手续,同时,根据"盘存单"或"账存实存对比表"调整账簿记录,做到账实相符,并将盈亏数额记入"待处理财产损溢"账户。

第二步,审批后,根据上级处理意见,编制记账凭证,登记有关账簿,追回应由保险公司或责任人负担的损失,同时核销"待处理财产损溢"账户。

"待处理财产损溢"账户,是用来核算企业在财产清查过程中查明的各种财产物资的盘盈盘亏和毁损价值的账户。借方登记发生的待处理财产盘亏及毁损数和结转已批准处理的财产盘盈数;贷方登记发生的待处理财产盘盈数和转销已批准处理的财产盘亏和毁损数。其借方余额表示尚待批准处理的财产物资的净损失,其贷方余额则表示尚待批准处理的财产物资的净溢余。其明细核算可按盘盈、盘亏的资产种类和项目设置。

对于企业的财产损益,应查明原因,并在期末结账前处理完毕,处理后本账户应无余额。

一、固定资产盈亏的账务处理

财产清查中发现的固定资产盘盈,应作为前期差错记入"以前年度损益调整"科目;盘亏、毁损和因自然灾害造成损失的固定资产,如已向保险公司投保,则应扣除赔偿部分后,将其净损失转入"营业外支出"科目。

【例7-2】 某企业在财产清查中发现账外机器一台,估价10 000元,八成新。

(1)审批前,编制凭证,调整账面记录。

借:固定资产——机器　　　　　　　　　　　　　　　10 000
　　贷:累计折旧　　　　　　　　　　　　　　　　　　2 000
　　　　待处理财产损溢——机器　　　　　　　　　　　8 000
(2)审批后,根据批复意见,结转入账。
借:待处理财产损溢——机器　　　　　　　　　　　　8 000
　　贷:以前年度损益调整　　　　　　　　　　　　　　8 000

【例7-3】 某企业财产清查中发现盘亏机器一台,原账面价值20 000元,已提折旧6 000元,已办理保险6 000元,尚未收款。

(1)审批前,编制凭证,调整账面记录。
借:待处理财产损溢——机器　　　　　　　　　　　14 000
　　累计折旧　　　　　　　　　　　　　　　　　　　6 000
　　贷:固定资产——机器　　　　　　　　　　　　　20 000
(2)审批后,根据批复意见,结转入账。
借:营业外支出　　　　　　　　　　　　　　　　　　8 000
　　其他应收款——保险公司　　　　　　　　　　　　6 000
　　贷:待处理财产损溢——机器　　　　　　　　　　14 000

二、流动资产盈亏的账务处理

对流动资产的处理,审批前,根据"实存账存对比表"所确定的盈亏数字,编制分录登记入账。审批后,根据批复核销有关账户。属于责任人赔偿的记入"其他应收款"账户;因管理制度不健全、计量不准等原因造成的盈亏,增减"管理费用"账户;因自然灾害造成的非常损失,记入"营业外支出"账户。

【例7-4】 清查中发现库存甲材料盘亏8千克,单价10元,乙材料盘盈2千克,单价15元,经查甲材料因保管不当造成短缺,应由保管员赔偿40元,乙材料系计量差错造成。

(1)审批前:
借:待处理财产损溢——甲材料　　　　　　　　　　　　80
　　贷:原材料——甲材料　　　　　　　　　　　　　　　80
借:原材料——乙材料　　　　　　　　　　　　　　　　30
　　贷:待处理财产损溢——乙材料　　　　　　　　　　　30
(2)审批后:
借:管理费用　　　　　　　　　　　　　　　　　　　　40
　　其他应收款——保管员　　　　　　　　　　　　　　40
　　贷:待处理财产损溢——甲材料　　　　　　　　　　　80
借:待处理财产损溢——乙材料　　　　　　　　　　　　30
　　贷:管理费用　　　　　　　　　　　　　　　　　　　30

【例7-5】 因台风影响,A产品损失8 000千克,计100 000元,保险公司赔偿80 000

元,尚未收款。处理残值估价500元入材料库。

(1)审批前：

借：待处理财产损溢——A产品　　　　　　　　　　　　99 500
　　原材料　　　　　　　　　　　　　　　　　　　　　　500
　　贷：库存商品——A产品　　　　　　　　　　　　　　　　100 000

(2)审批后：

借：营业外支出　　　　　　　　　　　　　　　　　　　19 500
　　其他应收款——保险公司　　　　　　　　　　　　　80 000
　　贷：待处理财产损溢——A产品　　　　　　　　　　　　99 500

三、结算往来款项的处理

对于企业在日常经济活动中产生的债券、债务,应加强管理,避免长期挂账。在财产清查中,查明的长期应收收不回来和应付付不出去的款项,在账务处理上不同于实物资产。通常情况下,将清查结果连同其他实物资产的盘盈盘亏,形成书面材料一同上报有关部门办理报批手续；在批复意见尚未到达之前暂不做账务处理,即不通过"待处理财产损溢"账户,待审批后,根据审批意见直接冲转应收应付。

【例7－6】 财产清查中发现,长兴工厂垫付的材料运费500元,因对方搬迁,查无实处,无法支付。

审批前不做账务处理。

审批后：

借：应付账款——长兴　　　　　　　　　　　　　　　　500
　　贷：营业外收入　　　　　　　　　　　　　　　　　　　500

【例7－7】 财产清查中发现,应收第三百货公司销售款10 000元,因对方倒闭,确实已无法收回。

审批前不做账务处理。

审批后：

借：管理费用　　　　　　　　　　　　　　　　　　　　10 000
　　贷：应收账款——第三百货　　　　　　　　　　　　　　10 000

▌信息搜索

1. 什么是财产清查？财产清查的意义是什么？
2. 财产清查的种类有哪些？
3. 什么是永续盘存制？其优点是什么？
4. 什么是未达账项？产生未达账项的原因有哪些？
5. "待处理财产损溢"账户的用途是什么？结构怎样？

【练习题】

一、单项选择题

1. 对现金的清查方法应采用( )。
   A. 技术推算法 B. 实物盘点法
   C. 实地盘存制 D. 查询核对法

2. 银行存款的清查是将银行存款日记账记录与( )核对。
   A. 银行存款、收款、付款凭证 B. 总分类账银行存款科目
   C. 银行对账单 D. 开户银行的会计记录

3. 对于长期挂账的应付账款,在批准转销时应记入( )科目。
   A. 营业外支出 B. 营业外收入
   C. 资本公积 D. 待处理财产损溢

4. 采用实地盘存制时,财产物资的期末结存数就是( )。
   A. 账面结存数 B. 实地盘存数
   C. 收支抵减数 D. 滚存结余数

5. 在永续盘存制下,平时( )。
   A. 对各项财产物资的增加和减少数,都不在账簿中登记
   B. 只在账簿中登记财产物资的减少数,不登记财产物资的增加数
   C. 只在账簿中登记财产物资的增加数,不登记财产物资的减少数
   D. 对各项财产物资的增加和减少数,都要根据会计凭证在账簿中登记

6. 下列情况中,需要进行全面清查的是( )。
   A. 出现未达账项时 B. 年终决算前
   C. 更换出纳人员时 D. 现金短缺时

7. 清查库存现金采用的方法是( )。
   A. 实地盘存法 B. 技术推算法
   C. 余额调节法 D. 核对账目法

8. 现金清查时,在盘点结束后应根据盘点结果编制( )。
   A. 盘存单 B. 实存账存对比表
   C. 现金盘点报告表 D. 对账单

9. 在记账无误的情况下,银行对账单与银行存款日记账账面余额不一致的原因是( )。
   A. 应付账款 B. 应收账款 C. 外埠存款 D. 未达账项

10. "现金盘点报告表"应由( )签章方能生效。
    A. 经理和出纳 B. 会计和盘点人员 C. 盘点人员和出纳 D. 会计和出纳

二、多项选择题

1. 采用实物盘点法的清查对象有( )。
   A. 固定资产 B. 材料 C. 银行存款 D. 现金

2. 通过财产清查要求做到( )。
   A. 账物相符 B. 账款相符 C. 账账相符 D. 账证相符

3. 企业银行存款日记账账面余额大于银行对账单余额的原因有( )。
   A. 企业账簿记录有差错 B. 银行账簿记录有差错

C. 企业已作收入入账,银行未达　　　　　D. 银行已作支出入账,企业未达

4. 财产清查中遇到账实不符时,用以调整账簿记录的原始凭证有(　　)。

A. 实存账存对比表　　　　　　　　B. 现金盘点报告表
C. 银行对账单　　　　　　　　　　D. 银行存款余额调节表

5. 查询核对法一般适用于(　　)的清查。

A. 债权债务　　B. 银行存款　　C. 现金　　D. 往来款项

三、判断题

1. 全面清查可以定期进行,也可以不定期进行。（　）
2. 通过银行存款余额调节表可以检查账簿记录上存在的差错。（　）
3. 对于银行存款的未达账项应编制银行存款进行调节,同时将未达账项编成记账凭证登记入账。（　）
4. 在债权债务往来款项中,也存在未达账项。（　）
5. 存货的盘亏、毁损和报废,在报经批准后均应记入"管理费用"科目。（　）
6. 各种财产物资发生盘盈、盘亏和毁损,在报经批准以前都必须先记入"待处理财产损溢"科目。（　）
7. 局部清查一般适用于流动性较大的财产物资和货币资金的清查。（　）
8. 定期清查可以是局部清查,也可以是全面清查。（　）
9. 更换财产物资保管员时,应进行不定期的全面清查。（　）
10. 造成企业银行存款日记账与银行对账单余额不符的原因肯定是双方或一方记账错误。（　）

四、业务题

习题一

(一)目的:练习银行存款余额调节表的编制。

(二)资料:某企业2012年6月30日银行存款日记账余额为40 000元,银行对账单上的余额为43 000元,经过逐笔核对发现以下未达账项:

1. 企业于6月30日存入从其他单位收到的转账支票一张计6 000元,银行尚未入账。
2. 企业于6月30日开出转账支票4 000元,持票人尚未到银行办理转账,银行尚未入账。
3. 6月30日,委托银行代收外地货款5 500元,银行已经收妥入账,但收款通知尚未到达企业,企业尚未入账。
4. 6月30日,银行受电力公司委托代收电费,从企业账户中划出1 500元,但企业因尚未收到转账付款通知,尚未入账。
5. 6月30日,银行计算企业的存款利息1 000元,已经计入企业存款账户,但企业尚未入账。

(三)要求:编制"银行存款余额调节表",并分析调节后是否需要编制会计分录。

习题二

(一)目的:练习编制财产清查的会计分录。

(二)资料:某企业年终进行财产清查,在清查中发现以下事项。

1. 盘亏设备一台,账面原值6 000元,已提折旧1 800元。后经查明系自然灾害造成的损失。
2. 发现账外机器一台,估计原值5 000元,累计折旧1 000元。账外机器尚可使用,交车间投入生产。
3. 甲材料盘盈4 000元,200千克。经查明原因属于日常收发计量差错。
4. 乙材料盘亏2 000元,500千克。经查明其中100千克为定额损耗,50千克为日常收发计量差错,

200千克为自然灾害造成的损失,其余的应由保险公司赔偿。

5. 库存现金长款1 000元,经查明其中300元系少付职工王某款项,另外700元无法查明原因。

6. 由于对方单位撤销,30 000元应付账款无法归还,经批准予以转销。

(三)要求:编制上述关于财产清查的会计分录。

模块八 财务会计报告

【模块要点】

本章主要介绍财务会计报表体系、编制会计报表的重要意义和作用以及会计报表的编制原理和方法。通过本章的学习,应明确编制会计报表的意义、作用和要求,了解会计报表的一般结构原理,重点掌握资产负债表和利润表的编制方法。

情景一 财务会计报告概述

一、财务会计报告的含义

企业的财务会计报告是企业会计核算的最终成果,是企业对外提供财务会计信息的主要形式。甚至可以说,企业的日常会计核算工作都是为期末编制财务会计报告积累资料和做好前期准备工作。企业的外部利益关系人(投资者、债权人、政府管理部门等)了解企业的财务状况、经营成果和现金流量等方面的信息的主要渠道就是企业编制和对外提供的财务会计报告。

为了规范企业财务会计报告,保证财务会计报告的真实、完整,我国于 2006 年 2 月 15 日颁布的《企业会计准则——基本准则》第四十四条对财务会计报告作了如下规定:"财务会计报告是指企业对外提供的反映企业某一特定日期的财务状况和某一会计期间的经营成果、现金流量等会计信息的文件。"

"财务会计报告包括会计报表及其附注和其他应当在财务会计报告中披露的相关信息和资料。"

由此可见,企业"财务会计报告"的核心内容是会计报表,本章重点介绍会计报表的作用、种类和主要报表的编制,其他内容将在专业会计中介绍。

二、会计报表的构成

会计报表是财务会计报告的主干部分,它是以企业的会计凭证、会计账簿和其他会计资料为依据,按照规定的格式、内容和填报要求定期编制并对外报送的,并以货币作为计量单位总括地反映企业的财务状况、经营成果和现金流量的书面报告文件。由于它一般是以表格的形式简明扼要地体现出来,因而被称为会计报表,也称财务报表。《企业会计准则第30号——财务报表列报》规定:财务报表至少应当包括资产负债表、利润表、现金流量表、所有者权益变动表(或股东权益变动表)和附注。

(1)资产负债表,是指反映企业在某一特定日期的财务状况的会计报表。

(2)利润表,是指反映企业在一定会计期间的经营成果的会计报表。

(3)现金流量表,是指反映企业在一定会计期间的现金和现金等价物流入和流出情况的会计报表。

(4)所有者权益变动表,是指反映企业在一定会计期间股东(所有者)权益各项目的增减变动情况的会计报表。

(5)附注,是指对在会计报表中列示项目所作的进一步说明,以及对未能在这些报表中列示项目的说明等。

三、会计报表的作用

会计报表是根据账簿记录,总括反映企业、事业、机关等单位一定时期内的经济活动和财务收支情况的总结性书面文件。编制会计报表,是会计工作的一项重要内容,也是会计核算过程的终结阶段。

编制会计报表是会计核算的一种专门方法。企业的经济业务发生以后,首先要填制和审核凭证,以明确经济业务的发生、执行和完成。然后按照借贷记账法原理,利用专门设置的账户体系进行账簿登记,这就将内容十分分散、庞杂的经济业务归纳到账簿中,财务经济信息的反映和控制由分散逐步走向相对集中。人们通过账簿可以及时获得某项经济活动的总括情况和分类情况,但是账簿仍然不能系统而概括地反映出企业、单位经济活动的全貌,也不方便信息使用者直接使用。而会计核算的目的,就是要应用其特有的方法,对账簿作进一步加工、整理、综合并结合其他日常核算,按照一定的指标体系,以报告的形式集中地反映会计主体的资产、负债和所有者权益的变动、利润的形成与分配以及资金的取得与运用等情况,从而全面、系统和概括地提供会计主体一定时期内经济活动的内容、成果和财务状况的会计信息。

会计报表所提供的会计信息具有重要作用,主要体现在以下几个方面:

(1)便于企业了解自身一定时期内的财务状况及其变动情况,及时掌握企业的经济活动情况、经营成果和经营管理工作中存在的问题。对于企业领导来说,通过会计报表所提供的系统性和总结性的指标,包括财产、资金的增减变化和实有数量、费用开支和成本升降、利润的形成及其分配等,来了解和查明企业生产经营活动的主要情况;对内部有关部门来讲,也需要通过有关财务成本指标和计划、预算完成情况的报告,来考核、评价内部各责任部门的工作业绩,以总结经验、加强管理、挖掘潜力、提高效益。

(2)为投资者、债权人进行正确的投资决策,并为关心企业的有关各方提供关于企业财务状况、经营成果和财务状况变动的资料。企业向外报送的会计报表不同,其提供的会计核算资料也不同,这些资料的作用也就不完全相同。企业的投资者、债权人及关心企业的有关各方利用这些报表资料,分析企业的偿债能力和获利能力,预测企业的发展前景,据以作出正确的决策。

(3)便于国家财税部门加强对企业生产经营活动的监督检查。国家财政和税务部门通过企业会计报表,可以检查企业对国家财政、税收制度的贯彻执行情况,检查是否及时、足额地完成各项应交的税金、应交的投资利润及其他应交款项的上缴任务,以保证国家财政收入的及时、完整。

(4)便于银行和其他金融机构了解企业的偿贷情况。银行及其他金融机构可以利用会计报表,了解企业的生产经营能力、偿贷资金的运用方向、运用效益,考核企业偿贷纪律的遵守情况,分析企业偿贷资金的偿还能力,以确定其对企业的偿贷政策。

(5)为上级主管部门和政府管理部门进行宏观调控提供参考资料。企业是整个国民经济的有机组成部分,通过会计报表的逐级汇总形成综合性的汇总会计报表。企业的上级主管部门根据会计报表资料,可以了解企业整体的经济运行情况,检查企业各项指标的完成情况,发现企业管理中存在的问题;政府管理部门可以利用会计报表,了解国有资产的使用、变动情况,了解各部门、各地区的经济发展情况,有利于其进行国民经济的宏观调控和制定科学的国民经济发展计划,促进整个国民经济的稳定、持续发展。

四、会计报表的分类

会计报表可以根据需要按照不同的标准进行分类。

(一)按报表所反映的经济内容不同,可分为反映财务状况及其变动情况的报表和反映企业经营成果的报表

反映企业财务状况及其变动情况的报表又可以分为两种:一种是反映企业特定日期财务状况的报表,如资产负债表;另一种是反映企业一定时期财务状况变动情况的报表,如现金流量表和所有者权益变动表。反映企业一定期间经营成果的报表,常规的有利润表。

(二)按报表所反映资金运动形态的不同,可分为静态报表和动态报表

静态报表是指反映企业特定日期财务状况的报表,如资产负债表。静态报表体现的是在某一特定日期企业资金运动的结果,其特点是对期末的资产、权益的变动结果进行反映,应根据有关账户的期末余额编报。

动态报表是指反映企业一定时期的财务状况变动情况和经营成果的报表,如利润表、现金流量表和所有者权益变动表。这三种表体现的是一定时期内企业资金运动的状态,应根据有关账户的发生额和相关报表数字编报。

(三)按报表编制与报送时间的不同,可分为中期报表和年度报表

按月编报的会计报表称为月报表,按季编报的会计报表称为季报表,按年编报的会计报表称为年报表或决算报表。其中,月报表和季报表又称中期会计报表。中期报表是指短于一个完整会计年度的报告期间,它可以是一个月、一个季度或者半年,也可以是其他短于一个会计年度的期间。在我国,月报表通常包括资产负债表和利润表。中期会计报表通常包括资产负债表、利润表和现金流量表。而年报表除上述三种报表外,还包括所有者权益变动表(或股东权益变动表)。

(四)按编报的会计主体不同,可分为个别报表和合并报表

个别报表是指在以母公司和子公司组成的具有控股关系的企业集团中,由母公司和子公司各自为主体分别单独编制的报表,用以分别反映母公司和子公司本身各自的财务状况和经营成果。

合并报表是以母公司和子公司组成的企业集团为一个会计主体,以母公司和子公司单独编制的个别会计报表为基础,由母公司编制的综合反映企业集团经营成果、财务状况及其资金变动情况的会计报表。

除此之外,会计报表还可以按服务对象的不同,分为对外报表和内部报表;按编报单位不同,分为基层报表和汇总报表等。

五、会计报表的编制要求

为了满足各方面运用会计报表的需要,充分发挥会计报表的作用,在编制会计报表时,除了遵循会计准则有关财务报表列报的基本要求外,还必须严格遵守以下几条基本要求:

(一)数据真实

数据真实是编制会计报表的基本原则,是对会计工作的基本要求。只有真实可靠的数据,才能如实地反映企业的财务状况及经营成果,才能为各方信息使用者进行决策或管理提供有用的信息资料。为此,编制报表前应做好账账核对、账实核对、清理账目、调整账项等工作,才能据以编制会计报表。

(二)内容完整

对外会计报表中的各项指标都是由国家统一规定的,它是经济管理不可缺少的信息资料。因此,会计报表必须按规定编写,报表中的项目不得漏填或少填,应报的会计报表不得缺报,主管单位汇总会计报表时不得漏汇,对会计报表项目需要说明的事项要有附注以及报送报表时须附送财务状况总说明书等。

(三)说明清楚

报表除提供数据资料外,还应或多或少地用文字对有关数据进行说明,才能便于报表使用者正确使用报表中的数字资料,因此,说明的方案要简明扼要、清晰明了,以便报表阅读者理解和接受。

(四)前后一致

编制会计报表时,在会计计量和揭示方法的选择上要贯彻一贯性原则,保持前后各项计量和报告口径的一致,这样便于对比、分析和利用会计信息,如有变动,应在报告中说明。

(五)编报及时

为了及时向报表使用者提供所需的经济信息,要求会计报表的编制必须及时。会计报表的报送时间,根据企业性质不同而有所差异,但一般来讲,月报表应于月份终了后的6天内报送,季报表应于季度终了后的15天内报送,中期报表应于半年度终了后的60天内报送,年终决算报表应于新年度开始后的4个月内报送。

(六)手续完备

对外会计报表应依次编定页码、加具封面、装订成册、盖上单位公章,企业行政领导人员、总会计师、会计机构负责人和会计主管人员要签字,需要注册会计师行使监督验证职能的会计报表还要有注册会计师签章。

情景二 资产负债表

一、资产负债表的性质和作用

资产负债表是反映企业某一特定日期的财务状况的会计报表,它是根据资产、负债和所有者权益之间的相互关系,按照一定的分类标准和一定的顺序,把企业一定日期的资产各项目予以适当地排列,并对日常工作中形成的大量数据进行高度浓缩整理而成的。它表明企业在某一特定日期所拥有或控制的经济资源、所承担的现有的债务和所有者对净资产的要求权。资产负债表能够提供资产、负债和所有者权益的全貌。通过编制资产负债表可以提供某一日期资产的总额,表明企业拥有或控制的经济资源及其分布情况,是分析企业生产经营能力的重要资料;通过资产负债表,可以反映某一日期的负债总额以及结构,表明企业未来需用多少资产或劳务清偿债务;通过资产负债表,可以反映所有者权益的情况,表明投资者在企业资产中所占的份额,了解权益的结构情况。资产负债表还能够提供进行财务分析的基本资料,通过资产负债表可以计算流动比率、速动比率,以了解企业的短期偿债能力等。

二、资产负债表的内容和结构

(一)资产负债表的内容

资产负债表是根据会计恒等式"资产=负债+所有者权益"设计而成的。资产负债表主要反映以下三方面的内容:

(1)在某一特定日期企业所拥有的经济资源,即某一特定日期企业所拥有或控制的各项资产的余额,包括流动资产、长期股权投资、固定资产、无形资产及其他资产。

(2)在某一特定日期企业所承担的债务,包括各项流动负债和长期负债。

(3)在某一特定日期企业投资者拥有的净资产,包括投资者投入的资本、资本公积、盈余公积和未分配利润。

(二)资产负债表的结构

资产负债表的结构分为账户式和报告式两种。

账户式资产负债表,是将资产负债分为左方和右方,左方列示资产各项目,右方列示负债和所有者权益各项目,资产各项目的合计等于负债和所有者权益各项目的合计。账户式资产负债表,能够反映资产、负债和所有者权益之间的内在关系,并达到资产负债左方和右方平衡。其格式如表8-1所示。

表8-1　　　　　　　　　　账户式资产负债表

资　产	金　额	负债及所有者权益	金　额
流动资产		流动负债	
流动资产合计		长期负债	
长期股权资产		负债合计	
固定资产		实收资本	
无形资产		资本公积	
其他资产		盈余公积	
非流动资产合计		未分配利润	
		所有者权益合计	
资产总计		负债及所有者权益总计	

报告式资产负债表,是将资产负债表的项目自上而下排列,首先列示资产的数额,然后列示负债的数额,最后再列示所有者权益的数额。其格式如表8-2所示。

表8-2　　　　　　　　　　报告式资产负债表

资　产	
流动资产	××××
长期股权投资	××××
固定资产	××××
无形资产	××××
其他资产	××××
资产合计	××××
负　债	
流动负债	××××
长期负债	××××
负债合计	××××

续表

	所有者权益	
实收资本		××××
资本公积		××××
盈余公积		××××
未分配利润		××××
	所有者权益合计	××××

在我国，资产负债表按账户式反映，通常包括表头、表身和表尾三部分。

表头主要包括资产负债表的名称、编制单位、编制日期和金额单位；表身包括各项资产、负债和所有者权益具体项目及其年初数和期末数，是资产负债表的主要部分；表尾主要包括补充资料、有关人员的签名、盖章等。资产负债表的基本格式如表8－3所示。

表8－3　　　　　　　　　　　资产负债表

会企01表

编制单位：_____　　　　　　年____月____日　　　　　　　　　　　　单位：元

资产	行次	期末余额	年初余额	负债和所有者权益（或股东权益）	行次	期末余额	年初余额
流动资产：				流动负债：			
货币资金				短期借款			
交易性金融资产				交易性金融负债			
应收票据				应付票据			
应收账款				应付账款			
预付款项				预收款项			
应收利息				应付职工薪酬			
应收股利				应交税费			
其他应收款				应付利息			
存货				应付股利			
其中：消耗性生物资产				其他应付款			
一年内到期的非流动资产				一年内到期的非流动负债			
其他流动资产				其他流动负债			
流动资产合计				流动负债合计			
非流动资产：				非流动负债：			
可供出售金融资产				长期借款			
持有至到期投资				应付债券			
长期应收款				长期应付款			

续表

资　　产	行次	期末余额	年初余额	负债和所有者权益(或股东权益)	行次	期末余额	年初余额
长期股权投资				专项应付款			
投资性房地产				预计负债			
固定资产				递延所得税负债			
在建工程				其他非流动负债			
工程物资				非流动负债合计			
固定资产清理				负债合计			
生产性生物资产				所有者权益(或股东权益)			
油气资产				实收资本(或股本)			
无形资产				资本公积			
开发支出				减：库存股			
商誉				盈余公积			
长期待摊费用				未分配利润			
递延所得税资产				所有者权益(或股东权益)合计			
其他非流动资产							
非流动资产合计							
资产合计				负债和所有者权益(或股东权益)合计			

三、资产负债表的编制方法

资产负债表是一张静态报表，它反映的是某一时点企业的财务状况，因此在时间上必须填写某一具体的日期。资产负债表各项目的金额分为期末余额和年初余额两栏，其中，"期末余额"各项目金额应根据有关总分类账户和明细分类账户的期末余额填列，"年初余额"各项目金额应根据上年资产负债表的年末余额直接填列。具体地说，资产负债表各项目的数据来源，主要通过以下几种方式取得：

(一)直接根据总分类账户的期末余额填列

譬如，资产项目的"交易性金融资产"、"应收票据"、"应收利息"、"应收股利"、"可供出售金融资产"、"固定资产清理"、"递延所得税资产"，负债项目的"短期借款"、"交易性金融负债"、"应付票据"、"应付职工薪酬"、"应交税费"、"应付利息"、"应付股利"等，以及全部所有者权益项目。

(二)根据明细分类账户的期末余额填列

有些项目不能直接根据某个总账和几个所属的明细账期末余额填列，而是要根据相关总账所属明细账的期末余额分析后计算填列。譬如"应收账款"项目，应根据"应收账款"和"预收账款"总分类账户所属各明细分类账户的期末借方余额之和扣除相应坏账准备后的金额填列；而"应付账款"项目，则应根据"应付账款"和"预付账款"总分类账户所属各明细分类账户的期末贷方余额之和填列。

（三）根据几个总分类账户的期末余额合计数填列

如"货币资金"项目，根据"库存现金"、"银行存款"、"其他货币资金"账户的期末余额的合计数填列；"存货"项目，根据"在途物资"、"原材料"、"库存商品"、"生产成本"等账户的期末余额的合计数分析计算填列等。

（四）根据总分类账户和明细分类账户的期末余额分析计算填列

资产负债表上某些项目不能根据有关总账的期末余额直接填列或计算填列，也不能根据有关账户所属相关明细账的期末余额填列，而需要根据总账和明细账余额分析计算填列，如"长期借款"、"应付债券"、"长期应付款"等项目，应根据各总账期末余额扣除各总账所属明细账中一年内到期的长期负债部分计算填列。

四、资产负债表编制举例

【例 8-1】 东方电子有限公司 2011 年度结账后，各相关科目的期末余额如表 8-4 所示，资产负债表如表 8-5 所示。

表 8-4　　　　　　　　　　　科目余额表　　　　　　　　　　　　单位：元

会计科目	借方余额	贷方余额
库存现金	850	
银行存款	1 091 982	
交易性金融资产	17 000	
应收票据	3 200	
应收账款	18 000	
其他应收款	4 000	
在途物资	325 008	
原材料	1 935 840	
库存商品	2 838 878.92	
预付账款	13 610	
长期股权投资	50 000	
固定资产	1 373 540.40	
累计折旧	(375 500)	
无形资产	27 600	
长期待摊费用	200 000	
短期借款		522 000

续表

会计科目	借方余额	贷方余额
应付账款		512 000
预收账款		36 000
应付职工薪酬		162 772.80
应交税费		184 945.04
应付利息		6 000
应付股利		30 830.59
其他应付款		8 000
长期借款		1 100 000
应付债券		158 000
实收资本		4 402 215
资本公积		265 000
盈余公积		97 707.65
利润分配		38 538.24
合　计	7 524 009.32	7 524 009.32

表 8—5　　　　　　　　　　　　　资产负债表　　　　　　　　　　　　　会企01表
编制单位：东方电子有限公司　　　　　　2011 年 12 月 31 日　　　　　　　　单位：元

资　产	期末余额	年初余额	负债和所有者权益（或股东权益）	期末余数	年初余数
流动资产：			流动负债：		
货币资金	2 040 134		短期借款	1 122 000	
交易性金融资产	17 000		交易性金融负债		
应收票据	3 200		应付票据		
应收账款	18 000		应付账款	206 000	
预付账款	11 045		预收账款	36 000	
应收股利		（略）	应付职工薪酬	275 545.6	（略）
应收利息			应交税费	382 457.17	
其他应收款			应付利息	12 000	
存货	5 562 267.24		应付股利	87 427.55	
一年内到期的非流动资产			其他应付款	8 000	
其他流动资产			一年内到期的非流动负债		

续表

资产	期末余额	年初余额	负债和所有者权益(或股东权益)	期末余数	年初余数
流动资产合计	7 651 646.24		其他流动负债		
非流动资产:			流动负债合计	2 129 430.32	
可供出售金融资产			非流动负债:		
持有至到期投资			长期借款	1 100 000	
长期应收款			应付债券	158 000	
长期股权投资	50 000		长期应付款		
投资性房地产			专项应付款		
固定资产	1 066 540.4		预计负债		
在建工程			递延所得税负债		
工程物资			其他非流动负债		
固定资产清理			非流动负债合计	1 258 000	
生产性生物资产			负债合计	3 387 430.32	
油气资产			所有者权益(或股东权益):		
无形资产	207 600		实收资本(或股本)	5 302 215	
开发支出			资本公积	265 000	
商誉			减:库存股		
长期待摊费用	200 000		盈余公积	111 856.89	
递延所得税资产			未分配利润	109 284.43	
其他非流动资产			所有者权益(或股东权益)合计	5 788 356.32	
非流动资产合计	1 524 140.4				
资产总计	9 175 786.64		负债和所有者权益(或股东权益)总计	9 175 786.64	

情景三 利润表

一、利润表的性质和作用

利润表是反映企业一定期间生产经营成果的会计报表。利润表把一定期间的收入与其同一会计期间相关的费用进行配比,以计算出企业一定时期的净利润(或净亏损)。通过利润表反映的收入、费用等情况,能够反映企业生产经营的收益和成本耗费情况,表明企业的生产经营成果;同时,通过利润表提供的不同时期的比较数字(本月数、本年累计数、上年数),可以分析企业今后利润的发展趋势及获利能力,了解投资者投入资本的完整性。由于利润是企业经营业绩的综合体现,又是进行利润分配的主要依据,因此,利润表是企业报表中的主要报表。

二、利润表的内容和结构

（一）利润表的内容

利润表是根据会计恒等式"收入－费用＝利润"设计而成的。

利润表主要反映以下几方面的内容：

1. 营业收入

以主营业务收入为基础，加上其他业务活动实现的收入，反映企业一定时期内经营活动的成绩。

2. 营业利润

以实现的收入、投资收益减去营业成本、税金和期间费用，反映企业一定时期内经营活动的结果。

3. 利润（或亏损）总额

在营业利润的基础上，加减营业外收支等后取得，反映企业一定时期内全部经济活动的最终结果。

4. 净利润（或亏损）

用利润总额减去所得税，反映企业实际拥有，可供企业自行支配的权益。

（二）利润表的结构

利润表同资产负债表一样，均由表头、表身和表尾三部分构成。表头、表尾的内容同资产负债表。表身主要由营业收入、营业利润和利润总额等各项目及金额构成。其中，金额栏有本期数和本年累计数。由于不同企业对会计报表的信息要求不完全相同，利润表的结构也不完全一样。但目前比较普遍的利润表的结构有多步式和单步式两种。

多步式利润表中的利润是通过多步计算而来的。多步式利润表通常分为以下四步：

第一步，以营业收入（包括其他业务收入）为基础，减去营业成本（包括其他业务成本）、营业税金及附加、三项期间费用、资产减值损失，再加上公允价值变动收益、投资收益后，计算出营业利润。

第二步，在营业利润的基础上再加减营业外收支，计算得出本期实现的利润（或亏损）。

第三步，从利润总额中减去所得税费用后，计算出本期净利润（或净亏损）。

多步式利润表的优点是，便于对企业生产经营情况进行分析，有利于不同企业之间进行比较，更重要的是有利于预测企业今后的盈利能力。目前，我国企业利润表的编制就是采用多步式。

单步式利润表是将本期所有的收入加在一起，然后将所有的费用加在一起，通过一次计算求出本期利润。单步式利润表简单、直观、易于理解，但由于其提供的信息有限，故比较适合业务单一、规模较小的企业。

目前，我国企业利润表均采用多步式，具体包括五部分内容：营业收入、营业利润、利润总额、净利润和每股收益。其格式如表8－6所示。

表8—6　　　　　　　　　　　利润表

编制单位：　　　　　　　　　　　年　月　　　　　　　　　　　　　　单位:元

项　目	本期数	本年累计数
一、营业收入		
减:营业成本		
营业税金及附加		
销售费用		
管理费用		
财务费用		
资产减值损失		
加:公允价值变动收益(损失以"—"填列)		
投资收益(损失以"—"填列)		
其中:对联营企业和合营企业的投资收益		
二、营业利润(亏损以"—"填列)		
加:营业外收入		
减:营业外支出		
其中:非流动资产处置净损失		
三、利润总额(损失总额以"—"填列)		
减:所得税费用		
四、净利润(净亏损以"—"号填列)		
五、每股收益		
(一)基本每股收益		
(二)稀释每股收益		

三、利润表的编制方法

利润表是一张动态报表,反映的是企业在某一期间经营成果的构成,其日期的填写不同于资产负债表,应填具体的会计期间,如月份、季度或年度。其中,"本期数"栏反映各项目的本月实际发生数,应根据有关损益类账户的本期发生额填列;"本年累计数"栏反映各项目自年初起至报告期末止的累计实际发生数,应根据本期数加上上个月利润表中的本年累计数之和填列。

在编制年终利润报表时,应将"本月数"和"本年累计数"分别改为"本年金额"和"上年金额"。

四、利润表编制举例

【例 8－2】 东方电子有限公司 2011 年 12 月份有关损益类账户的发生额如表 8－7 所示。所编制的利润表如表 8－8 所示。

表 8－7　　　　　　　东方电子有限公司有关损益类账户发生额表
（未结转利润以前）

账户名称	借方发生额	贷方发生额
主营业务收入		1 200 000
其他业务收入		10 000
投资收益		50 000
营业外收入		1 000
主营业务成本	808 028.50	
营业税金及附加	13 668	
其他业务成本	9 000	
管理费用	113 646.98	
财务费用	6 000	
销售费用	2 000	
营业外支出	120 000	

表 8－8　　　　　　　　　　　　　利润表　　　　　　　　　　　会企 02 表
编制单位：东方电子有限公司　　　　　2011 年 12 月　　　　　　　　　单位：元

项　目	本期数	本年累计数
一、营业收入	1 210 000	
减：营业成本	817 028.50	
营业税金及附加	13 668	
销售费用	2 000	
管理费用	113 646.98	
财务费用	6 000	
资产减值损失	（略）	
加：公允价值变动收益（损失以"－"填列）		
投资收益（损失以"－"填列）	50 000	

续表

项 目	本期数	本年累计数
其中:对联营企业和合营企业的投资收益		
二、营业利润(亏损以"－"填列)	307 656.52	
加:营业外收入	1 000	
减:营业外支出	120 000	
其中:非流动资产处置净损失		
三、利润总额(损失总额以"－"填列)	188 656.52	
减:所得税费用	47 164.13	
四、净利润	141 492.39	
五、每股收益		
(一)基本每股收益		
(二)稀释每股收益		

为简便起见,例8－2提供的资料不全,空白栏目无法填列,故省略。

情景四 现金流量表

一、现金流量表的内容和结构

(一)现金流量表的内容

现金流量表是指反映企业在一定会计期间现金和现金等价物流入和流出情况的报表。它作为企业主要会计报表,已被越来越多的投资者所关注,其作用不可小觑。新颁布的《企业会计准则第31号——现金流量表》对其编制和列报作了具体的规范。其中,现金流量表中的"现金"不仅包括通常"库存现金"账户核算的库存现金,还包括企业"银行存款"账户核算的存入金融机构、随时可以用于支付的存款,也包括"其他货币资金"账户核算的外埠存款、银行汇票存款、银行本票存款和在途货币资金等其他货币资金;"现金等价物"是指企业持有的期限短、流动性强、易于转换为已知金额现金、价值变动风险很小的投资,如企业持有的3个月内到期的债券投资。现金等价物虽然不是现金,但其支付能力与现金差别不大,因此可视为现金。现金流量表是指企业现金和现金等价物的流入和流出的数量,流入量和流出量的差额即为现金净流量。《企业会计准则》将现金流量划分为经营活动产生的现金流量、投资活动产生的现金流量和筹资活动产生的现金流量三大类。

经营活动是指企业投资活动和筹资活动以外的所有交易和事项。就工商企业来说,经营活动主要包括:销售商品、提供劳务、经营性租赁、购买商品、接受劳务、广告宣传、推销产品等。各类企业由于行业特点不同,对经营活动的认定存在一定差异,在编制现金流量表时,应根据企业的实际情况,进行合理的归类。

投资活动是指企业长期资产的构建和不包括在现金等价物范围内的投资及其处置活动。其中的长期资产,是指固定资产、在建工程、无形资产、其他资产等持有期限在一年或一个营业周期以上的资产。由于已将包括在现金等价物范围内的投资,视同现金,所以将其排除在外。投资活动主要包括:取得和收回投资、购建和处置固定资产、无形资产和其他长期资产等。

筹资活动是指导致企业资本及债务规模和构成发生变化的活动。其中的资本包括实收资本(股本)和资本溢价(股本溢价)。企业发生的与资本有关的现金流入和流出项目,一般包括吸收投资、发行股票、分配利润等。其中的债务,是指企业对外举债所借入的款项,如发行债券、向金融机构借入款项以及偿还债务等。

(二)现金流量表的结构

现金流量表将企业的全部业务活动分为经营活动、投资活动和筹资活动,分段揭示现金净流量。三段净流量之和,即为企业本年度的现金增减净额。现金流量表包括正表和附注两部分。其具体格式内容如表8—9所示,补充资料格式如表8—10所示。

表8—9　　　　　　　　　　　　　现金流量表

编制单位:　　　　　　　　　　　　　年　月　　　　　　　　　　　　　　　单位:元

项　目	本期金额	上期金额
一、经营活动产生的现金流量		
销售商品、提供劳务收到的现金		
收到的税费返还		
收到的其他与经营活动有关的现金		
经营活动现金流入小计		
购买商品、接受劳务支付的现金		
支付给职工以及为职工支付的现金		
支付的各项税费		
支付其他与经营活动有关的现金		
经营活动现金流出小计		
经营活动产生的现金流量净额		
二、投资活动产生的现金流量		
收回投资收到的现金		

续表

项 目	本期金额	上期金额
取得投资收益收到的现金		
处置固定资产、无形资产和其他长期资产收回的现金净额		
处置子公司及其他营业单位收到的现金净额		
收到的其他与投资活动有关的现金		
投资活动现金流入小计		
购建固定资产、无形资产和其他长期资产支付的现金		
投资支付的现金		
取得子公司及其他营业单位支付的现金净额		
支付其他与投资活动有关的现金		
投资活动现金流出小计		
投资活动产生的现金流量净额		
三、筹资活动产生的现金流量		
吸收投资收到的现金		
取得借款收到的现金		
收到其他与筹资活动有关的现金		
筹资活动现金流入小计		
偿还债务支付的现金		
分配股利、利润或偿付利息支付的现金		
支付其他与筹资活动有关的现金		
筹资活动现金流出小计		
筹资活动产生的现金流量净额		
四、汇率变动对现金的影响		
五、现金及现金等价物净增加额		
加:期初现金及现金等价物余额		
六、期末现金及现金等价物余额		

表 8-10　　　　　　　　　现金流量表补充资料格式
年　月　　　　　　　　　　　　　　　　　　　单位：元

补充资料	本期金额	上期金额
1.将净利润调节为经营活动现金流量		
净利润		
加：资产减值准备		
固定资产折旧、油气资产折耗、生产性生物资产折旧		
无形资产摊销		
长期待摊费用摊销		
处置固定资产、无形资产和其他长期资产的损失（收益以"－"填列）		
固定资产报废损失（收益以"－"填列）		
公允价值变动损失（收益以"－"填列）		
财务费用（收益以"－"填列）		
投资损失（收益以"－"填列）		
递延所得税资产减少（增加以"－"填列）		
递延所得税负债增加（减少以"－"填列）		
存货的减少（增加以"－"填列）		
经营性应收项目的减少（增加以"－"填列）		
经营性应付项目的增加（减少以"－"填列）		
其他		
经营活动产生的现金流量净额		
2.不涉及现金收支的投资和筹资活动		
债务转为资本		
一年内到期的可转换公司债券		
融资租入固定资产		
3.现金及现金等价物净变动情况		
现金的期末余额		
减：现金的期初余额		
加：现金等价物的期末余额		
减：现金等价物的期初余额		
现金及现金等价物的净增加额		

二、现金流量表的作用

编制现金流量表的目的,是为会计报表使用者提供企业一定会计期间内现金和现金等价物流入和流出的信息,以便报表使用者了解和评价企业获取现金和现金等价物的能力,并据以预测企业未来的现金流量。现金流量表的作用主要如下:

(1)现金流量表可以提供企业的现金流量信息,从而对企业整个财务状况作出客观评价。在市场经济条件下,竞争异常激烈,企业不但要把产品销售出去,更重要的是要及时地收回销售货款,以便以后的经营活动能顺利开展。除了经营活动以外,企业所从事的投资和筹资活动同样影响着现金流量,从而影响财务状况。如企业进行投资,而没有能取得相应的现金回报,就会对企业财务状况产生不良影响。根据企业现金流量情况,可以大致判断其经营周转是否顺畅。

(2)通过现金流量表,不但可以了解企业当前的财务状况,还可以预测企业未来的发展情况。通过现金流量表中各部分现金流量结构,可以分析企业是否需要过度扩大经营规模;通过比较当期净利润与当期净现金流量,可以看出非现金流动资产吸收利润的情况,评价企业产生净现金流量的能力是否偏低。

(3)编制现金流量表,以便与国际惯例接轨。目前,世界上许多国家都要求编制现金流量表,我国也不例外,编制现金流量表将对开展跨国经营、境外筹资、加强国际经济合作起到积极的作用。

信息搜索

1. 财务会计报告的含义是什么?
2. 会计报表是如何分类的?
3. 编制会计报表的作用是什么?
4. 编制会计报表的要求有哪些?
5. 什么是资产负债表?编制资产负债表有什么作用?如何编制资产负债表?
6. 什么是利润表?编制利润表有什么作用?如何编制利润表?
7. 编制现金流量表有什么作用?

【练习题】

一、单项选择题

1. 按照经济内容分类,资产负债表属于(　　)。
   A. 财务状况报表　　B. 财务成果报表　　C. 成本费用报表　　D. 合并会计报表
2. 资产负债表头的编报日期应填列(　　)。
   A. 一定时期,如201×年1月1日至1月15日
   B. 一个会计期间,如201×年1月
   C. 任何一个时点,如201×年1月23日

D. 某一个会计期间的期末,如201×年1月31日

3. 资产负债表内各项的填列主要依据( )。

A. 总账账户的期末余额

B. 总账各账户的本期发生额

C. 总账各账户的期末余额和有关明细账的本期发生额

D. 总账各账户的本期发生额和明细账户的本期发生额

4. 资产负债表的编制基础是( )。

A. 发生额试算平衡公式　　　　　　B. 余额试算平衡公式

C. 基本的会计等式　　　　　　　　D. 扩展的会计等式

5. 反映某一特定期间财务成果的报表是( )。

A. 资产负债表　　　　　　　　　　B. 损益表

C. 利润分配表　　　　　　　　　　D. 现金流量表

6. 账户式资产负债表中的项目,采用按照( )的类别左右对照的方式排列。

A. 资产、负债和所有者权益

B. 收入、费用和利润

C. 资产、负债、所有者权益、收入、费用和利润

D. 资产来源、资金运用、流动资产、流动负债

7. 资产负债表中的应收账款项目,应根据( )填列。

A. "应收账款"总账账户的期末余额

B. "应收账款"总账账户所属明细账户的期末余额

C. "应收账款"和"预收账款"总账科目所属各明细科目的期末贷方余额和合计数

D. "应收账款"和"预收账款"总账科目所属各明细科目的期末余额的合计数

8. 资产负债表中的应付账款项目,应根据( )填列。

A. "应付账款"总账账户的期末余额

B. "应收账款"总账账户所属明细账户的期末余额

C. "应收账款"和"应付账款"总账账户的本期借方余额的差额

D. "应收账款"和"预收账款"总账账户所属明细账户的本期借方余额的合计数

9. 资产负债表和损益表同属于( )。

A. 财务状况报表　　　　　　　　　B. 财务成果报表

C. 成本费用报表　　　　　　　　　D. 外部报表

10. 资产负债表的所有者权益项目中,不包括( )。

A. 实收资本　　　　　　　　　　　B. 递延资产

C. 盈余公积　　　　　　　　　　　D. 未分配利润

11. 将投资企业与被投资企业的经营成果和财务状况作为一个整体来反映的会计报表是( )。

A. 汇总会计报表　　　　　　　　　B. 定期会计报表

C. 个别会计报表　　　　　　　　　D. 合并会计报表

二、多项选择题

1. 企业对外报送的会计报表是提供给( )等单位或个人使用的。

A. 投资者　　　　　　　　　　　　B. 债权人

C. 各级主管机关和国家经济管理机关　　D. 购货客户

E. 供货单位

2. 企业对外报送的会计报表应包括(　　)。

A. 会计报表主表　　　　　　　　　　B. 会计报表附表

C. 会计报表附注　　　　　　　　　　D. 财务情况说明书

E. 财务分析报告

3. 企业编制会计报表应符合的基本要求是(　　)。

A. 内容完整、数字真实　　　　　　　B. 计算正确、编报及时

C. 指标口径一致　　　　　　　　　　D. 数字清晰明了

E. 文字书写规范

4. 企业会计报表主表包括(　　)。

A. 资产负债表　　　　　　　　　　　B. 损益表

C. 利润分配表　　　　　　　　　　　D. 现金流量表

E. 主营业务收支明细表

5. 利用资产负债表的资料,可以了解(　　)。

A. 企业资产数额及分布情况

B. 债权人和所有者权益情况

C. 企业财务实力、短期偿债能力和支付能力情况

D. 主营业务收支情况

E. 企业利润形成和分配情况

6. 资产负债表和损益表同属于(　　)。

A. 对外报表　　　　　　　　　　　　B. 动态报表

C. 财务状况报表　　　　　　　　　　D. 财务成果报表

E. 月度报表

7. 在编制资产负债表时,下列项目中可根据有关总账科目的期末余额直接填列的有(　　)。

A. 存货　　　　　　　　　　　　　　B. 固定资产原价

C. 短期借款　　　　　　　　　　　　D. 应收账款净额

E. 实收资本

8. 属于反映企业财务成果及其分配情况的会计报表有(　　)。

A. 主营业务收支明细表　　　　　　　B. 资产负债表

C. 现金流量表　　　　　　　　　　　D. 损益表

E. 利润分配表

9. 按会计报表包括的会计主体范围分类,会计报表可分为(　　)。

A. 个别会计报表　　　　　　　　　　B. 合并会计报表

C. 财务状况报表　　　　　　　　　　D. 汇总会计报表

E. 财务成果报表

三、业务题

习题一

甲企业 2011 年 12 月 31 日有关账户的余额如下:

应收账款——A 24 000 元(贷方)
　　　　——B 21 000 元(借方)
应付账款——C 35 000 元(贷方)
　　　　——D 17 000 元(借方)
预收账款——E 16 000 元(借方)
　　　　——F 25 000 元(贷方)
预付账款——G 42 000 元(贷方)
　　　　——H 31 000 元(借方)

要求:计算并填列资产负债表中的"应收账款"项目、"应付账款"项目、"预收账款"项目和"预付账款"项目。

习题二

某企业 2011 年 1 月 1 日至 12 月 31 日损益类科目累计发生额如下:

主营业务收入 3 750 万元(贷方)　　　主营业务成本 1 375 万元(借方)
营业税金及附加 425 万元(借方)　　　销售费用 500 万元(借方)
管理费用 250 万元(借方)　　　　　　财务费用 250 万元(借方)
投资收益 500 万元(贷方)　　　　　　营业外收入 250 万元(贷方)
营业外支出 200 万元(借方)　　　　　其他业务收入 750 万元(贷方)
其他业务成本 450 万元(借方)　　　　所得税费用 600 万元(借方)

要求:计算该企业 2011 年的营业利润、利润总额和净利润。

习题三

某企业为增值税一般纳税人。该企业 2011 年各科目的期初余额如下:

科目名称	借方余额	贷方余额
货币资金	6 000	
交易性金融资产	3 000	
应收账款	6 000	
原材料	12 000	
固定资产	21 000	
累计折旧		6 000
在建工程	15 000	
应交税费		6 000
长期借款		21 000
实收资本		18 000
盈余公积		12 000

该企业 2011 年度发生的经济业务如下:

1. 用银行存款支付购入原材料货款 3 000 元及增值税 510 元,材料已验收入库。

2. 2011 年度,企业的长期借款发生利息费用 1 500 元。按借款费用资本化的规定,计算出工程应负担的长期借款利息费用为 600 元,其他利息费用 900 元,利息尚未支付。

3. 企业将账面价值为3 000元的交易性金融资产售出,获得价款6 000元,已存入银行。

4. 购入不需安装的设备1台,设备价款及增值税共计9 000元,全部款项均已用银行存款支付,设备已经交付使用。

5. 本年计提固定资产折旧4 500元,其中,厂房及生产设备折旧3 000元,办公用房及设备折旧1 500元。

6. 实际发放职工工资6 000元,并将其分配计入相关成本费用项目。其中,生产人员工资3 000元,管理人员工资1 500元,在建工程应负担的人员工资1 500元。本年产品生产耗用原材料12 000元。计算产品生产成本并将其结转产成品科目。假设2011年度生产成本科目无年初年末余额。

7. 销售产品一批,销售价款30 000元,应收取的增值税为5 100元。已收款项17 550元(其中货款15 000元,增值税2 550元),余款尚未收取。该批产品成本为18 000元。假设本年产成品无期初及期末余额。

8. 将各收支科目结转本年利润。

9. 假设本年企业不缴所得税,不提取盈余公积,没有利润分配。本年利润余额全部转入"利润分配——未分配利润"科目。

要求:

(1)编制上述各项经济业务的会计分录;

(2)编制该企业2011年度的资产负债表和利润表。

习题四

2011年12月,ABC公司所有损益类账户的发生额如下(单位:元):

账户发生额	借方(元)	账户发生额	贷方(元)
主营业务成本	35 000 000	主营业务收入	58 000 000
营业税金及附加	200 000	营业外收入	50 000
管理费用	5 000 000		
销售费用	1 000 000		
财务费用	200 000		
投资收益	200 000		
营业外支出	20 000		
公允价值变动损益	100 000		
所得税费用	70 000		

要求:根据上述资料编制该公司2011年12月的利润表。

利润表

编制单位:ABC公司　　　　　　　　　_____年_____月　　　　　　　　　会企02表
　　　　　　　　　　　　　　　　　　　　　　　　　　　　　　　　　　　　　单位:元

项　目	本期金额	上期金额(略)
一、营业收入		
减:营业成本		
营业税金及附加		
销售费用		

项 目	本期金额	上期金额(略)
管理费用		
财务费用		
资产减值损失		
加:公允价值变动收益(损失以"—"号填列)		
投资收益(损失以"—"号填列)		
其中:对联营企业和合营企业的投资收益		
二、营业利润(亏损以"—"号填列)		
加:营业外收入		
减:营业外支出		
其中:非流动资产处置损失		
三、利润总额(亏损总额以"—"号填列)		
减:所得税费用		
四、净利润(净亏损以"—"号填列)		
五、每股收益		
基本每股收益		
稀释每股收益		

习题五

假设 ABC 公司有关总分类账户和明细分类账户 2011 年 12 月 31 日期末余额如下(单位:元):

总 账	余 额	明细账	余 额
应收账款	1 250 000	甲单位	1 500 000
		乙单位	250 000(贷方)
应付账款	890 000	丙单位	940 000
		丁单位	50 000(借方)
预收账款	380 000	戊单位	480 000
		己单位	100 000(借方)
预付账款	280 000	庚单位	320 000
		辛单位	40 000(贷方)
原材料	860 000		
库存商品	800 000		
生产成本	160 000		
固定资产	5 000 000		
累计折旧	1 200 000		
长期借款	1 000 000	一年内到期借款	200 000

要求:根据上述资料填列资产负债表的部分有关项目。

资产负债表(部分)
2011 年 12 月 31 日　　　　　　　　　　　　　　　　　　　　　　　　　单位:元

资产项目	期末数	负债及所有者权益项目	期末数
应收账款		应付账款	
预付账款		预收账款	
存货		一年内到期的长期负债	
固定资产		长期借款	

习题六

(一)目的:练习会计分录和资产负债表的编制。

(二)资料:ABC 公司 2010 年 12 月 31 日资产负债表中的有关数据如下:

固定资产 320 000 元、银行存款 1 680 000 元、长期借款 500 000 元、应收账款 250 000 元、应付账款 150 000 元、实收资本 2 000 000 元、库存现金 800 元。

该公司 2007 年 1 月份发生的经济业务如下:

(1)以银行存款购进固定资产 52 000 元;

(2)用银行存款偿还应付账款 50 000 元;

(3)接受投资者追加投资设备一台,经评估价值 480 000 元;

(4)收回应收账款 200 000 元,存入银行;

(5)收到梅勒公司预付购货款 300 000 元,存入银行。

(三)要求:

(1)计算 2010 年 12 月 31 日存货的余额,并写出计算过程;

(2)依据该公司 2007 年 1 月发生的经济业务资料编制相关会计分录;

(3)依据上述资料编制该公司 2011 年 1 月份简易资产负债表。

资产负债表(账户式)

编制单位:　　　　　　　　_____年_____月_____日　　　　　　　　　　单位:元

资产	期末余额	年初余额	负债和所有者权益(或股东权益)	期末余额	年初余额
流动资产			流动负债		
非流动资产			非流动负债		
			所有者权益(或股东权益)		
资产总计			负债和所有者权益(或股东权益)合计		

模块九 账务处理程序

【模块要点】

本章主要介绍三种在实践工作中常用的账务处理程序。通过本章的学习,明确账务处理程序的意义,了解三种账务处理程序的操作过程、特点及适用的条件,重点掌握记账凭证账务处理程序和科目汇总表账务处理程序。

情景一 账务处理程序的意义和要求

会计凭证、会计账簿和会计报表是组织会计核算的工具。而会计凭证、会计账簿和会计报表三者之间又不是彼此孤立的,它们以一定的形式结合,构成一个完整的工作体系,这就决定了各种会计记账程序。

所谓账务处理程序,就是指会计凭证、会计账簿、会计报表和记账程序之间相互结合的方式,也称会计核算形式或会计核算组织程序。其中,记账程序是指从填制和审核会计凭证开始,到登记账簿以及根据账簿记录编制会计报表的顺序和过程。不同的记账程序规定的填制会计凭证、登记账簿、编制会计报表的方法和步骤也不同。

一、账务处理程序的意义和作用

(一)账务处理程序的意义

为了更好地反映和监督企业和行政、事业等单位的经济活动,为经济管理提供系统的核算资料,必须相互联系地运用会计核算的专门方法,采用一定的组织程序,规定设置会计凭证、账簿及会计报表的种类和格式,规定各种凭证之间、各种账簿之间、各种报表之间的相互关系,规定其填制方法和登记程序。这是会计制度设计的一项重要内容,对于提高会计工作的质量和效率,正确及时地编制会计报表,提供全面、连续、系统、清晰的会计核算资料,以及满足企业内外会计信息使用者的需要具有重要意义。

采用一定的会计核算形式,通过规定会计凭证、账簿和会计报表之间的登记、传递程序,将各企业和行政、事业等单位的会计核算工作有机地组织成为既有分工又有协作的整体,可以将各个会计核算岗位的工作连在一起。科学的记账程序,对于减少会计人员的工作量、节约人力和物力有着重要意义。

(二)账务处理程序的作用

每个会计主体都应按照会计准则和经营管理的要求,结合本单位的具体情况,设计适合本单位需要的记账程序。适用、合理的记账程序在会计核算工作中能起到下列作用:

(1)使整个会计循环能按部就班地运行,减少不必要的环节和手续,既能提高信息质量又能提高效率、节约开支。

(2)使每一项经济业务都能及时、正确地在账务处理程序的各个环节上反映出来,加工成信息后能不重不漏地反映到会计报表上来。

(3)使单位内外有关部门都能按照账务处理程序中规定的记账程序审查每项经济业务的来龙去脉,从而加强对基层单位的监督和管理。

二、设计账务处理程序的要求

合理、适用的会计核算形式,一般应符合以下三个要求:

(1)要适应本单位经济活动的特点、规模的大小和业务的繁简情况,有利于会计核算的分工,建立岗位责任制。

(2)要适应本单位、主管部门以致国家管理经济的需要,全面、系统、及时、正确地提供能够反映本单位经济活动情况的会计核算资料。

(3)要在保证核算资料正确、及时和完整的前提条件下,尽可能地简化会计核算手续,提高会计工作效率,节约人力物力,节约核算费用。

三、账务处理程序的种类

我国会计准则并不硬性规定每个单位应采用何种账务处理程序,完全由各单位自主选用或设计。因此,需要了解目前在会计工作实践中所应用的账务处理程序的种类、内容、优缺点及适用范围。根据前述要求,结合我国会计工作的实际情况,我国各经济组织通常采用的主要账务处理程序有三种:(1)记账凭证账务处理程序;(2)科目汇总表账务处理程序;(3)汇总记账凭证账务处理程序。

以上三种记账程序有很多相同点,但也存在差异,其主要区别表现在各自登记总账的依据和方法不同,下面分别介绍三种记账程序的基本内容、特点及适用范围。

情景二 记账凭证账务处理程序

一、记账凭证账务处理程序的特点

记账凭证账务处理程序直接根据记账凭证,逐笔登记总分类账,它是最基本的会计核算形式。其他各种会计核算形式都是在此基础上,根据经济管理的需要发展而形成的。

二、记账凭证账务处理程序的核算要求

采用记账凭证账务处理程序,一般应设置现金日记账、银行存款日记账、总分类账和明细分类账。现金日记账、银行存款日记账和总分类账均采用三栏式;明细分类账可根据需要采用三栏式、数量金额式或多栏式;记账凭证可用一种通用格式,也可同时应用收款凭证、付款凭证和转账凭证。在这种核算形式下,总分类账一般是按户设页。

三、记账凭证账务处理程序的核算步骤

记账凭证账务处理程序如图 9-1 所示。

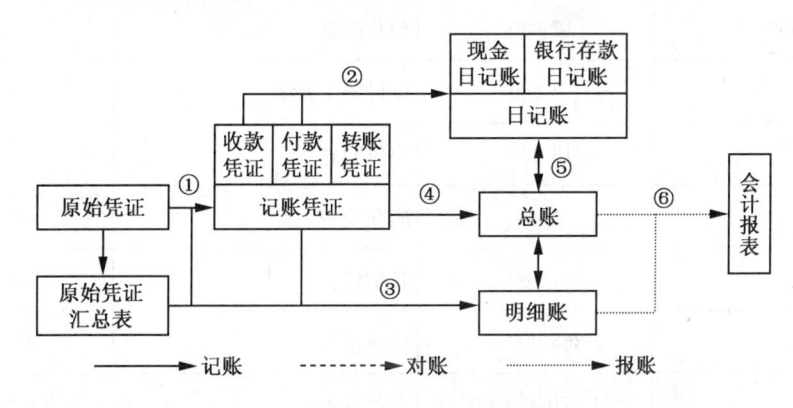

图 9-1 记账凭证账务处理程序

图 9-1 中的步骤说明如下:
①根据原始凭证或原始凭证汇总表填制记账凭证;
②根据收款凭证、付款凭证逐笔登记现金日记账、银行存款日记账;
③根据记账凭证和原始凭证(或原始凭证汇总表)逐笔登记各种明细分类账;
④根据记账凭证逐笔登记总分类账;
⑤月终,现金日记账、银行存款日记账的余额及各种明细分类账余额的合计数,分别与总分类账中有关账户的余额核对相符;
⑥月终,根据总分类账和明细分类账资料编制会计报表。

四、记账凭证账务处理程序的优缺点和适用范围

采用记账凭证账务处理程序的优点是简单明了,在总分类账中可以全面反映各项经济业务的发生情况,便于分析和检查,对经济业务发生较少的科目,总账可代替明细账;但这种账务处理程序的缺点是登记总账的工作量较大,也不便于会计分工。所以,这种账务处理程序一般只适用于规模较小、经济业务较少的单位。

五、记账凭证账务处理程序的应用

以天空电子实业有限公司 2011 年 12 月份发生的经济业务为例,采用记账凭证账务处理程序。该公司 2011 年有关总分类账户期初余额如表 9—1 所示。

表 9—1　　　　　　　　2011 年有关总分类账户期初余额表　　　　　　　单位:元

资产类账户	余 额	负债及所有者权益类账户	余 额
库存现金	4 000	短期借款	22 000
银行存款	1 245 400	应付账款	306 000
交易性金融资产	17 000	预收账款	36 000
应收票据	3 200	应付职工薪酬	50 000
应收账款	18 000	应付利息	15 000
其他应收款	4 000	应交税费	20 000
在途物资	229 480	长期借款	1 600 000
原材料	2 365 000	应付债券	158 000
库存商品	1 120 459.60	实收资本	3 622 215
预付账款	10 175	资本公积	265 000
长期股权投资	50 000	盈余公积	50 000
固定资产	1 373 540.40		
累计折旧	(324 000)		
无形资产	276 000		
合　计	6 144 215	合　计	6 144 215

有关明细账户期初余额资料如下：
原材料：电解铝锭　　155吨　　　单价1 520元　　　合计235 600元
　　　　甲材料　　　100千克　　单价90元　　　　合计9 000元
库存商品：HB产品　　　80台　　　单价7 545.89元　　合计603 671.2元
　　　　　DE-10产品　 60台　　　单价8 613.14元　　合计516 788.4元

1. 该公司12月份发生下列经济业务：

(1)12月2日，企业采用托收承付结算方式出售HB产品50台，价税合计585 000元，产品已通过铁路托运，并开出转账支票一张，垫付运杂费1 450元，全部款项已向银行办妥托收手续。

(2)12月3日，企业采用提货制销售DE-10产品60台，价税合计702 000元，款项已送存银行。

(3)12月4日，根据本月份工资结算汇总表，签发现金支票一张，金额为805 520元，向银行提取现金，以备发工资。

(4)12月4日，以现金发放工资805 520元。

(5)12月6日，上月向鞍山钢铁公司购入的电解铝锭已到货，验收入库，价款229 840元。

(6)12月8日，采购员张伟报销差旅费3 850元，原借款4 000元，余额退回现金。

(7)12月10日，出售不需用的甲材料100千克，开出增值税专用发票一张，售价10 000元，增值税1 700元，全部款项存入银行，该批材料的成本为9 000元。

(8)12月10日，财务科购买打印纸2箱，价款计300元，以现金支付。

(9)12月15日，企业开出转账支票一张，支付汽车修理费3 810元。

(10)12月18日，企业收到银行送来的收款通知，丰满发电厂本月拖欠货款586 450元已收款入账。

(11)12月20日，企业向银行申请取得短期流动资金贷款500 000元，存入银行。

(12)12月20日，企业以银行存款支付下一年度报纸杂志费4 800元。

(13)12月20日，采用汇兑结算方式偿还上月购料款306 000元，收到银行"电汇凭证"回单。

(14)12月22日，开出转账支票支付购买材料款。其中，买价324 000元，运杂费1 008元，增值税为55 080元（不考虑运费抵扣问题）。材料已验收入库。

(15)12月25日，开出转账支票一张，支付电视台广告费1 900元。

(16)12月25日，收到银行收账通知，星光电机厂投资款600 000元已经收款入账。

(17)12月26日，收到现金1 000元，该款系对职工的罚款。

(18)12月27日，开出转账支票，捐赠给市福利院50 000元。

(19)12月31日，分配结转本月发出材料的实际成本，其中，基本生产车间制造HB产品耗用735 000元，制造DE-10产品耗用825 000元，车间一般耗用70 000元，行政部门耗用20 000元。

(20)12月31日,分配结转本月工资费用,其中,基本生产车间的HB产品428 324元、DE-10产品277 202元,车间管理人员工资39 887元,行政管理人员工资60 107元。

(21)12月31日,按工资总额的14%计提职工福利费。

(22)12月31日,计提本月固定资产折旧,其中,基本生产车间39 000元,行政管理部门12 500元。

(23)12月31日,预提本月银行流动资金借款利息5 000元。

(24)12月31日,开出现金支票,支付本月公共维修费1 175元。其中,基本生产车间应负担7 600元,企业管理部门应负担3 575元。

(25)12月31日,月末分配结转本月制造费用。其中,生产HB产品分配为97 242元,DE-10产品分配为64 829.18元(按生产产品的生产工时比例进行分配,其中,生产HB产品为60 000工时,DE-10产品为40 000工时)。

(26)12月31日,结转本月生产完工验收入库产品的生产成本,其中,HB产品完工175台,总成本为1 320 531.36元,DE-10产品完工140台,总成本为1 205 839.46元。

(27)12月31日,结转本月销售产品的销售成本,其中,HB产品销售成本为377 294.5元,DE-10产品销售成本为430 657元。

(28)12月31日,计算应交城建税9 353.4元,教育费附加4 008.6元。

(29)12月31日,将本月实现的主营业务收入、其他业务收入和营业外收入转入"本年利润"账户。

(30)12月31日,月末将主营业务成本、营业税金及附加、其他业务成本和营业外支出、管理费用、财务费用、销售费用转入"本年利润"账户。

(31)12月31日,按本月实现利润的25%计算本月应交所得税27 807.38元。

(32)12月31日,月末将"所得税费用"转入"本年利润"账户。

(33)12月31日,按税后利润的10%,计算提取法定盈余公积金8 342.21元。

(34)12月31日,按税后利润的40%,计算应付投资者利润33 368.86元。

(35)12月31日,结转本月实现的净利润83 422.14元。

2. 根据以上经济业务的原始凭证或汇总原始凭证,填制记账凭证(详见"模块五"相关内容),如表9—2所示。

表 9－2　　　　　　　　　　　　记账凭证（简式）　　　　　　　　　　　　单位：元

2011年		凭证号	摘 要	会计科目		金额	
月	日			借方	贷方	借方	贷方
12	2	银付1	垫付运杂费	应收账款		1 450	
					银行存款		1 450
12	2	转1	赊销产品	应收账款		58 500	
					主营业务收入		500 000
					应交税费		85 000
12	3	银收1	销售产品	银行存款		702 000	
					主营业务收入		600 000
					应交税费		102 000
12	4	银付2	提现金备发工资	库存现金		805 520	
					银行存款		805 520
12	4	现存1	以现金发放工资	应付职工薪酬		805 520	
					库存现金		805 520
12	6	转2	材料验收入库	原材料		229 840	
					在途物资		229 840
12	8	转3	采购员报销差旅费	管理费用		3 850	
					其他应收款		3 850
12	8	现收1	采购员退回报销后余额	库存现金		150	
					其他应收款		150
12	10	银收2	销售原材料	银行存款		11 700	
					其他业务收入		10 000
					应交税费		1 700
12	10	转4	结转销售材料成本	其他业务成本		9 000	
					原材料		9 000
12	10	现付2	购买打印纸	管理费用		300	
					库存现金		300
12	15	银付3	支付汽车修理费	管理费用		300	
					银行存款		300

模块九　账务处理程序

续表

2011年		凭证号	摘 要	会计科目		金额	
月	日			借方	贷方	借方	贷方
12	18	银收3	收到前欠货款	银行存款		586 450	
					应收账款		586 450
12	20	银收4	从银行借款	银行存款		500 000	
					短期借款		500 000
12	20	银付4	支付下年度报纸杂志费	预付账款		4 800	
					银行存款		4 800
12	20	银付5	偿还上月购料款	应付账款		306 000	
					银行存款		306 000
12	22	银付6	支付购料款、材料入库	原材料		325 008	
				应交税费		55 080	
					银行存款		380 088
12	25	银付7	支付广告费	销售费用		1 900	
					银行存款		1 900
12	25	银付5	接受投资	银行存款		600 000	
					实收资本		600 000
12	26	现收2	收到罚款	库存现金		1 000	
					营业外收入		1 000
12	27	银付8	向外捐赠	营业外支出		50 000	
					银行存款		50 000
12	31	转5	分配本月材料费用	生产成本		1 560 000	
				制造费用		70 000	
				管理费用		20 000	
					原材料		1 650 000
12	31	转6	分配本月工资费用	生产成本		705 526	
				制造费用		39 887	
				管理费用		60 107	
					应付职工薪酬		805 520

续表

2011年		凭证号	摘 要	会计科目		金额	
月	日			借方	贷方	借方	贷方
12	31	转7	计提职工福利费	生产成本		98 773.64	
				制造费用		5 584.18	
				管理费用		8 414.98	
					应付职工薪酬		112 772.80
12	31	转8	计提本月固定资产折旧	制造费用		39 000	
				管理费用		12 500	
					累计折旧		51 500
12	31	转9	计提银行借款利息	财务费用		5 000	
					应付利息		5 000
12	31	银付9	支付维修费	制造费用		7 600	
				管理费用		3 575	
					银行存款		11 175
12	31	转10	分配本月制造费用	生产成本		162 071.18	
					制造费用		162 071.18
12	31	转11	结转本月完工产品成本	库存商品		2 526 370.82	
					生产成本		2 526 370.82
12	31	转12	结转本月销售成本	主营业务成本		807 951.5	
					库存商品		807 951.5
12	31	转13	计算城建税及教育费附加	营业税金及附加		13 362	
					应交税费		13 362
12	31	转14	结转收入	主营业务收入		1 100 000	
				其他业务收入		10 000	
				营业外收入		1 000	
					本年利润		1 111 000

续表

2011年 月	日	凭证号	摘要	会计科目 借方	会计科目 贷方	金额 借方	金额 贷方
12	31	转15	结转成本费用	本年利润		999 770.48	
					主营业务成本		807 951.5
					营业税金及附加		13 362
					其他业务成本		9 000
					营业外支出		50 000
					管理费用		112 556.98
					财务费用		5 000
					销售费用		1 900
12	31	转16	计算应交所得税	所得税费用		27 807.38	
					应交税费		27 807.38
12	31	转17	结转所得税	本年利润		27 807.38	
					所得税费用		27 807.38
12	31	转18	提取法定盈余公积金	利润分配		8 342.21	
					盈余公积		8 342.21
12	31	转19	分配投资者利润	利润分配		33 368.86	
					应付股利		33 368.86
12	31	转20	结转净利润	本年利润		83 422.14	
					利润分配		83 422.14

3. 根据记账凭证的收款凭证、付款凭证登记库存现金日记账和银行存款日记账,如表9—3和表9—4所示。

4. 根据原始凭证、汇总原始凭证和记账凭证登记有关明细分类账(略)。

5. 根据记账凭证逐笔登记总分类账(为节省篇幅,本期没有发生额的账户不开设),如表9—5～表9—36所示。

表 9-3

现金日记账

2011年

月	日	类别	号数	摘要	对方科目	类页	借方 亿千百十万千百十元角分	贷方 亿千百十万千百十元角分	借或贷	余额 亿千百十万千百十元角分
12	1			期初余额					借	4 0 0 0 0 0
	4	银	2	提现金备发工资	银行存款		8 0 5 5 2 0 0 0		借	8 0 9 5 2 0 0 0
	4	现	1	发放工资	应付职工薪酬			8 0 5 5 2 0 0 0	借	4 0 0 0 0 0
	8	现	1	收回报销多余款	其他应收款		1 5 0 0 0		借	4 1 5 0 0
	10	现	2	购买打印纸	管理费用			3 0 0 0	借	3 8 5 0 0
	26	现	2	收取罚款	营业外收入		1 0 0 0 0 0		借	4 8 5 0 0
	31			本期发生额及余额			8 0 6 6 7 0 0 0	8 0 5 8 2 0 0 0	借	4 8 5 0 0

211

表9—4

银行存款日记账

2011年

月	日	凭证号数	摘要	对方科目	现金支票号码	转账支票号码	借方	贷方	借或贷	余额
12	1		期初余额							1 2 4 5 4 0 0 0
	2	银付1	垫付运杂费	应收账款			7 0 2 0 0 0 0			1 2 4 3 9 5 0 0
	3	银付1	销售产品	主营业务收入 应交税费				1 4 5 0 0 0 0		1 9 4 5 9 5 0 0
	4	银付2	提现金、备发工资	库存现金				8 0 5 2 0 0 0 0		1 1 1 4 0 4 3 0 0
	10	银付2	销售原材料	其他业务收入 应交税费			1 1 7 0 0 0 0 0			1 1 5 2 1 3 0 0
	15	银付3	支付汽车修理费	管理费用				3 8 1 0 0 0 0		1 1 1 4 8 3 2 0 0
	18	银付3	收回前欠货款	应收账款			5 8 6 4 5 0 0 0			1 7 3 4 7 7 0 0
	20	银付4	借入短期借款	短期借款			5 0 0 0 0 0 0 0			2 2 3 4 7 7 0 0
	20	银付4	付报纸杂志费	预付账款				4 8 0 0 0 0		2 2 2 9 9 7 0 0

续表

2011年		凭证号	摘要	对方科目	现金支票号码	转账支票号码	借方	贷方	借或贷	余额
月	日						亿千百十万千百十元角分	亿千百十万千百十元角分		亿千百十万千百十元角分
	20	银付5	偿还购料款	应付账款				3 0 6 0 0 0 0 0 0		1 9 2 3 3 9 7 0 0 0
	22	银付6	支付购料款	原材料、应交税费				3 8 0 0 8 8 0 0 0		1 5 4 3 3 8 8 2 0 0
	25	银付7	支付广告费	销售费用				1 9 0 0 0 0 0 0		1 5 4 1 9 8 8 2 0 0
	25	银付5	收到投资款	实收资本			6 0 0 0 0 0 0 0 0			2 1 4 1 9 8 8 2 0 0
	27	银付8	支付捐赠款	营业外支出				5 0 0 0 0 0 0 0		2 0 9 1 9 8 8 2 0 0
	31	银付9	支付维修费	制造费用、管理费用				1 1 1 7 5 0 0 0		2 0 8 0 8 0 7 0 0 0
	31		本期发生额及余额				2 4 0 0 1 5 0 0 0	1 5 6 4 7 4 3 0 0		2 0 8 0 8 0 7 0 0 0

表9-5

会计科目　应收账款

总　账

2011年		凭证号	摘要	借方 十亿千百十万千百十元角分	贷方 十亿千百十万千百十元角分	借或贷	余额 十亿千百十万千百十元角分
月	日						
12	1		期初金额			借	1 8 0 0 0 0 0 0
	2	银对1	垫付运杂费	1 4 5 0 0 0		借	1 9 4 5 0 0 0 0
	2	转1	销售产品	5 8 5 0 0 0 0		借	
	18	转收3	收回销货贷款		5 8 6 4 5 0 0 0	借	6 0 4 4 5 0 0 0
	31		本期发生额及余额	5 8 6 4 5 0 0 0	5 8 6 4 5 0 0 0	借	1 8 0 0 0 0 0 0

表9-6

会计科目　其他应收款

总　账

2011年		凭证号	摘要	借方 十亿千百十万千百十元角分	贷方 十亿千百十万千百十元角分	借或贷	余额 十亿千百十万千百十元角分
月	日						
12	1		期初金额			借	4 0 0 0 0 0 0
	8	转3	报销差旅费		3 8 5 0 0 0	借	1 5 0 0 0
	8	现收1	收回报销后余额		1 5 0 0 0		
	31		本期发生额及余额		4 0 0 0 0 0 0	平	0

表 9-7

总 账

会计科目 在途物资

2011年		凭证号	摘要	借方 十亿千百十万千百十元角分	贷方 十亿千百十万千百十元角分	借或贷	余额 十亿千百十万千百十元角分
月	日						
12	1		期初余款				2 2 9 8 4 0 0
	6	转2	材料验收入库		2 2 9 8 4 0 0		
	31		本期发生额及余额		2 2 9 8 4 0 0		0

表 9-8

总 账

会计科目 原材料

2011年		凭证号	摘要	借方 十亿千百十万千百十元角分	贷方 十亿千百十万千百十元角分	借或贷	余额 十亿千百十万千百十元角分
月	日						
12	1		期初余款			借	2 3 6 5 0 0 0 0 0
	6	转2	材料验收入库	2 2 9 8 4 0 0		借	2 5 9 4 8 4 0 0
	10	转4	出借原材料		9 0 0 0 0 0	借	2 5 8 5 8 4 0 0
	22	银付6	购进材料、验收入库	3 2 5 0 0 8 0 0		借	2 9 1 0 8 4 8 0 0
	31	转5	本月耗用材料		1 6 5 9 0 0 0 0 0	借	1 2 6 0 8 4 8 0 0
	31		本期发生额及余额	5 5 4 8 4 8 0 0	1 6 5 9 0 0 0 0 0	借	1 2 6 0 8 4 8 0 0

表9-9　银行存款

总账

会计科目：银行存款

2011年		凭证号	摘要	借方	贷方	借或贷	余额
月	日			十亿千百十万千百十元角分	十亿千百十万千百十元角分		十亿千百十万千百十元角分
12	1		期初余额			借	1245400 00
	2	银付1	垫付运杂费		1450 00	借	1243950 00
	3	银收1	销售产品	702000 00		借	1945950 00
	4	银付2	提现，备发工资	1170000 00		借	1104350 00
	10	银收2	销售原材料	86450 00	5520 00	借	1115213 00
	15	银付3	支付汽车修理费		3810 00	借	1114832 00
	18	银收3	收回前欠货款	500000 00		借	1734770 00
	20	银付4	借入短期贷款		4800 00	借	2234770 00
	20	银付4	支付报报杂志费		3600 88 00	借	2229970 00
	20	银付5	偿还购货款		3800 00	借	1923970 00
	22	银付6	支付购料款		1900 00	借	1543880 00
	25	银付7	支付广告费			借	1541980 00
	25	银收5	收到投资款	600000 00	5000 00	借	2141980 00
	27	银付8	支付捐赠款		1170 00	借	2091980 00
	31	银付9	支付维修费		3 00	借	2080870 00
	31		本期发生额及余额	2400150 00	1564 730 00	借	2080870 00

表9-10 会计科目 库存现金

总账

2011年		凭证号	摘要	借方										贷方										借或贷	余额									
月	日			十亿	亿	千	百	十万	万	千	百	十	元	角	分	十亿	亿	千	百	十万	万	千	百	十	元	角	分		十亿	亿	千	百	十万	万	千	百	十	元	角	分
12	1		期初余额																										借						4	0	0	0	0	0
	4	银付2	提现金备发工资					8	0	5	5	2	0	0	0													借					8	0	9	5	2	0	0
	4	现付1	发放工资																		8	0	5	5	2	0	0	0	借							4	0	0	0	0
	8	现收1	收回报销多余款							1	5	0	0	0	0													借							4	1	5	0	0
	10	现付2	购买打印纸																			3	0	0	0	0	0	借							3	8	5	0	0
	26	现收2	收取利款							1	0	0	0	0	0													借							4	8	5	0	0
	31		本期发生额及余额					8	0	6	6	7	0	0	0						8	0	5	8	2	0	0	借							4	8	5	0	0

表9-11 会计科目 库存商品

总账

2011年		凭证号	摘要	借方										贷方										借或贷	余额									
月	日			十亿	亿	千	百	十万	万	千	百	十	元	角	分	十亿	亿	千	百	十万	万	千	百	十	元	角	分		十亿	亿	千	百	十万	万	千	百	十	元	角	分
12	1		期初余额																										借			1	1	2	0	4	5	9	6	0
	31	转11	产品完工，验收入库				2	5	2	6	3	7	0	8	2													借			3	6	4	6	8	3	0	4	2
	31	转12	结转出库产品成本																		8	0	7	9	5	1	5	0	借			2	8	3	8	8	7	8	9	2
	31		本期发生额及余额				2	5	2	6	3	7	0	8	2						8	0	7	9	5	1	5	0	借			2	8	3	8	8	7	8	9	2

模块九 账务处理程序

217

表9-12

会计科目 预付账款

总账

2011年		凭证号	摘要	借方 十亿千百十万千百十元角分	贷方 十亿千百十万千百十元角分	核对号	借或贷	余额 十亿千百十万千百十元角分
月	日							
12	1		期初余额				借	1 0 1 7 5 0 0
	20	银付4	支付下半年度报纸杂志费	4 8 0 0 0 0			借	1 4 9 7 5 0 0
	31		本期发生额及余额	4 8 0 0 0 0			借	1 4 9 7 5 0 0

表9-13

会计科目 累计折旧

总账

2011年		凭证号	摘要	借方 十亿千百十万千百十元角分	贷方 十亿千百十万千百十元角分	核对号	借或贷	余额 十亿千百十万千百十元角分
月	日							
12	1		期初余额				贷	3 2 4 0 0 0 0
	31	转8	计提本月折旧		5 1 5 0 0 0		贷	3 7 5 5 0 0 0
	31		本期发生额及余额		5 1 5 0 0 0		贷	3 7 5 5 0 0 0

表9-14

会计科目 短期借款

总账

2011年		凭证号	摘要	借方 十亿千百十万千百十元角分	贷方 十亿千百十万千百十元角分	核对号	借或贷	余额 十亿千百十万千百十元角分
月	日							
12	1		期初余额				贷	2 2 0 0 0 0 0
	20	银收4	取得短期借款		5 0 0 0 0 0		贷	5 2 2 0 0 0 0
	31		本期发生额及余额		5 0 0 0 0 0		贷	5 2 2 0 0 0 0

218

表9-15 　　　　　　　　　　　　　　总　账

会计科目　应付账款

2011年		凭证号	摘要	借方 十亿千百十万千百十元角分	贷方 十亿千百十万千百十元角分	借或贷	核对号	余额 十亿千百十万千百十元角分
月	日							
12	1		期初余额			平		3 0 6 0 0 0 0
	20	银付5	支付材料货款	3 0 6 0 0 0 0				0
	31		本期发生额及余额	3 0 6 0 0 0 0				

表9-16 　　　　　　　　　　　　　　总　账

会计科目　应付利息

2011年		凭证号	摘要	借方 十亿千百十万千百十元角分	贷方 十亿千百十万千百十元角分	借或贷	核对号	余额 十亿千百十万千百十元角分
月	日							
12	1		期初余额			贷		1 5 0 0 0 0 0
	31	转9	计提银行借款利息		5 0 0 0 0 0	贷		2 0 0 0 0 0 0
	31		本期发生额及余额		5 0 0 0 0 0	贷		2 0 0 0 0 0 0

表9-17 　　　　　　　　　　　　　　总　账

会计科目　实收资本

2011年		凭证号	摘要	借方 十亿千百十万千百十元角分	贷方 十亿千百十万千百十元角分	借或贷	核对号	余额 十亿千百十万千百十元角分
月	日							
12	1		期初余额			贷		3 6 2 2 2 1 0 0
	25	银收5	收到投资款		6 0 0 0 0 0 0 0	贷		4 2 2 2 2 1 5 0 0
	31		本期发生额及余额		6 0 0 0 0 0 0 0	贷		4 2 2 2 2 1 5 0 0

模块九　账务处理程序

219

表9-18

总账

会计科目：主营业务收入

2011年		凭证号	摘要	借方 十亿千百十万千百十元角分	贷方 十亿千百十万千百十元角分	借或贷	余额 十亿千百十万千百十元角分
月	日						
12	2	转1	赊销商品		5 0 0 0 0 0 0 0	贷	5 0 0 0 0 0 0 0
	3	银收1	销售产品		6 0 0 0 0 0 0 0	贷	1 1 0 0 0 0 0 0 0
	31	转14	结转"本年利润"账户	1 1 0 0 0 0 0 0 0		平	0
	31		本期发生额及余额	1 1 0 0 0 0 0 0 0	1 1 0 0 0 0 0 0 0		

表9-19

总账

会计科目：营业税费

2011年		凭证号	摘要	借方 十亿千百十万千百十元角分	贷方 十亿千百十万千百十元角分	借或贷	余额 十亿千百十万千百十元角分
月	日						
12	1		期初余额			贷	1 0 5 0 0 0 0 0
	2	转1	赊销产品		8 5 0 0 0 0	贷	2 0 7 0 0 0 0 0
	3	银收1	销售产品		1 0 2 0 0 0 0	贷	2 0 8 7 0 0 0 0
	10	银收2	销售原材料		1 7 0 0 0 0	贷	1 5 3 6 2 0 0 0
	22	银付6	购进材料		1 3 3 6 2 0 0	贷	1 6 6 9 8 2 0 0
	31	转13	计提减值税及教育费附加		2 7 8 6 7 3 8	贷	1 9 4 7 8 9 3 8
	31	转16	计提所得税		2 2 9 8 6 9 3 8	贷	1 9 4 7 8 9 3 8
	31		本期发生额及余额	5 5 0 8 0 0 0	2 2 9 8 6 9 3 8		

220

表 9-20

总 账

会计科目 应付职工薪酬

2011年		凭证号	摘要	借方											贷方											借或贷	余额									
月	日			十亿	亿	千百	百	十	万	千	百	十	元	角	分	十亿	亿	千百	百	十	万	千	百	十	元	角	分		十亿	亿	千百	百	十	万	千	百	十	元	角	分
12	1		期初余额																									贷					5	0	0	0	0	0	0
	4	现付1	发放工资					8	0	5	5	2	0	0	0																								
	31	转6	分配本月工资																	8	0	5	5	2	0	0	0	贷					5	0	0	0	0	0	0
	31	转7	计提本月福利费																	1	1	2	7	7	2	8	0	贷					1	6	2	7	7	2	8	0
	31		本期发生额及余额					8	0	5	5	2	0	0	0					9	1	8	2	9	2	8	0	贷					1	6	2	7	7	2	8	0

表 9-21

总 账

会计科目 其他业务收入

2011年		凭证号	摘要	借方											贷方											借或贷	余额									
月	日			十亿	亿	千百	百	十	万	千	百	十	元	角	分	十亿	亿	千百	百	十	万	千	百	十	元	角	分		十亿	亿	千百	百	十	万	千	百	十	元	角	分
12	10	银收2	销售原材料																	1	0	0	0	0	0	0	0	贷					1	0	0	0	0	0	0	0
	31	转14	转"本月利润"账户					1	0	0	0	0	0	0	0																								
	31		本期发生额及余额					1	0	0	0	0	0	0	0					1	0	0	0	0	0	0	0	平												0

模块九 账务处理程序

221

表 9-22

会计科目：管理费用

总账

2011年		凭证号	摘要	借方 十亿千百十万千百十元角分	贷方 十亿千百十万千百十元角分	核对符号	借或贷	余额 十亿千百十万千百十元角分
月	日							
12	8	转付3	报销差旅费	3 8 5 0 0 0			借	3 8 5 0 0 0
	10	现付2	购买打印纸	3 0 0 0 0			借	4 1 5 0 0 0
	15	银付3	支付汽车修理费	3 8 1 0 0 0 0			借	7 9 6 0 0 0
	31	转5	耗用材料	2 0 0 0 0 0 0			借	2 7 9 6 0 0 0
	31	转6	分配工资费用	6 0 1 0 7 0 0			借	8 8 0 6 7 0 0
	31	转7	计提福利费	8 4 1 4 9 8			借	9 6 4 8 1 9 8
	31	转8	计提折旧	1 2 5 0 0 0 0			借	1 0 8 9 8 1 9 8
	31	银付9	支付维修费	3 5 7 5 0 0			借	1 1 2 5 5 6 9 8
	31	转15	结转"本年利润"账户		1 1 2 5 5 6 9 8		平	0
	31		本期发生额及余额	1 1 2 5 5 6 9 8	1 1 2 5 5 6 9 8			

表 9-23

会计科目：销售费用

总账

2011年		凭证号	摘要	借方 十亿千百十万千百十元角分	贷方 十亿千百十万千百十元角分	核对符号	借或贷	余额 十亿千百十万千百十元角分
月	日							
12	25	银付7	支付广告费	1 9 0 0 0 0 0			借	1 9 0 0 0 0 0
	31	转15	结转"本年利润"账户		1 9 0 0 0 0 0		平	0
	31		本期发生额及余额	1 9 0 0 0 0 0	1 9 0 0 0 0 0			

222

表 9-24 会计科目：其他业务成本

总 账

2011年		凭证号	摘要	借方 十亿千百十万千百十元角分	贷方 十亿千百十万千百十元角分	核对号	借或贷	余额 十亿千百十万千百十元角分
月	日							
12	10	转4	销售原材料	9 0 0 0 0 0			借	9 0 0 0 0 0
	31	转15	转入"本年利润"账户		9 0 0 0 0 0		平	0
	31		本期发生额及余额	9 0 0 0 0 0	9 0 0 0 0 0			

表 9-25 会计科目：营业外收入

总 账

2011年		凭证号	摘要	借方 十亿千百十万千百十元角分	贷方 十亿千百十万千百十元角分	核对号	借或贷	余额 十亿千百十万千百十元角分
月	日							
12	26	现收2	收到罚款		1 0 0 0 0 0		贷	1 0 0 0 0 0
	31	转14	转入"本年利润"账户	1 0 0 0 0 0			平	0
	31		本期发生额及余额	1 0 0 0 0 0	1 0 0 0 0 0			

表 9-26 会计科目：营业外支出

总 账

2011年		凭证号	摘要	借方 十亿千百十万千百十元角分	贷方 十亿千百十万千百十元角分	核对号	借或贷	余额 十亿千百十万千百十元角分
月	日							
12	27	银付8	对外捐赠	5 0 0 0 0 0			借	5 0 0 0 0 0
	31	转15	转入"本年利润"账户		5 0 0 0 0 0		平	0
	31		本期发生额及余额	5 0 0 0 0 0	5 0 0 0 0 0			

表9—27

会计科目 生产成本

总账

2011年		凭证号	摘要	借方 十亿千百十万千百十元角分	贷方 十亿千百十万千百十元角分	借或贷	余额 十亿千百十万千百十元角分	核对号
月	日							
12	31	转5	耗用材料	1 5 6 0 0 0 0 0		借	1 5 6 0 0 0 0 0	
	31	转6	分配工资费用	7 0 0 0 0 0 0		借	2 2 6 0 0 0 0 0	
	31	转7	计提福利费	9 8 7 7 3 6 4		借	2 3 6 4 2 9 6 4	
	31	转10	分配制造费用	1 6 2 0 7 1 1 8		借	2 5 2 6 3 7 0 8 2	
	31	转11	产品完工验收入库		2 5 2 6 3 7 0 8 2	平	0	
	31		本月发生额及余额	2 5 2 6 3 7 0 8 2	2 5 2 6 3 7 0 8 2			

表9—28

会计科目 制造费用

总账

2011年		凭证号	摘要	借方 十亿千百十万千百十元角分	贷方 十亿千百十万千百十元角分	借或贷	余额 十亿千百十万千百十元角分	核对号
月	日							
12	31	转5	耗用材料	7 0 0 0 0 0 0		借	7 0 0 0 0 0 0	
	31	转6	分配工资费用	3 9 8 8 7 0 0		借	1 0 9 8 8 7 0 0	
	31	转7	计提福利费	5 5 8 4 1 8		借	1 1 5 4 7 1 1 8	
	31	转8	计提折旧	3 9 0 0 0 0 0		借	1 5 4 4 7 1 1 8	
	31	银付9	负担水电费	7 6 0 0 0 0 0		借	1 6 2 0 7 1 1 8	
	31	转10	分配制造费用		1 6 2 0 7 1 1 8	平	0	
	31		本期发生额及余额	1 6 2 0 7 1 1 8	1 6 2 0 7 1 1 8			

表9-29
会计科目 财务费用

总　账

2011年		凭证号	摘要	借方 十亿千百十万千百十元角分	贷方 十亿千百十万千百十元角分	借或贷	余额 十亿千百十万千百十元角分	核对符号
月	日							
12	31	转9	计提银行借款利息	5 0 0 0 0				
	31	转15	结转"本年利润"账户		5 0 0 0 0	平		
	31		本期发生额及余额	5 0 0 0 0	5 0 0 0 0	平	0	

表9-30
会计科目 主营业务成本

总　账

2011年		凭证号	摘要	借方	贷方	借或贷	余额	核对符号
月	日							
12	31	转12	结账已销产品成本	8 0 7 9 5 1 5 0				
	31	转15	结转"本年利润"账户		8 0 7 9 5 1 5 0	平		
	31		本期发生额及余额	8 0 7 9 5 1 5 0	8 0 7 9 5 1 5 0	平	0	

表9-31
会计科目 营业税金及附加

总　账

2011年		凭证号	摘要	借方	贷方	借或贷	余额	核对符号
月	日							
12	31	转13	计提减建税及教育费附加	1 3 3 6 2 0 0				
	31	转15	结转"本年利润"账户		1 3 3 6 2 0 0	平		
	31		本期发生额及余额	1 3 3 6 2 0 0	1 3 3 6 2 0 0	平	0	

模块九 账务处理程序

225

表9-32 会计科目：本年利润

总账

2011年		凭证号	摘要	借方 十亿千百十万千百十元角分	贷方 十亿千百十万千百十元角分	核对号	借或贷	余额 十亿千百十万千百十元角分
月	日							
12	31	记14			1 1 1 1 0 0 0 0 0		贷	1 1 1 1 0 0 0 0 0
	31	记15	结转本期收入	9 9 7 7 0 4 8			贷	1 1 1 2 2 9 5 2
	31	记17	结转成本费用	2 7 8 0 7 3 8			贷	8 3 4 2 2 1 4
	31	记20	所得税转出	8 3 4 2 2 1 4			平	0
	31		净利润转出	1 1 1 1 0 0 0 0 0	1 1 1 1 0 0 0 0 0			
	31		本期发生额及余额					

表9-33 会计科目：所得税费用

总账

2011年		凭证号	摘要	借方 十亿千百十万千百十元角分	贷方 十亿千百十万千百十元角分	核对号	借或贷	余额 十亿千百十万千百十元角分
月	日							
12	31	记16	计提所得税	2 7 8 0 7 3 8			借	2 7 8 0 7 3 8
	31	记17	结转"本年利润"账户		2 7 8 0 7 3 8		平	0
	31		本期发生额及余额	2 7 8 0 7 3 8	2 7 8 0 7 3 8			

表9-34 会计科目：利润分配

总账

2011年		凭证号	摘要	借方 十亿千百十万千百十元角分	贷方 十亿千百十万千百十元角分	核对号	借或贷	余额 十亿千百十万千百十元角分
月	日							
12	31	记18	计提盈余公积	8 3 4 2 2 1			借	8 3 4 2 2 1
	31	记19	向投资者分配利润	3 3 6 8 8 6			借	4 1 7 1 1 0 7
	31	记20	结转净利润		8 3 4 2 2 1 4		贷	4 1 7 1 1 0 7
	31		本期发生额及余额	4 1 7 1 1 0 7	8 3 4 2 2 1 4		贷	4 1 7 1 1 0 7

226

表9-35
会计科目 盈余公积

总 账

2011年		凭证号	摘要	借方 十亿千百十万千百十元角分	贷方 十亿千百十万千百十元角分	核对符号	借或贷	余额 十亿千百十万千百十元角分
月	日							
12	1		期初余额				贷	5 0 0 0 0 0 0
	31	转18	计提盈余公积		8 3 4 2 2 1		贷	5 8 3 4 2 2 1
	31		本期发生额及余额		8 3 4 2 2 1		贷	5 8 3 4 2 2 1

表9-36
会计科目 应付股利

总 账

2011年		凭证号	摘要	借方 十亿千百十万千百十元角分	贷方 十亿千百十万千百十元角分	核对符号	借或贷	余额 十亿千百十万千百十元角分
月	日							
12	31	转19	向投资者分配利润		3 3 3 6 8 8 6		贷	3 3 3 6 8 8 6
	31		本期发生额及余额		3 3 3 6 8 8 6		贷	3 3 3 6 8 8 6

6. 月中根据审核无误的总分类账和明细分类账的记录编制有关会计报表,如表9—37和表9—38所示。为防止报表出现错误,应事先编制总分类账户余额试算平衡表。

表9—37　　　　　　　　　　　　资产负债表　　　　　　　　　　　　会企01表
编制单位:天空电子实业有限公司　　　2011年12月31日　　　　　　　　单位:元

资　产	期末额	年初额	负债和所有者权益（或股东权益）	期末数	年初数
流动资产：			流动负债：		
货币资金	2 085 657		短期借款	522 000	
交易性金融资产	17 000		交易性金融负债		
应收票据	3 200		应付票据		
应收账款	18 000		应付账款	0	
预付账款	14 975		预收账款	36 000	
应收股利			应付职工薪酬	162 772.8	
应收利息		（略）	应交税费	194 789.38	（略）
其他应收款	0		应付利息	20 000	
存货	4 099 726.92		应付股利	33 368.86	
一年内到期的非流动资产			其他应付款		
其他流动资产			一年内到期的非流动负债		
流动资产合计	6 238 558.92		其他流动负债		
非流动资产：			流动负债合计	968 931.04	
可供出售金融资产			非流动负债：		
持有至到期投资			长期借款	1 600 000	
长期应收款			应付债券	158 000	
长期股权投资	50 000		长期应付款		
投资性房地产			专项应付款		
固定资产	998 040.4		预计负债		
在建工程			递延所得税负债		
工程物资			其他非流动负债		
固定资产清理			非流动负债合计	1 758 000	
生产性生物资产			负债合计	2 726 931.04	
油气资产			所有者权益(或股东权益):		

续表

资　产	期末额	年初额	负债和所有者权益(或股东权益)	期末数	年初数
无形资产	27 600		实收资本(或股本)	4 222 215	
开发支出			资本公积	265 000	
商誉			减:库存股		
长期待摊费用			盈余公积	58 342.21	
递延所得税资产			未分配利润	41 711.07	
其他非流动资产			所有者权益(或股东权益)合计	4 587 268.28	
非流动资产合计	1 075 640.4				
资产总计	7 314 199.32		负债和所有者权益(或股东权益)总计	7 314 199.32	

表9—38　　　　　　　　　　　　　　　利 润 表

编制单位:天空电子实业有限公司　　　　2011年12月　　　　　　　　　　　　单位:元

项　目	本期数	本年累计数
一、营业收入	1 110 000	
减:营业成本	816 951.5	
营业税金及附加	13 362	
销售费用	1 900	
管理费用	112 556.98	
财务费用	5 000	
资产减值损失		
加:公允价值变动收益(损失以"—"填列)		(略)
投资收益(损失以"—"填列)		
其中:对联营企业和合营企业的投资收益		
二、营业利润(亏损以"—"填列)	160 229.52	
加:营业外收入	1 000	
减:营业外支出	50 000	
其中:非流动资产处置净损失		
三、利润总额(损失总额以"—"填列)	111 229.52	
减:所得税费用	27 807.38	
四、净利润	83 422.14	
五、每股收益		
(一)基本每股收益		
(二)稀释每股收益		

情景三 科目汇总表账务处理程序

一、科目汇总表账务处理程序的特点

科目汇总账务处理程序的主要特点是定期编制科目汇总表,并据以登记总分类账。

二、科目汇总表账务处理程序的核算要求

采用科目汇总账务处理程序,除了要设置通用格式或专用格式的记账凭证外,还要编制科目汇总表。账簿的设置与格式均与记账凭证账务处理程序相同。

科目汇总表的性质和作用与汇总记账凭证相似,但两者的结构和编制方法不同。科目汇总表不分对应科目进行汇总,而是将所有科目的借方、贷方发生额汇总在一张科目汇总表内,然后据以登记总账。

三、科目汇总表账务处理程序的核算步骤

科目汇总表账务处理程序如图9－2所示。

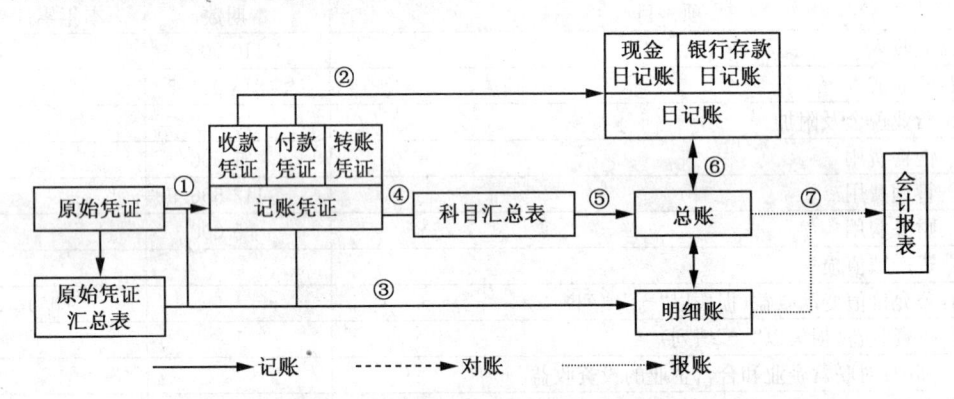

图9－2 科目汇总表账务处理程序

图9－2中的核算步骤说明如下:
①根据原始凭证或原始凭证汇总表编制收款凭证、付款凭证和转账凭证;
②根据收款凭证、付款凭证登记库存现金日记账、银行存款日记账;
③根据原始凭证或原始凭证汇总表、记账凭证登记明细分类账;
④根据记账凭证,每日或定期编制科目汇总表;
⑤根据科目汇总表,每日或定期登记总分类账;
⑥月终,库存现金、银行存款日记账和明细分类账分别与总分类账核对;
⑦月终,根据总分类账和明细分类账资料编制会计报表。

四、科目汇总表账务处理程序的优缺点和适用范围

采用这种账务处理程序，由于通过定期汇总可以分几次或月终一次根据汇总数登记总账，因此，可以简化登记总账的工作。而且，记账凭证汇总表还能起到试算平衡的作用，利于检查记账工作的准确性。但是，汇总的工作量也是比较繁重的，而且记账凭证汇总表不能反映账户的对应关系，所以不便于了解经济业务的来龙去脉。因此，这种账务处理程序适用于规模较大、经济业务较多的单位。

五、科目汇总表账务处理程序的应用

根据原始批证、汇总原始凭证编制记账凭证（详见情景二）。

根据收款凭证、付款凭证登记库存现金日记账、银行存款日记账（详见情景二）。

根据各种原始凭证或汇总原始凭证和记账凭证登记各种明细账（略）。

编制科目汇总表如表9－39所示。

表9－39　　　　　　　　　　　科目汇总表

2011年12月　　　　　　　　　　　　　　　　　　　　　　　　单位：元

会计科目	1～10日发生额 借方	1～10日发生额 贷方	11～20日发生额 借方	11～20日发生额 贷方	21～31日发生额 借方	21～31日发生额 贷方	合计 借方	合计 贷方
库存现金	805 670	805 820			1 000		806 670	805 820
银行存款	713 700	806 970	1 086 450	314 610	600 000	443 163	2 400 150	1 567 473
应收账款	586 450			586 450			586 450	586 450
其他应付款		4 000						4 000
在途物资		229 840						229 840
原材料	229 840	9 000			325 008	1 650 000	554 848	1 659 000
应交税费		188 700			55 080	41 169.38	55 080	229 869.38
应付职工薪酬	805 520					918 292.80	805 520	918 292.80
主营业务收入		1 100 000				110 000 000	110 000 000	110 000 000
其他业务收入		10 000				10 000	10 000	10 000
管理费用	4 150		3 810		104 596.98	112 556.98	112 556.98	112 556.98
其他业务成本	9 000					9 000	9 000	9 000
预付账款			4 800				4 800	
短期借款				500 000				500 000

续表

会计科目	1~10日发生额 借方	1~10日发生额 贷方	11~20日发生额 借方	11~20日发生额 贷方	21~31日发生额 借方	21~31日发生额 贷方	合计 借方	合计 贷方
应付账款			306 000				306 000	
实收资本						600 000		600 000
生产成本					2 526 370.82	2 526 370.82	2 526 370.82	2 526 370.82
制造费用					162 071.18	162 071.18	162 071.18	162 071.18
累计折旧						51 500		51 500
财务费用					5 000	5 000	5 000	5 000
应付利息						5 000		5 000
库存商品					2 526 370.82	2 526 370.82	2 526 370.82	2 526 370.82
主营业务成本					807 951.5	807 951.5	807 951.5	807 951.5
营业税金及附加					13 362	13 362	13 362	13 362
营业外收入					1 000	1 000	1 000	1 000
本年利润					1 111 000	1 111 000	1 111 000	1 111 000
销售费用					1 900	1 900	1 900	1 900
营业外支出					50 000	50 000	50 000	50 000
所得税费用					27 807.38	27 807.38	27 807.38	27 807.38
利润分配					41 711.07	83 422.14	41 711.07	83 422.14
盈余公积						8 342.21		8 342.21
应付股利						33 368.86		33 368.86
合计	3 154 330	3 154 330	1 401 060	1 401 060	9 470 229.75	9 470 229.75	14 025 619.75	14 025 619.75

根据定期编制的科目汇总表登记总分类账。以上例天空电子实业有限公司发生的经济业务为例,为了减少篇幅,仅登记"库存现金"、"银行存款"、"应交税费"、"管理费用"、"原材料"、"应收账款"这几个经济业务量较多的账户,如表9—40～表9—45所示。

表9-40

会计科目 银行存款

总 账

2011年		凭证号	摘要	借方 十亿千百十万千百十元角分	贷方 十亿千百十万千百十元角分	借或贷	余额 十亿千百十万千百十元角分
月	日						
12	1		期初余额			借	1 2 4 5 4 0 0 0 0
	10	科汇	1～10日发生额	7 1 3 7 0 0 0 0	8 0 6 9 7 0 0 0		
	20	科汇	11～20日发生额	1 0 8 6 4 5 0 0 0	3 1 4 6 1 0 0 0		
	31	科汇	21～31日发生额	6 0 0 0 0 0 0 0	4 4 3 1 6 3 0 0		
	31		本期发生额及余额	2 4 0 0 1 5 0 0 0	1 5 6 4 7 4 3 0 0	借	2 0 8 0 8 0 7 0 0

表9-41

会计科目 库存现金

总 账

2011年		凭证号	摘要	借方 十亿千百十万千百十元角分	贷方 十亿千百十万千百十元角分	借或贷	余额 十亿千百十万千百十元角分
月	日						
12	1		期初余额			借	4 0 0 0 0 0
	10	科汇	1～10日发生额	8 0 5 6 7 0 0 0	8 0 5 8 2 0 0 0		
	31	科汇	21～31日发生额	1 0 0 0 0 0			
	31		本期发生额及余额	8 0 6 6 7 0 0 0	8 0 5 8 2 0 0 0	借	4 8 5 0 0 0

表9-42

会计科目 应交税费

总 账

2011年		凭证号	摘要	借方 十亿千百十万千百十元角分	贷方 十亿千百十万千百十元角分	借或贷	余额 十亿千百十万千百十元角分
月	日						
12	1		期初余额			贷	2 0 0 0 0 0 0 0
	10	科汇	1～10日发生额		1 8 8 7 0 0 0 0		
	31	科汇	21～31日发生额	5 5 0 8 0 0 0 0	4 1 1 6 9 3 8		
	31		本期发生额及余额	5 5 0 8 0 0 0 0	2 2 9 8 6 9 3 8	贷	1 9 4 7 8 9 3 8

表9-43
会计科目 管理费用

总 账

2011年		凭证号	摘要	借方 十亿千百十万千百十元角分	贷方 十亿千百十万千百十元角分	核对分号	借或贷	余额 十亿千百十万千百十元角分
月	日							
12	1	科汇	1~10日发生额	4 1 5 0 0 0				
	20	科汇	11~20日发生额	3 8 1 0 0 0				
	31	科汇	21~31日发生额	1 0 4 5 9 6 9 8				
	31		本期发生额及余额	1 1 1 2 5 6 9 8	1 1 1 2 5 6 9 8		平	0

表9-44
会计科目 原材料

总 账

2011年		凭证号	摘要	借方 十亿千百十万千百十元角分	贷方 十亿千百十万千百十元角分	核对分号	借或贷	余额 十亿千百十万千百十元角分
月	日							
12	1		期初余额				借	2 9 6 5 0 0 0 0
	10	科汇	1~10日发生额	2 2 9 8 4 0 0 0				
	31	科汇	21~31日发生额	3 2 5 0 0 8 0 0	1 6 5 9 0 0 0 0 0			
	31		本期发生额及余额	5 5 4 8 4 8 0 0	1 6 5 9 0 0 0 0 0		借	1 2 6 0 8 4 8 0 0

表9-45
会计科目 应收账款

总 账

2011年		凭证号	摘要	借方 十亿千百十万千百十元角分	贷方 十亿千百十万千百十元角分	核对分号	借或贷	余额 十亿千百十万千百十元角分
月	日							
12	1		期初余额				借	1 8 0 0 0 0 0 0
	10	科汇	1~10日发生额	5 8 6 4 5 0 0 0				
	20	科汇			5 8 6 4 5 0 0 0			
	31		本期发生额及余额	5 8 6 4 5 0 0 0	5 8 6 4 5 0 0 0		借	1 8 0 0 0 0 0 0

情景四 汇总记账凭证账务处理程序

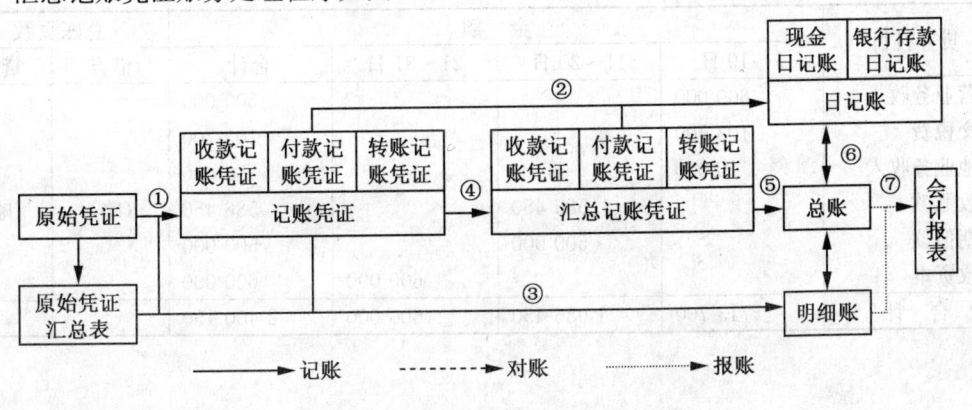

一、汇总记账凭证账务处理程序的特点

汇总记账账务处理程序的主要特点是根据记账凭证编制汇总记账凭证,再根据汇总记账凭证登记总分类账。

二、汇总记账凭证账务处理程序的核算要求

采用这种账务处理程序时,不能够设置通用格式的记账凭证,必须设置专用的收款凭证、付款凭证和转账凭证三种格式。除此以外,还要设置汇总收款凭证、汇总付款凭证和汇总转账凭证。三种汇总记账凭证分别根据收款、付款、转账三种记账凭证汇总填制。汇总记账凭证要定期填制,间隔天数视业务量的多少而定,一般为5天或10天,每月汇总编制一张,月终结出合计数,据以登记总分类账。

汇总收款凭证和汇总付款凭证均以库存现金、银行存款账户为中心设置,因为这两个账户的收、付发生状况反映了现金存量和银行存款存量的变动情况,单位应及时掌握。具体来说,汇总收款凭证应根据现金和银行存款的收款凭证,分别以这两个账户的借方设置,并按与这两个账户对应的贷方账户归类汇总;汇总付款凭证则方向相反,现金和银行存款之间相互划转的业务,则视同汇总付款凭证处理;汇总转账凭证一般按有关账户的贷方分别设置,并以对应科目的借方账户归类汇总。因此,汇总转账凭证只能是一贷一借或一贷多借,而不能相反。这样既反映了经营过程中各种存量的变动情况,又与单位资金运动的方向相一致。采用这种账务处理程序,账簿的设置与格式均与记账凭证账务处理程序相同。

三、汇总记账凭证账务处理程序的核算步骤

汇总记账凭证账务处理程序如图9-3所示。

图9-3 汇总记账凭证账务处理程序

图9-3中的核算步骤说明如下：

①根据原始凭证或原始凭证汇总表编制收款凭证、付款凭证和转账凭证；

②根据收款凭证和付款凭证逐笔登记库存现金日记账、银行存款日记账；

③根据收款凭证、付款凭证、转账凭证或原始凭证、原始凭证汇总表，逐笔登记各种明细分类账；

④根据收款凭证、付款凭证和转账凭证，定期编制汇总收款凭证、汇总付款凭证和汇总转账凭证；

⑤月终，根据汇总收款凭证、汇总付款凭证和汇总转账凭证登记总分类账；

⑥月终，现金日记账的余额和银行存款日记账的余额及各明细分类账的余额合计数，与总分类账有关账户的余额核对相符；

⑦月终，根据总分类账和明细分类账有关资料编制会计报表。

四、汇总记账凭证账务处理程序的优缺点和适用范围

采用汇总记账凭证账务处理程序的优点是可以简化登记总账的工作，由于汇总记账凭证可以反映账户的对应关系，便于了解经济业务的来龙去脉，进而利于分析和检查。但是，由于记账凭证的汇总是按有关账户的借方或贷方而不是按经济业务的性质归类汇总的，不利于会计核算分工，同时汇总工作量也很大。所以，这种账务处理程序适用于规模较大、经济业务较多的单位。

五、汇总记账凭证账务处理程序的应用

仍以天空电子实业有限公司2011年12月份发生的经济业务为例，这里仅就"银行存款"的汇总收款凭证和汇总付款凭证的编制方法以及如何根据汇总收款凭证和汇总付款凭证登记银行存款总账进行简述，如表9-46、表9-47和表9-48所示。

表9-46　　　　　　　　　　汇总收款凭证　　　　　　　　　汇收第1号
借方科目：银行存款　　　　　　　2011年12月　　　　　　　　　单位：元

贷方科目	金额 1~10日	11~20日	21~31日	合计	总账页数 借方	贷方
主营业务收入	600 000			600 000		
应交税费	103 700			103 700		
其他业务收入	10 000			10 000		
应收账款		586 450		586 450	（略）	（略）
短期借款		500 000		500 000		
实收资本			600 000	600 000		
合计	713 700	1 086 450	600 000	2 400 150		

表 9-47　　　　　　　　　　　　汇总付款凭证　　　　　　　　　汇付第 1 号
贷方科目:银行存款　　　　　　　　2011 年 12 月　　　　　　　　　　　单位:元

借方科目	金额 1~10 日	11~20 日	21~31 日	合计	总账页数 借方	贷方
应收账款	1 450			1 450		
库存现金	805 520			805 520		
管理费用		3 810	3 575	7 385		
预付账款		4 800		4 800		
应付账款		306 000		306 000	(略)	(略)
原材料			325 008	325 008		
应交税费			55 080	55 080		
销售费用			1 900	1 900		
制造费用			7 600	7 600		
营业外支出			50 000	50 000		
合计	806 970	314 610	443 163	1 564 743		

表 9-48　　　　　　　　　　　　总分类账(简式)
会计科目:银行存款　　　　　　　　　　　　　　　　　　　　　　　　单位:元

2011 年 月	日	凭证号数	摘要	对方账户	借方	贷方	借或贷	余额
12	1		期初余额				借	1 245 400
	30		销售商品款	主营业务收入	600 000			
	30		增值税	应交税费	103 700	55 080		
	30	(略)	销售材料	其他业务收入	10 000			
	30		收回和未收回款	应收账款	586 450	1 450		
	30		取得借款	短期借款	500 000			
	31		接受投资	实收资本	600 000			
	31		支付现金	库存现金		805 520		
	31		支付各项费用	管理费用		7 385		
	31		支付下年杂志费	预付账款		4 800		
	31		应付未付款	应付账款		306 000		
	31		采购原材料	原材料		325 008		
	31		支付广告费	销售费用		1 900		
	31		支付维修费	制造费用		7 600		
	31		支付捐赠款	营业外支出		50 000		
	31		本月发生额及余额		2 400 150	1 564 743	借	2 080 807

信息搜索

1. 什么是账务处理程序？其主要种类有哪些？
2. 什么是记账凭证账务处理程序？
3. 科目汇总表账务处理程序与记账凭证账务处理程序的主要区别有哪些？
4. 什么是汇总记账凭证账务处理程序？其特点有哪些？

【练习题】

一、单项选择题

1. 各种账务处理程序最主要的区别是（　　）。
   A. 账簿组织不同　　　　　　　　　　B. 记账程序不同
   C. 登记总账的依据不同　　　　　　　D. 记账方法不同

2. 在下列账务处理程序中,最基本的是（　　）。
   A. 日记总账账务处理程序　　　　　　B. 汇总记账凭证账务处理程序
   C. 记账凭证汇总表账务处理程序　　　D. 记账凭证账务处理程序

3. 规模小、业务简单、使用会计科目少的单位一般采用（　　）。
   A. 记账凭证账务处理程序　　　　　　B. 记账凭证汇总表账务处理程序
   C. 汇总记账凭证账务处理程序　　　　D. 日记总账账务处理程序

4. 科目汇总表账务处理程序和汇总记账凭证账务处理程序的主要相同点是（　　）。
   A. 登记总账的依据相同　　　　　　　B. 都需对记账凭证汇总并且记账步骤相同
   C. 记账凭证的汇总方向相同　　　　　D. 汇总凭证的格式相同

5. 科目汇总表的汇总范围是（　　）。
   A. 全部科目的借方余额　　　　　　　B. 全部科目的贷方余额
   C. 全部科目的借、贷发生额　　　　　D. 部分科目的借、贷发生额

6. 汇总记账凭证核算组织程序适用于（　　）的单位。
   A. 规模较大、经济业务不多　　　　　B. 规模较小、经济业务不多
   C. 规模较小、经济业务较多　　　　　D. 规模较大、经济业务较多

7. 汇总记账凭证核算组织程序的主要优点是（　　）。
   A. 能够减少填制记账凭证的数量
   B. 能清楚地反映各科目间的对应关系
   C. 能把分类核算和序时核算结合起来
   D. 银行存款日记账能反映收支业务的对应科目

8. 科目汇总表账务处理程序的主要缺点是（　　）。
   A. 登记总账的工作量太大　　　　　　B. 编制科目汇总表的工作量太大
   C. 不利于人员分工　　　　　　　　　D. 看不出各科目之间的对应关系

二、多项选择题

1. 总账的登记依据可以是（　　）。

A. 记账凭证　　　　　　　　　B. 汇总记账凭证
C. 科目汇总表　　　　　　　　D. 多栏式现金日记账
E. 多栏式银行存款日记账

2. 各种账务处理程序的相同之处表现在(　　)。
A. 根据原始凭证编制汇总原始凭证
B. 根据原始凭证或原始凭证汇总表编制记账凭证
C. 根据记账凭证和有关原始凭证和汇总原始凭证登记明细账
D. 根据记账凭证逐笔登记总账
E. 根据总账及明细账编制会计报表

3. 在记账凭证账务处理程序下,登记账簿应根据(　　)。
A. 收款凭证　　　　　　　　　B. 付款凭证
C. 转账凭证　　　　　　　　　D. 原始凭证
E. 原始凭证汇总表

4. 编制汇总记账凭证时,要求(　　)。
A. 收款凭证以借方科目为主,按对应的贷方科目归类汇总
B. 付款凭证以贷方科目为主,按对应的借方科目归类汇总
C. 转账凭证以借方科目为主,按对应的贷方科目归类汇总
D. 转账凭证以贷方科目为主,按对应的借方科目归类汇总
E. 全部记账凭证均以借方科目为主,按对应的贷方科目归类汇总

5. 科目汇总表账务处理程序的优点是(　　)。
A. 简化登记总账的工作　　　　B. 总账中能反映账户的对应关系
C. 总账中能逐笔反映经济业务的发生情况　　D. 可以进行试算平衡
E. 适用于经济业务多的单位

三、判断题

1. 任何账务处理程序的第一步都必须将所有的原始凭证汇总编制为汇总原始凭证。(　　)
2. 编制科目汇总表,不仅可以起到试算平衡的作用,而且可以反映账户之间的对应关系。(　　)
3. 在汇总记账凭证账务处理程序下,现金日记账可以根据汇总收、付款凭证登记。(　　)
4. 科目汇总表账务处理程序下,总分类账均应依据科目汇总表登记。(　　)
5. 同一单位,由于采用不同的账务处理程序,其最终的核算结果应该不同。(　　)

四、业务题

习题一
(一)目的:练习记账凭证账务处理程序。
(二)资料:中兴公司 2011 年 9 月初有关科目的余额如下(单位:元):

会计科目	借方余额	贷方余额
库存现金	600.00	
银行存款	639 600.00	
应收账款	88 700.00	
其中:大发公司	48 700.00	

续表

会计科目	借方余额	贷方余额
全顺公司	40 000.00	
其他应收款	680.00	
其中:王云	680.00	
原材料	86 700.00	
其中:甲材料 6 000 千克	61 500.00	
乙材料 4 000 千克	25 200.00	
库存商品	510 000.00	
其中:A 产品 3 000 盒	330 000.00	
B 产品 2 000 盒	180 000.00	
固定资产	690 000.00	
累计折旧		206 200.00
短期借款		450 000.00
应付账款		73 000.00
其中:西康工厂		73 000.00
应付职工薪酬		86 792.00
应交税费		84 000.00
应付利息		8 288.00
实收资本		860 000.00
盈余公积		109 000.00
本年利润		257 000.00
生产成本	120 000.00	
其中:A 产品	78 000.00	
B 产品	42 000.00	
合　计	2 136 280.00	2 136 280.00

"生产成本"明细账的期初余额如下(单位:元):

品　名	直接材料	直接人工	制造费用	合　计
A 产品	34 000	29 000	15 000	78 000
B 产品	17 000	16 000	9 000	42 000

中兴公司 2011 年 9 月份发生如下经济业务:

(1)1 日,取得短期借款 150 000 元,存入银行;

(2)2 日,购进甲材料 2 500 千克,单价为 10 元/千克,计 25 000 元,增值税税率 17%,全部款项以存款支付;

(3)2日,销售A产品1 200盒,单价为150元/盒,计180 000元,增值税税率17%,全部款项已收回入账;

(4)3日,通过银行发放职工工资70 000元;

(5)4日,李明因公出差预借差旅费1 000元,以现金支票付讫;

(6)5日,收回大发公司的货款48 700元,存入银行;

(7)6日,向全顺公司销售B产品500盒,单价为120元/盒,计60 000元,增值税税率17%,款项尚未收回;

(8)6日,从东丰工厂购进乙材料2 000千克,单价为6.20元/千克,增值税税率17%,款项尚未支付;

(9)7日,以存款支付修理费3 200元,其中,生产车间2 700元,行政管理部门500元;

(10)8日,以存款3 600元支付广告费用;

(11)9日,购进甲材料1 500千克,单价为11元/千克,计16 500元,增值税税率17%,全部款项以存款支付;

(12)10日,结转上述甲、乙材料的采购成本;

(13)12日,李明出差归来报销差旅费950元,退回剩余现金50元;

(14)13日,以存款支付前欠西康工厂的款项73 000元;

(15)14日,以存款支付电费2 600元,其中,生产车间1 680元,行政管理部门920元;

(16)18日,购置设备一台,价值30 000元;

(17)19日,从银行提取现金800元备用;

(18)20日,以存款支付业务招待费12 000元;

(19)20日,接银行付息通知,第三季度应付短期借款利息12 800元,企业在7、8月份已预提利息共8 288元;

(20)22日,以存款购办公用品270元,其中,生产车间120元,行政管理部门150元;

(21)25日,以存款5 000元对外捐赠;

(22)30日,本月领用材料汇总如下:

部门	甲材料 数量(千克)	甲材料 金额(元)	乙材料 数量(千克)	乙材料 金额(元)
A产品	4 272	44 000	3 015	18 900
B产品	3 204	33 000	2 010	12 600
生产车间	854	8 800	805	5 040
行政管理部门	214	2 200		

(23)30日,计提本月固定资产折旧7 810元,其中,生产车间4 540元,行政管理部门3 270元;

(24)30日,分配本月职工工资:生产A产品工人工资36 000元,生产B产品工人工资24 000元,车间管理人员工资4 000元,行政管理人员工资6 000元;

(25)30日,按工资总额的14%计提职工福利费;

(26)30日,按A、B产品的生产工时比例分配结转本月的制造费用,其中,A产品的生产工时为700小时,B产品的生产工时为300小时;

(27)30日,结转本月完工产品成本,其中,A产品全部完工,产量1 600盒,B产品尚未完工;

(28)30日,结转本月销售产品的成本,其中,A产品的单位生产成本110元,B产品的单位生产成本90元;

(29)30日,按规定计缴本月销售税金2 360元;

(30)30日,结转本期损益。

(三)要求:采用记账凭证账务处理程序对中兴公司2011年9月份的经济业务进行账务处理。

习题二

(一)目的:练习科目汇总表账务处理程序。

(二)资料:同习题一。

(三)要求:

(1)根据记账凭证,登记现金日记账。

(2)根据记账凭证,登记银行存款日记账。

(3)根据记账凭证,登记有关明细账。

(4)按旬编制科目汇总表。

(5)根据科目汇总表登记总分类账。

(6)根据账簿记录,编制资产负债表与利润表。

模块十

会计工作组织与职业规范

【模块要点】

正确组织会计工作是完成会计任务的必要条件,健全的职业规范是保证会计工作质量的基本前提。通过本章的学习,应明确会计工作组织的意义和要求,了解会计机构的设置、会计人员的配备及会计档案的管理方法,了解我国企业会计核算的法规体系。

情景一 会计工作组织的意义和要求

一、会计工作组织的意义

合理组织会计工作,对于完成会计任务,以及发挥会计在宏观和微观经济管理中的作用具有十分重要的意义。

会计工作组织包括会计规范的制定和执行、会计机构的设置和会计人员的配备三个方面,它们之间相互联系、相互作用、相互制约、缺一不可。

组织好会计工作具有以下三大重要意义:

(1)科学地组织会计工作,有利于保证会计工作的质量,提高会计工作的效率。

会计工作是一项复杂、细致而又严密的工作。会计所反映和监督的经济活动是错综复杂的,要想对这些错综复杂的经济活动进行合理、正确、全面的反映和监督,只有严格按照会计工作制度、会计工作程序和会计工作方法,科学、合理地组织会计工作,才能保证会计工作有条不紊地进行,不断提高会计工作的效率和质量。

(2)科学地组织会计工作,可确保会计工作与其他经济管理工作协调一致。

这里的其他经济管理工作,在宏观上主要是指国家的财政、税收、金融等经济工作,在微观上主要是指单位内部的譬如计划、统计等部门的工作。

会计工作是一项综合性的经济管理工作,随着现代会计的不断发展,会计工作在企业经营管理中的作用不断增强,如参与企业预测、决策、计划、分析、考核等。因此,只有通过合理地组织会计工作,科学地协调好各职能部门的管理工作,才能加强各单位内部的岗位责任制,促使各部门更好地履行自己的职责,才能加强核算与考核,挖掘增收节支的潜力,改善经营管理,不断提高企业的经济效益和经营管理水平。

(3)合理组织会计工作对于贯彻国家的方针、政策、法令、制度,维护财经纪律,以及建立良好的社会经济秩序具有重要意义。

这主要体现在会计工作的监督方面。会计工作是一项政策性很强的工作。一个单位、组织在生产经营活动和开展各项业务过程中,能否贯彻执行党和国家的方针、政策、法令和制度,能否在经济领域中打击不法行为和破坏活动,反对铺张浪费,维护市场经济秩序,正确处理好国家、投资者和职工个人三者的利益关系,都离不开会计的核算和监督。因此,设置有效的会计工作机构、制定严格的会计制度,配备称职的财会人员,是经济工作中全面贯彻执行党和国家方针、政策和财经法规,维护财经纪律的重要保证。

二、组织会计工作的基本要求

(一)统一性原则

在市场经济条件下,会计所提供的信息,不仅要满足企业单位经济管理的需要,还要满足企业单位外部的会计信息使用者,包括国家宏观经济管理的需要。就整个社会而言,会计资料是一种重要的社会资源,从维护社会经济秩序,满足宏观经济管理的要求出发,规范会计行为是十分必要的。我国的会计法明确规定各企业单位必须依据国家的有关法规、制度的统一要求设置会计机构、配备会计人员和组织会计工作。

(二)个性化原则

组织会计工作,既要符合国家统一的要求,又要从实际出发适应本单位的特点。也就是说,各企业单位在同会计法和会计准则、制度不相抵触的前提下,应根据本单位经营的业务特点和经营规模的大小等具体情况来组织企业单位的会计工作。

(三)协调性原则

企业的经营管理工作是一项系统工作,会计则是这一系统的重要组成部分,各部分只有按系统目标的要求相互协调、互相配合,系统才能有效地和有目的地运行。因此,组织会计工作时,必须坚持协调性原则,保证会计工作与其他经济管理工作的协调运行。

(四)成本效益原则

在组织会计工作时,必须在保证会计信息质量和会计任务完成的前提下,坚持成本效益原则,合理地设置会计机构、配备会计人员、建立会计工作的程序和手续,防止机构重叠、重复劳动和不必要的工作程序和手续。

情景二　会计机构

一、会计机构的设置

（一）基本含义

会计机构是指会计主体中直接从事和组织领导会计工作的职能部门。

（二）设置会计机构的基本要求

设置会计机构必须符合社会经济的发展对会计工作的要求，与国家的会计管理体制相适应。

全国的会计工作由国务院财政部门主管，而地方行政区域内的会计工作由县级以上地方各级人民政府财政部门管理。

其原则是：统一领导，分级管理。

（三）设置会计机构的具体要求

根据《中华人民共和国会计法》（以下简称《会计法》）的规定，各单位应当根据会计业务的需要设置会计机构，或者在有关机构中设置会计人员并指定会计主管人员；不具备设置条件的，应当委托经批准设立从事会计代理记账业务的中介机构代理记账。

一般而言，一个单位是否单独设置会计机构，主要取决于下列三个因素：(1)单位规模的大小；(2)经济业务和财务收支的简繁；(3)经营管理的要求。从会计实务来看，大多数单位尤其是国家机关、社会团体、企业、事业单位等，都应设置独立的会计机构。不具备单独设置会计机构的，应当在有关机构中配备专职会计人员，并指定会计主管人员，如一些财务收支数额不大，会计业务比较简单的企事业单位、机关、团体和个体工商户等。没有设置会计机构和配备会计人员的单位，应当委托会计师事务所或者持有代理记账许可证的其他代理记账机构进行代理记账。

由于会计工作与财务工作都是综合性的经济管理工作，两者具有密切的关系，因此，在实际工作中，大多数单位把会计与财务工作合并在一起，设立一个机构来办理会计和财务工作，即通常所称的财会机构。

二、会计机构的任务

会计机构的主要任务是保证单位的财会人员根据财经法规、会计制度和企业管理的要求，完成各项会计工作，为各级领导的宏观决策和微观管理当好参谋与助手。

三、会计工作的组织形式

会计工作的组织形式，在实际工作中通常有集中核算和分散核算两种。

集中核算是通过集中设置会计机构，使整个单位各部门的经济业务的会计处理均集中进行，各部门只负责对所发生的经济业务的原始凭证进行初步审核，并向会计机构集中提供核算的原始资料。其优点是可以减少核算环节，简化核算手续，有利于及时掌握全面的经营情况和精简人员，一般适合于规模较小的企业和行政事业单位。

分散核算组织形式与集中核算组织形式不同，分散核算组织形式下，会计核算工作一部分集中进行，一部分则分散在各职能部门。如各职能部门的会计机构负责对其经营范围内发生的各项经济业务通过各类明细的核算、编制内部会计报表等进行比较详细的核算，而集中会计核算部门则全面负责本单位的总分类核算、单位的会计决策报表的编制和经济活动分析等综合性会计工作，并承担对各职能部门会计核算全面指导和监督的工作。这种方式一般适用于规模较大的企业和要求划小经济核算范围的企业。

分散核算组织形式的会计机构设置和分工的基本原则应遵循与经营体制相一致的会计责任体系。也就是说，生产经营的职能部门管理的范围和层次也就是会计工作所负责的范围和层次。例如，由车间处理的经济业务，就应当由车间的会计机构进行核算，然后在此基础上由厂部进行有关的汇总核算；由厂部处理的经济业务，则由厂部的会计机构进行核算。这样，在分散核算组织形式下，集中核算的会计部门的主要工作，除了要处理由自己负责的会计核算事项外，还要担负着对整个单位的会计工作实行全面指导和监督的工作，以充分发挥会计管理和监督的职能。

一个企业实行集中核算还是分散核算，应视企业规模大小和经营管理的要求而决定。无论采用哪种组织形式，企业对外的现金往来、物资购销、债权债务的结算都应由财务会计部门集中办理。

四、会计岗位责任制

（一）会计机构岗位责任制

会计机构岗位责任制又称会计人员岗位责任制，是指在会计机构内部按照会计工作的内容和会计人员的配备情况，将会计机构的工作划分为若干个岗位，按岗位规定职责并进行考核的责任制度。

建立会计机构的岗位责任制，使每一项会计工作都有专人负责，每一位会计人员都有明确的职责，做到以责定权、权责明确。建立健全会计机构的岗位责任制，对于加强会计管理、提高工作质量与工作效率、保证会计工作的有序进行，具有重要的意义。

实行定岗定编，是建立会计机构岗位责任制的基础。会计人员的工作岗位一般可分为：会计主管、稽核、总账报表、资金核算、财产物资核算、往来结算、工资核算、收入利润核算、成本费用核算、出纳、会计档案保管等。这些岗位可以一人一岗、一人多岗或一岗多人，各单位可以根据各岗位业务量的情况来确定。但依据内部牵制制度的要求，出纳人员不得兼任稽核、会计档案保管和收入、支出、费用、债权债务账目的登记工作。对于规模大、业务量大的单位，会计机构内部可以按经济业务的类别设置业务组：综合财务组、财务结算组、资金会计组、成本会计组、收入利润会计组、资产会计组等。

根据单位的规模和管理的要求，各会计职能部门可以适当归并和调整。开展会计电算化和管理会计的单位，可以根据需要设置相应的工作岗位，也可以与其他工作岗位相结合，以便充分发挥会计岗位的作用。

(二)内部会计管理制度

内部会计管理制度是指各个企业和行政事业单位根据我国《会计法》和其他有关的会计法规的规定,然后结合本单位的具体生产经营管理特点,本着建立健全会计工作的目的,而创建的有关会计工作的各项内部制度。那么,在建立内部会计管理制度时,需要注意两个问题:一是制定的原则,二是内部会计管理制度及其具体内容。

在确定内部管理会计时,应当遵循以下六条原则:

(1)要执行有关法律、法规和会计制度的规定;
(2)内部管理制度的确定应当体现本单位的特点;
(3)要全面规范会计工作,使得会计工作有序进行;
(4)应当合理科学;
(5)在制定制度后,应当定期检查执行情况;
(6)在执行的过程中,要不断地完善内部会计管理制度。

一般来说,企业和行政事业单位的内部会计管理制度,一般应包括以下12个方面的内容:

(1)单位应当建立内部会计管理体系。这一条主要是指对单位的有关领导、总会计师以及各有关会计主管人员的职责权限进行有关规定。

(2)各单位应当建立会计人员的岗位责任制度,包括各个岗位的职责、权利、分工、轮岗的办法以及考核的办法等。

(3)应当建立账务处理的程序制度,主要包括:会计科目的设立、会计凭证的格式、审核的要求、传递的程序、会计核算的选定、账务的设置、编制会计报表的种类和要求等。

(4)应当建立内部牵制制度。

(5)应当建立稽核制度。

(6)建立原始记录的管理制度。在这里,原始记录的管理主要是指原始记录的内容以及填制,记录的格式、审核,以及记录填制人的责任,还有传递要求等内容。

(7)应当建立定额管理制度,包括定额的范围,以及制定、执行、考核和奖惩等方面。

(8)应当建立计量检验制度。

(9)应当建立财产清查制度,包括清查的对象、范围、组织、时间,对清查结果的处理,对有关责任人的奖惩办法等内容。

(10)应当建立财务收支审批制度,包括审批人员的确定、审批权限、审批程序、审批者的责任等内容。

(11)要实行成本核算的单位还应当建立成本核算制度,包括成本核算的对象、成本核算的方法和程序、成本分析等内容。

(12)各个单位应当建立财务会计分析制度,包括财务会计分析的主要内容、财务会计分析的基本要求和组织程序、财务会计分析的具体方法、财务会计分析报告的编写要求。

五、会计监督体系

会计监督体系包括：(1)建立单位内部会计监督制度进行单位监督；(2)通过注册会计师进行社会监督；(3)以财政为主的国家监督。

情景三　会计人员

一、会计人员的管理

我国《会计法》规定，从事会计工作的人员必须取得会计从业资格证书。会计从业资格证书是证明能够从事会计工作的合法凭证。凡是从事会计工作的会计人员，必须取得会计从业资格证书。会计从业资格证书一经取得，则全国范围内有效。

二、会计机构负责人(会计主管人员)的任职资格

会计机构负责人(会计主管人员)是指在一个单位内具体负责会计工作的中层领导人员。在单位负责人的领导下，会计机构负责人(会计主管人员)负有组织、管理会计基础工作在内的所有会计工作的职责，其素质的高低、能力的大小直接关系到有关单位会计工作水平的高低。因此，配备合格的会计机构负责人对于一个单位来说至关重要。

担任会计机构负责人的，除取得会计从业资格证书外，还必须具备会计师以上专业技术职务资格或者从事会计工作3年以上。除此之外，还必须具有扎实的专业水平，熟悉国家财经法律、法规、规章和方针政策，掌握财务会计理论及本行业业务的管理知识，具有一定的领导才能和组织能力，同时拥有能胜任本职工作的健康的体魄。

三、会计人员的主要职责

会计人员的职责其实就是会计机构的职责。一般来说，会计人员的职责主要包括以下五个方面：

(1)进行会计核算。会计核算是基本也是最主要的职责，包括填制和审核会计凭证，登记账簿，计算收入、支出、成本、费用、财产清查、编制会计报表等内容。以上的各项职责前文已详述。

(2)实行会计监督。会计监督的职责也是会计的基本职能之一，根据我国《会计法》的规定，会计监督的职责主要体现在两个方面：一方面是会计人员对本单位各项经济业务和会计手续的合法性、合理性进行监督，这主要体现在会计人员对不真实、不合法的原始凭证可以不予受理，对于账簿记录与实物、款项不符的问题，有权处理的，按有关规定进行处理；无权处理的，及时向本单位领导人进行报告。对于违犯国家统一的财政制度、财务规定的收入，可以不予办理。对于违犯《会计法》和会计制度的行为，有权进行监督。监督作用的另一个体现是，各单位必须按照法律和有关法规的规定，接受财政审计、税务机关的监督，在接受监

督的过程中，必须如实地提供凭证、账簿、报表等有关的会计资料以及其他书面文件，不得拒绝、隐匿和谎报。

（3）拟定本单位办理会计事务的具体办法。包括选择和制定有关的会计处理方法、会计处理程序，如计提折旧的方法、存货计价的方法，还包括制定本单位的内部控制制度、财产清查制度，以及选择和制订成本计算办法等内容。

（4）参与制订经济计划、业务计划，编制预算和财务计划并考核、分析其执行情况。

（5）办理其他的会计事项。包括协助其他管理部门做好管理技术工作，进行企业单位管理人员财会知识培训等工作。

对于会计人员的基本职责，会计法规以专门的条文形式进行了规定和保护。会计机构和会计人员依照会计法规进行会计核算，执行会计监督，任何单位或个人不得以任何方式受意、指使、强令会计机构或会计人员伪造、变造会计凭证、会计账簿和其他会计资料，不得提供虚假的财务报告。任何单位或者个人不得对依法履行有关职责、抵制违犯规定行为的会计人员实行打击报复。这是对会计人员履行职责的保护。

四、会计人员职业道德

会计人员为了全面履行职责、行使职权、发挥会计核算和监督的作用，必须从严要求自己，不断提高自身的政治素质、业务素质和职业道德。具体内容见表10-1。

表10-1　　　　　　　　　会计人员的职业道德内涵

职业道德内容	地　位	基　本　要　求
1.爱岗敬业	是做好一切工作的出发点，也是会计人员职业道德的首要前提	一要正确认识会计职业，树立爱岗敬业的精神； 二要热爱会计工作，敬重会计职业； 三要安心工作，任劳任怨； 四要严肃认真，一丝不苟； 五要忠于职守，尽职尽责。
2.诚实守信	是会计职业道德的一项重要内容，是一切道德的基础和根本，是人之为人的最重要的品德	一要做老实人，说老实话，办老实事，不搞虚假； 二要保密守信，不为利益所诱惑； 三要执业严谨，信誉至上。
3.廉洁自律	是会计职业道德的前提，是会计职业道德的内在要求，也是会计人员的行为准则	一要树立正确的人生观和价值观； 二要公私分明，不占不贪； 三要遵纪守法，尽职尽责。
4.客观公正	是会计人员职业道德的灵魂，也是会计工作最主要的职业行为	一要树立客观公正的态度和具备较强的专业知识和专业技能； 二要依法办事； 三要实事求是，不偏不倚； 四要保持独立性。
5.坚持准则	是会计职业道德规范中的重中之重	一要熟悉准则； 二要遵守准则； 三要坚持准则。

续表

职业道德内容	地　位	基　本　要　求
6. 提高技能	是胜任本职工作的需要	一要学习科学文化知识，会计知识，培养高超的专业技术； 二要重视在会计实践中提高会计职业能力； 三要精益求精，不断提高业务素质。
7. 参与管理	是会计监督职能的要求	一要努力钻研业务，提高业务技能，为参与管理打下坚实的基础； 二要熟悉财经法规和相关制度，为单位管理决策提供专业支持； 三要熟悉服务对象的经营活动和业务流程，事企业管理的决策更具针对性和有效性。
8. 强化服务	是提高会计职业声誉的重要途径，强化服务和奉献社会是会计职业道德的最终归宿	一要树立强烈的服务意识； 二要服务文明； 三要质量上乘。

五、会计人员继续教育

会计人员继续教育是指会计从业人员在完成某一阶段专业学习后，重新接受一定形式的、有组织的、知识更新的教育和培训活动。

根据财政部2006年11月发布的《会计人员继续教育规定》，会计人员每年接受面授培训的时间不应少于24小时，且会计人员所在单位负责组织和督促本单位的会计人员参加继续教育。另外，会计人员所在单位应当将会计人员参加继续教育的情况作为会计人员任职、晋升的依据之一。继续教育主管部门将会计人员参加继续教育情况的考核情况作为评选先进会计工作者、颁发其荣誉证书等的依据之一。

会计人员继续教育的内容主要包括会计理论、政策法规、业务知识、技能训练和职业道德等。

六、会计人员工作交接

(一)需要办理会计工作交接的情形

依据我国《会计法》的规定，会计人员在调动工作或离职时必须办理会计工作交接。依据《会计基础工作规范》的规定，除以上情况需要办理会计工作交接外，会计人员在临时离职或其他原因暂时不能工作时，也应办理会计工作交接。

(二)会计交接工作的基本程序

会计交接工作大致可分为交接前准备、移交点收与监交、移交点收后事项处理三个阶段。

1. 交接前准备工作

会计人员办理移交手续前，必须及时做好以下工作：

(1)已经受理的经济业务尚未填制会计凭证的，应当填制完毕。

(2)尚未登记的账目,应当登记完毕,并在最后一笔余额后加盖经办人员印章。

(3)整理应该移交的各项资料,对未了事项写出书面材料。

(4)编制移交清册,列明应当移交的会计凭证、会计账簿、会计报表、印章、现金、有价证券、支票簿、发票、文件、其他会计资料和物品等内容;实行会计电算化的单位,从事该项工作的移交人员还应当在移交清册中列明会计软件及密码、会计软件数据磁盘(磁带等)及有关资料、实物等内容。

2.移交点收与监交

(1)移交点收。移交人员在办理移交时,要按移交清册逐项移交;接替人员要逐项核对点收。

(2)监交,即专人监交。为了明确责任,会计人员办理工作交接时,必须有专人负责监交。一般会计人员交接,由单位会计机构负责人、会计主管人员负责监交;会计机构负责人、会计主管人员交接,由单位领导人负责监交,必要时可由上级主管部门派人会同监交。

3.移交点收后事项处理

移交点收有关财物、会计资料后,交接双方和监交人员要在移交清册上签名或者盖章。并应在移交清册上注明:单位名称,交接日期,交接双方和监交人员的职务、姓名,移交清册页数,以及需要说明的问题和意见等。移交清册一般应当填制一式三份,交换双方各执一份,存档一份。

接替人员应当继续使用移交的会计账簿,不得自行另立新账,以保持会计记录的连续性。移交人员对所移交的会计凭证、会计账簿、会计报表和其他有关资料的合法性、真实性承担法律责任。

情景四 会计档案

我国《会计法》规定:会计凭证、会计账簿、会计报表和其他会计资料,应当按照国家有关规定建立档案,妥善保管。我国于1984年6月1日颁布了《会计档案管理办法》,于1999年1月1日进行了修订,对会计档案的管理制度做了一系列具体规定。

会计档案是指会计凭证、会计账簿和会计报告等会计核算专业资料,是记录和反映单位经济业务的重要史料和证据。各单位必须加强对会计档案管理工作的领导,建立会计档案的立卷、归档、保管、查阅和销毁等管理制度,保证会计档案妥善保管、有序存放、方便查阅,严防毁损、散失和泄密。

一、会计档案的内容

会计档案可以分为以下四类:

(1)会计凭证类,包括原始凭证、记账凭证、汇总凭证和其他会计凭证。

(2)会计账簿类,包括总账、明细账、日记账、固定资产卡片、辅助账簿和其他会计账簿。

(3)财务报告类,包括中期、年度和其他财务报告。财务报告中包括会计报表主表、附表、附注及文字说明。

（4）其他类，包括银行余额调节表、银行对账单、会计档案移交清册、会计档案保管清册、会计档案销毁清册和其他应当保存的会计核算的专业资料。

二、会计档案的立卷与归档

各单位每年形成的会计档案，应由会计机构按归档的要求，负责整理立卷，装订成册，加具封面、编号，编制会计档案保管清册。当年形成的会计档案，在会计年度终了后，可暂由会计机构保管1年，期满之后，应当由会计机构编制移交清册，移交本单位档案机构统一保管；未设立档案机构的，应当在会计机构内部指定专人保管。出纳人员不得兼管会计档案。

档案部门对接收的会计档案，原则上应保持原卷册的封装，个别需要拆封重新整理的，应当会同原会计机构和经办人共同拆封整理，以分清责任。

各单位保存的会计档案不得借出。如有特殊需要，经本单位负责人批准，可以提供查阅或者复制，并办理登记手续。

三、会计档案的保管期限

会计档案的保管期限分为永久、定期两类。其中，年度财务报告、会计档案保管清册、会计档案销毁清册为永久保管会计档案，其他为定期保管会计档案。

定期保管期限分为3年、5年、10年、15年、25年共5种。会计档案的保管期限，从会计年度终了后的第一天算起。目前，企业会计档案的保管期限如表10－2所示。

表10－2　　　　　　　　企业会计档案保管期限表

包括会计档案名称	保管期限	备 注
一、会计凭证类		
1.原始凭证	15年	
2.记账凭证	15年	
3.汇总凭证	15年	
二、会计账簿类		
1.日记账	15年	
其中:现金和银行存款日记账	25年	
2.明细账	15年	
3.总账	15年	包括日记总账
4.固定资产卡片		固定资产报废清理后保管5年
5.辅助账簿	15年	
三、财务报告类		各级主管部门汇总财务报告

续表

包括会计档案名称	保管期限	备注
1.月、季度财务报告	3年	包括文字分析
2.年度财务报告	永久	包括文字分析
四、其他类		
1.会计移交清册	15年	
2.会计档案保管清册	永久	
3.会计档案销毁清册	永久	
4.银行余额调节表	5年	
5.银行对账单	5年	

四、会计档案的销毁

保管期满的会计档案,一般可以按照以下程序销毁:

(1)由本单位档案机构会同会计机构提出销毁意见,编制会计档案销毁清册,列明销毁会计档案的名称、卷号、册数、起止年度和档案编号、应保管期限、已保管期限、销毁时间等内容。

(2)单位负责人在会计档案销毁清册上签署意见。

(3)销毁会计档案时,应当由档案机构和会计机构共同派员监销。

(4)监销人在销毁会计档案前,应当按照会计档案销毁清册所列内容清点核对所要销毁的会计档案;销毁后,应当在会计档案销毁清册上签名盖章,并将监销情况报告本单位负责人。

应当指出的是,对于保管期满但未结清的债权、债务的原始凭证和涉及其他未了事项的原始凭证,应单独抽出,另行立卷,由档案部门保管到未了事项完结时为止。建设单位在建设期内的会计档案,不得销毁。单独抽出立卷的会计档案,应当在会计档案销毁清册和会计档案保管清册中列明。

情景五 会计法规

会计法规是指由国家和地方立法机关以及中央、地方各级政府和行政部门制定颁发的有关财务会计方面的法律、法规、规则、办法、规定等。这些法规制度是贯彻国家有关财经方针、政策的重要工具,是处理财务会计工作的规范和基本准则。我国企业会计核算法规体系主要包括《中华人民共和国会计法》(简称《会计法》)、会计准则和会计制度等核算方面的法规。

一、会计法

《会计法》于1985年1月21日颁布,5月1日起正式施行,并于1993年12月、1999年

10月先后两次修订。它是我国会计工作的根本大法,是制定会计准则、会计制度和各项会计法规的基本依据,也是指导会计工作最根本的准则。

《会计法》主要规定了会计工作的基本目的、会计管理权限、会计责任主体、会计核算和会计监督的基本要求、会计人员和会计机构的职责权限,并对会计法律责任作出了详细的规定。

《会计法》的颁布施行,对加强会计工作,保障会计人员行使职权,发挥会计工作在维护国家财经制度、加强经济管理、提高经济效益中的作用,具有十分重要的意义。

二、会计准则

会计准则是关于会计确认、计量、报告的会计行为规范,是进行会计核算工作必须共同遵守的基本要求。它是我国境内所有企业、事业单位进行会计工作所必须遵循的基本规范,是我国会计法规体系的重要组成部分,对我国企、事业单位的财务会计核算具有普遍约束力。

2006年2月15日,财政部发布了包括《企业会计准则——基本准则》(以下简称基本准则)和38项具体准则在内的企业会计准则体系,实现了我国会计准则与国际财务报告准则的实质性趋同,顺应了完善我国社会主义市场经济体制和经济全球化的需要。其中,基本准则在1992年发布的《企业会计准则》的基础上,根据形势发展的需要作了重大修订和调整,对于规范企业会计行为、提高会计信息质量、报告财务状况和经营成果、供投资人做出决策、完善资本市场和市场经济等具有十分重要的意义。新会计准则体系见图10-1。

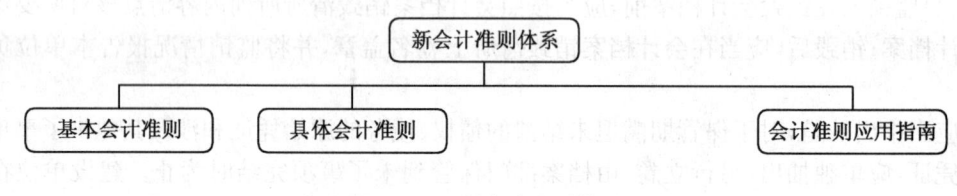

```
              新会计准则体系
       ┌──────────┼──────────┐
   基本会计准则  具体会计准则  会计准则应用指南
```

图10-1 新会计准则体系

(一)基本准则

基本准则规定了会计目标、基本假设、会计基础和会计信息质量要求、会计要素及其确认、计量原则,以及财务报告的基本规范等。它对38项具体准则起着统驭作用,可以确保各具体准则的内在一致性。

(二)具体准则

具体准则根据基本准则制定,用来指导企业各类经济业务的确认、计量、记录和报告。具体准则共38项,是根据基本准则的要求,对经济业务的会计处理所作出的具体规定的准则。其内容如图10-2所示。

(1)一般业务准则主要规范各类企业普遍适用的一般经济业务的确认和计量要求,包括存货、会计政策、会计估计变更和差错更正、资产负债表日后事项、建造合同、所得税、固定资

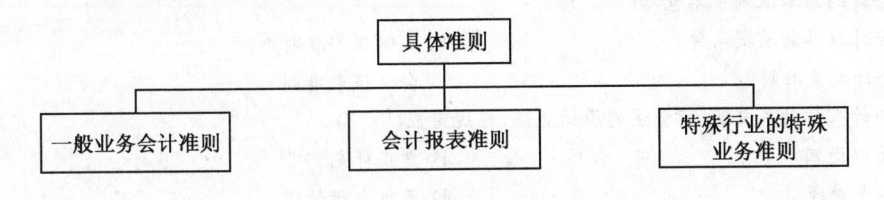

```
        具体准则
   ┌──────┼──────┐
一般业务会计准则  会计报表准则  特殊行业的特殊
                          业务准则
```

图10-2 会计的具体准则内容

产、租赁、收入、职工薪酬、股份支付、外币业务、借款费用、长期股权投资等。

(2)特殊行业的特殊业务准则主要规范特殊行业的特定业务的确认和计量要求,如石油天然气开采、生物资产、金融工具确认和计量等。

(3)会计报表准则主要规范普遍适用于各类企业的报告类准则,如财务报表列报、现金流量表、合并财务报表、中期财务报告等。

(三)企业会计准则应用指南

企业会计准则应用指南是根据基本准则和具体准则制定的,指导会计实务的操作性指南,主要解决在运用准则处理经济业务时所涉及的会计科目、账务处理、会计报表及其格式。

企业会计准则应用指南由两部分组成:第一部分为会计准则解释,第二部分为会计科目和主要账务处理。

信息搜索

1. 简述会计工作组织的内容和基本要求。
2. 简述会计人员的任职资格。
3. 会计人员的主要职责有哪些?
4. 简述会计档案管理的主要内容。
5. 新会计准则体系包括哪几个层次?

【练习题】

一、单项选择题

1.《中华人民共和国会计法》明确规定由(　　)管理全国的会计工作。
A. 国务院　　　　　　　　　　B. 财政部
C. 全国人大　　　　　　　　　D. 注册会计师协会

2. 会计人员的职责中不包括(　　)。
A. 进行会计核算　　　　　　　B. 实行会计监督
C. 编制预算　　　　　　　　　D. 决定经营方针

3. 当前,我国会计法规体系的第一层次是(　　)。
A. 会计法　　　　　　　　　　B. 企业会计基本准则
C. 企业会计具体准则　　　　　D. 各大行业会计制度

4. 会计的基本准则中不包括( )。
   A. 会计核算的前提条件　　　　　　B. 具体业务准则
   C. 会计要素准则　　　　　　　　　D. 会计报表准则
5. 会计人员对不真实、不合法的原始凭证，按规定应( )。
   A. 予以退回　　　　　　　　　　　B. 更正补充
   C. 不予受理　　　　　　　　　　　D. 无权自行处理
6. 会计人员在审核原始凭证过程中，对于手续不完备的原始凭证，按规定应( )。
   A. 扣留原始凭证　　　　　　　　　B. 拒绝执行
   C. 向上级机关反映　　　　　　　　D. 退回出具单位要求补办手续
7. ( )应当保证会计机构、会计人员依法履行职责，不得授意、指使、强令会计机构、会计人员违法办理会计事项。
   A. 会计机构负责人(或会计主管人员)　B. 总会计师
   C. 各级人民政府的财政部门　　　　D. 单位负责人
8. 各级机构、会计人员在内部会计监督中无权处理以及制止无效的，应当向( )提出书面报告，请求处理。
   A. 单位负责人　　　　　　　　　　B. 财政部门
   C. 审计部门　　　　　　　　　　　D. 税务部门
9. ( )因依法履行职责收到打击报复，有权向财政、监察、司法等部门投诉。
   A. 会计机构负责人(或会计主管人员)　B. 总会计师
   C. 会计人员　　　　　　　　　　　D. 单位负责人
10. 财政部门在对单位会计凭证、会计账簿、财务会计报告和其他会计资料是否真实、完整实施监督，发现重大违法嫌疑时，( )可以向与被监督单位有经济业务往来的单位和被监督单位开立账户的金融机构查询有关情况，有关单位和金融机构应当给予支持。
    A. 省(市)级财政部门　　　　　　　B. 国务院财政部门及其派出机构
    C. 地(市)级财政部门　　　　　　　D. 县(市)级财政部门
11. ( )有权对会计师事务所出具审计报告的程序和内容进行监督。
    A. 财政部门　　　　　　　　　　　B. 国务院财政部门及其派出机构
    C. 审计部门　　　　　　　　　　　D. 税务部门
12. 会计机构、会计人员在内部会计监督中无权处理以及制止的，应当向单位负责人提出书面报告，请求处理。单位负责人应当在( )内作出书面处理决定，单位负责人不处理或者处理错误的，会计机构、会计人员有权向财政、审计、税务部门报告。
    A. 5日　　　　B. 10日　　　　C. 15日　　　　D. 20日
13. 重大对外投资、资产处置、资金调度和其他重要经济业务事项的决策和执行应当有明确的相互监督、相互制约的程序。这是对( )所做的约束。
    A. 总会计师　　　　　　　　　　　B. 单位负责人和主要经营管理人员或者部门
    C. 单位负责人　　　　　　　　　　D. 会计机构负责人(或会计主管人员)
14. ( )应当保证会计账簿记录的真实完整，并有权制止来自任何方面隐匿和违反规定销毁会计资料的要求和行为。
    A. 会计档案保管人员　　　　　　　B. 会计机构、会计人员

C. 单位负责人	D. 会计机构负责人(或会计主管人员)
15. (　　)不得对依法履行职责、抵制违反《会计法》规定行为的会计人员实行打击报复。
  A. 单位负责人或者其他人员	B. 财政部门及其负责人
  C. 单位负责人	D. 任何单位和个人
16. 在对会计工作的监督中,除(　　)的普遍性监督外,其他有关部门按照法律、行政法规的授权和部门的职责分工,从行业管理、履行职责的角度出发,也有对有关单位会计资料实施监督检查的职权。
  A. 审计部门	B. 税务部门	C. 财政部门	D. 工商管理部门

二、多项选择题

1. 会计核算组织程序又称(　　)。
  A. 会计核算组织形式	B. 凭证核算形式
  C. 财务处理程序	D. 记账程序
2. 非集中核算形式下,二级核算单位的核算内容包括(　　)。
  A. 填置原始凭证	B. 进行明细分类核算
  C. 进行总分类核算	D. 编制内部报表
3. 根据《企业会计准则》,我国企业的会计期间划分为(　　)。
  A. 年度	B. 半年度	C. 季度	D. 月度
4. 代理记账从业人员应遵守的原则包括(　　)。
  A. 对在执行业务中知悉的商业秘密,负有保密义务
  B. 对委托人要求进行会计处理、提供不实会计资料的,应当拒绝
  C. 必须按照委托人的要求进行会计处理
  D. 对委托人提出的有关会计处理原则问题负有解释的责任
5. 根据《会计专业职务试行条例》的规定,会计专业职务分为(　　)。
  A. 会计员	B. 高级会计师	C. 会计师	D. 助理会计师
6. 根据《会计法》的规定,下列各项中,单位出纳人员不得兼任的工作有(　　)。
  A. 稽核	B. 会计档案保管
  C. 银行存款日记账登记工作	D. 费用账目登记工作
7. 下列各项中,属于会计岗位的有(　　)。
  A. 工资核算岗位	B. 资金核算岗位
  C. 计划管理岗位	D. 会计档案管理岗位
8. 根据《会计人员继续教育暂行规定》,下列各项中,属于会计人员继续教育内容的有(　　)。
  A. 会计法规制度	B. 财务管理
  C. 会计理论实务	D. 会计职业道德规范
9. 根据我国《会计法》的规定,下列工作中,属于出纳人员不得兼任的有(　　)。
  A. 稽核	B. 会计档案保管
  C. 登记固定资产卡片	D. 办理纳税申报
10. 根据《会计法》的规定,下列各项中,必须取得会计从业资格的有(　　)。
  A. 注册会计师	B. 注册税务师
  C. 会计主管人员	D. 会计机构负责人
11. 根据规定,从事代理记账业务的机构,应当具备的条件有(　　)。

A. 有3名以上持有会计从业资格证书的专职从业人员
B. 主管代理记账业务的负责人必须具有会计师以上的专业技术资格
C. 有固定的办公场所
D. 有健全的代理记账业务范围和财务会计管理制度

12. 根据我国《会计法》的规定，下列行为中，应当追究当事人法律责任的有（   ）。
A. 故意销毁依法应当保存的会计档案　　　B. 提供虚假财务会计报告
C. 隐匿依法应当保存的会计凭证　　　　　D. 在法定会计账簿之外私设会计账簿

13. 根据《会计法》的规定，以未经审核的会计凭证为依据登记会计账簿的，尚未构成犯罪的，县级以上人民政府财政部门可以采取的处罚措施有（   ）。
A. 责令限期改正　　　　　　　　　　　　B. 罚款
C. 给予行政处分　　　　　　　　　　　　D. 吊销会计从业资格证书

14. 一个单位是否单独设置会计机构，往往取决于以下因素中的（   ）。
A. 单位规模的大小　　　　　　　　　　　B. 经济业务和财务收支的简繁
C. 注册会计师的意见　　　　　　　　　　D. 经营管理的要求

15. 各单位应当按照《会计法》和国家统一会计制度的规定，设置（   ）。
A. 总分类账　　　B. 明细分类账　　　C. 日记账　　　D. 其他辅助性账簿

三、判断题

1. 会计机构的设置原则，既要考虑"精兵简政"，又要满足经济管理的要求，机构设置要合理，人员分工要严密。（   ）
2. 会计人员的技术职称分为会计员、助理会计师、会计师和总会计师四个层次。（   ）
3. 注册会计师从事业务主要有两个方面：一是会计查账、验证业务，二是会计咨询业务。（   ）
4. 会计档案就是会计凭证。（   ）
5. 某会计事项是否具有重要性，在很大程度上取决于会计人员的职业判断，对同一会计事项，在某一企业具有重要性，在另一企业则不具有重要性。（   ）
6. 在财务会计学科体系中所称的会计方法，主要是指会计决策的方法。（   ）
7. 会计准则是制定会计制度的依据。（   ）
8. 凡属自主经营、独立核算的企业，都要按照一定的会计原则和方法进行成本计算。（   ）
9. 会计准则是会计人员从事会计工作必须遵循的基本原则和共同标准。（   ）
11. 我国《企业会计准则基本准则》是由国务院财政部制定并颁布的。（   ）
11. 基本会计准则是我国会计核算制度的最高形式。（   ）
12. 具体会计准则包括行业共同准则、特殊业务准则和披露会计准则。（   ）
13. 在会计核算中，货币计量是唯一的计量单位。（   ）
14. 会计核算是以会计时间为前提的。（   ）
15. 现行成本是指正常情况下，出售一项资产所能获得的现金或现金等价物。（   ）